TRATADO DEL AMOR

Biblioteca clásica
y contemporánea

JOSÉ INGENIEROS

TRATADO DEL AMOR

LA METAFÍSICA DEL AMOR
TEORÍA GENÉTICA DEL AMOR
ELIMINACIÓN SOCIAL DEL AMOR
PSICOLOGÍA DEL AMOR

EDITORIAL LOSADA S.A.
BUENOS AIRES

BIBLIOTECA CLÁSICA Y CONTEMPORÁNEA

7ª edición: noviembre 2005

© Editorial Losada S.A.
Moreno 3362,
Buenos Aires, 1970

Tapa: Alberto Diez

ISBN: 950-03-0243-8
Queda hecho el depósito que marca la ley 11.723
Marca y características gráficas registradas en la
Oficina de Patentes y Marcas de la Nación
Impreso en Argentina
Printed in Argentina

A Eva Rutenberg

*la esposa elegida por mi corazón
—toda inteligencia y toda bondad—,
para compartir mi sacrificio
de constituir un hogar
modelo.*

"Amor mi mosse che mi fa parlare."
Dante, Inf. II, 72.

ADVERTENCIA

Ingenieros no alcanzó a desarrollar el plan de este libro póstumo, obra erudita y con visión de futuro.

Algunos de los ensayos que constituyen el *Tratado del Amor* aparecieron en la *Revista de Filosofía;* otros eran inéditos. Al frente de cada una de las partes que forman este libro hallará el lector las aclaraciones correspondientes.

Aníbal Ponce, quien revisó y anotó las obras anteriores de Ingenieros, falleció antes de poder hacerlo con la presente. La revisión y ordenación de los originales estuvo a cargo de Julia Laurencena.

En esta primera parte del volumen, después de explicar el sentido que el Amor adquirió en el Olimpo griego (Eros, generador), Ingenieros se proponía examinar otras tres interpretaciones del amor, otras "tres concepciones míticas abstractas": el Amor como Genio de la Belleza (amor estético); el Amor como Genio de la Domesticidad (amor doméstico) y el Amor como Genio de la Especie (amor instintivo).

De estas tres concepciones sólo dejó analizada la primera, haciendo un estudio de la doctrina de Platón. Tal el asunto del capítulo II, titulado "Eros, Genio de la Belleza".

El análisis de las otras dos concepciones (que hubieran constituido los capítulos III y IV) quedó sin realizar, aunque puede inferirse que Ingenieros se disponía a estudiar la concepción doméstica del amor desentrañándola de la Teología cristiana, y a hacer lo propio con la interpretación del amor como Genio de la Especie, entresacándola de las modernas doctrinas naturalistas.

Sobre la primera de estas dos concepciones, es decir, sobre el capítulo "Eros, Genio de la Domesticidad", no existen en el manuscrito sino unas simples notas. No se ha creído útil transcribirlas, pues ellas muy poco sugieren con respecto a la forma como Ingenieros pensaba encarar tan difícil problema.

En cambio, el autor dejó ordenadas algunas páginas correspondientes a su análisis de la concepción naturalista del amor ("Eros, Genio de la Especie"). Son consideraciones en torno a la teoría erótica de Schopenhauer y no constituyen, tal vez, sino uno de los múltiples parágrafos de este capítulo en que Ingenieros abordaría las diversas manifestaciones de la concepción naturalista del amor.

PARTE PRIMERA
LA METAFÍSICA DEL AMOR

CAPÍTULO I

EROS, GENERADOR. — EL AMOR EN EL OLIMPO GRIEGO

> 1. Los mitos de la generación. - 2. En la teogonía de los Hesiódidas. - 3. En la lírica de los órficos. - 4. En la epopeya de los Homéridas. - 5. La agonía del Eros cosmogónico. - 6. Los Genios metafísicos del amor.

1. LOS MITOS DE LA GENERACIÓN

Sentado una mañana de primavera a la sombra de su ramada, junto al caído tronco de un árbol vetusto, el hominidio, apenas humanizado, pudo reflexionar sobre ciertos fenómenos que en torno suyo repetíanse con visible regularidad. Todos los amaneceres el cielo se llenaba de luz y poco después un disco brillante enviaba calor sobre la tierra. Un despertar se producía en todas las cosas; algunos seres movíanse por sí mismos y las hojas eran agitadas por un soplo invisible. Las malezas contiguas reverdecían después de las lluvias y en las partes más calentadas por el sol se cubrían de flores, que con el tiempo perdían sus colores y se transformaban en semillas. Y, cosa la más extraordinaria, cada vez que de la ramada en movimiento caía a tierra una semilla, el calor del disco luminoso y la humedad de las lluvias la convertían, después de cierto número de amaneceres, en una nueva planta capaz de dar flores y semillas. Tierra, calor, agua, movimiento formaban su ciclo de eterna vida, la Generación.

Acostumbrado a medir sus propios movimientos por un esfuerzo, el hombre primitivo supuso que toda variación de las cosas era el resultado natural de potencias que actuaban sobre ellas. Cada cambio en la naturaleza era un efecto y obedecía a una causa; todos los fenómenos eran producidos por fuerzas naturales. La idea que pudo hacerse de ellas fue calcada sobre sus propios esfuerzos cuando producía algún movimiento; mirándolas como agentes o entidades invisibles, capaces de acción deliberada, se inclinó a suponer que en todo lo semoviente obraba una voluntad.

Cuando pudo referir muchos fenómenos naturales a una misma potencia, el hombre se la imaginó como un ser complicado que producía en gran escala efectos semejantes a los de su propia actividad. Poco a poco, extendiendo sus analogías, atribuyó a esos agentes cualidades humanas, pasiones, móviles, instintos semejantes a los hombres. Toda cosmogonía pudo, en su origen, constituirse como un sistema de metáforas antropomórficas destinadas a explicar la física del universo, personificando en cada mito una fuerza natural. En el período mítico protoario [1] aludían a esas fuerzas los nombres de los dioses, que obraban como actores de un drama cósmico en eterna renovación. Cuando los efectos atribuidos a su voluntad fueron deseables o temibles, nació como un sistema de metáforas por la antropomorforación o por el culto.

El hombre no se limitó a personificar las fuerzas naturales. En las cosas había, para él, algo incomprensible; lo explicó atribuyéndoles un poder intrínseco, invisible como su propio aliento y como la brisa, un alma. Esa fuerza le pareció más evidente en los animales, que podían moverse a voluntad, como los hombres.

Al culto de las fuerzas, de las cosas y de los animales, agregó el de los hombres muertos, de los antepasados, cuya potencia animadora supuso que podía seguir obrando, desde alguna parte, para protegerle o dañarle.

Esos múltiples objetos de adoración y de culto fueron humanizados progresivamente y en el curso de su evolución se divinizaron, transformándose en dioses, concebidos a imagen y semejanza de los hombres; acabaron, al fin, por emanciparse de las fuerzas y cosas naturales que les dieron origen, para actuar libremente. En las grandes teogonías politeístas todo lo humanizado se fue idealizando; los hombres agregaron o suprimieron atributos a sus dioses, de acuerdo con costumbres, intereses e ideas que se transformaban sin cesar.

---

[1] Se considera demostrado que todas las mitologías indoeuropeas tienen su raigambre común en un período mítico protoario. Ciertas divinidades fueron adoradas antes de que los pueblos arios irradiasen de su desconocido centro común y han persistido con caracteres análogos en diversas mitologías. En las diversas lenguas arias se encuentran mitos y nombres correspondientes a los principales dioses y héroes del Olimpo griego. El problema de origen y evolución de los mitos pertenece, desde hace más de medio siglo, a la mitología comparada.

Interpretaciones sobrenaturales e irracionales, en que la imaginación humana viola las leyes de la naturaleza misma, los mitos cosmogónicos, a medida que se divinizan, circunscriben en el tiempo y en el espacio los fenómenos permanentes o inextensos. Los dioses adquieren formas limitadas y tienen historia; nacen y crecen como los hombres, viven y luchan, sufren y mueren. Cuando esta humanización da a su biografía un carácter demasiado terrenal, es difícil distinguirlos de los mejores hombres; héroes, genios, demonios, su rango verdadero se torna incierto, simples semidioses que suelen obrar como intermediarios entre los mortales y los inmortales.

El mito cosmogónico de la Generación nació espontáneamente en la imaginación de los hombres que observaron los efectos naturales de la producción. Primero concibieron una potencia obrando para que plantas y animales se reprodujeran eternamente; ningún ser vivo nacía en el mundo sin que ella interviniera. Después la idea del nacimiento fue confundida con la de origen, deduciendo que todo lo existente había nacido alguna vez. La fuerza que diera origen a todas las cosas, potencia o voluntad creadora, se personificó gradualmente en el mito cosmogónico de Eros Generador.

Como divinidad de la generación universal actúa Eros en las primitivas cosmogonías helénicas y consta que fue venerado por muchos pueblos griegos desde la antigüedad más remota [1]. ¿De dónde había venido este mito? El parentesco lingüístico de los pueblos arios ha sido corroborado por la mitología comparada. Las ideas directrices y los principales dioses de las diversas mitologías arias pueden considerarse afines en un horizonte geográfico inmenso, extendido desde el océano Índico hasta el Atlántico. ¿Aparece Eros como un mito protoario, adorado antes de la pulifurcación de los pueblos indoeuropeos? Sólo sabemos que en los tiempos védicos existía ya en la India la divinidad generadora, Arusha; de allí pudo emigrar al

---

[1] Los habitantes de Thespis, en Beocia, veneraban desde tiempos inmemoriales, bajo la forma de un aerolito, a Eros, dios de la generación universal; en épocas históricas celebraban en su honor, cada cinco años, una fiesta sobre el Helicón, acompañada por juegos y concursos. Ese culto fue más célebre por las estatuas elevadas a Eros por Praxíteles y Lysipo. En los misterios de Samotracia, asociado al culto de los Cabiros, Eros figuraba ya como el Amor, concebido como primer principio de todas las cosas. Otros cultos de Eros existieron en Parium, Leuctra, Lemnos, etc.; en general, figura como divinidad secundaria en los cultos de Afrodita.

Olimpo griego, en alas de primitivos himnos, cuyo mismo nombre revela su origen exótico [1].

El Eros cósmico, generador de todas las cosas, es demasiado abstracto para la mentalidad de los pueblos primitivos; su vida en los Misterios satisfacía más la noción de casualidad, propia de las clases sacerdotales, que el sentimiento popular despertado por la generación de los seres vivos. Insensiblemente, al humanizarse, el Eros ario limitó su acción a la reproducción y al amor, asociándose naturalmente a una divinidad femenina, la Afrodita fenicia que ama y engendra, tan llena de vida y pasión que acaba por sobreponérsele en el culto popular.

El amor cosmogónico que conservó su primitivo carácter en la *Theogonía* de los Hesiódidas y en las *Rapsodias* de los Órfidas, estaba ya humanizado en la *Ilíada* de los Homéridas, donde la Afrodita semítica ha suplantado al Eros ario. Han venido del Oriente, también, pero por otros caminos, los primeros elementos míticos que se personifican en la diosa de la fertilidad universal y de la fecundidad femenina.

Muchos siglos antes de la época homérica, florecía ya en la Grecia oriental, en las Islas y en el Asia Menor, una alta civilización, originaria de Egipto o de Babilonia, que fue mezclándose con elementos asirios y fenicios. Fue ella, sin duda, el puente que dio paso a costumbres y creencias semíticas, reflejadas en la primitiva hímnica griega. Existía ya, a menudo representando a la luna o un astro brillante, una divinidad de la generación y de la fecundidad: Astarté, Atagartes, Mylita, Issar. En esos pueblos míticamente emparentados entre sí por sus orígenes, y en constante comunicación con los arios en los tiempos prehistóricos, las diosas precursoras de Afrodita representan el amor físico en la mujer, la belleza que lo estimula, la voluptuosidad que lo acompaña, la maternidad que lo corona. Pero la Afrodita griega adquiere una gracia y una humanidad sobresaliente. Mientras Artemis representa la virgen casta y Hera la esposa adusta, Afrodita pone en el Olimpo la sonrisa y el ritmo del amor integral, con todo el encanto de su voluptuosidad inextinguible. En las leyendas más difundidas, la Afrodita griega aparece madre de Eros, el Amor. Entró en la primitiva religión con varios

---

[1] El parentesco entre ambos dioses de la generación universal lo establece M. Müller. Arusha tenía los mismos atributos principales de Eros; era hijo de Dyaus (Zeus), nacido en el principio de los tiempos, resplandeciente, jovenzuelo y provisto de brillantes alas.

tipos y bajo nombres diversos. En Roma se transmutó en Venus, conservando su simbolismo helénico, como puede advertirse en las primeras estrofas del *De Rerum Natura*, en que se la invoca para inspirar el poema admirable.

Sin perder su sentido cosmogónico, Afrodita adquirió un significado cada vez más humano; cedió en parte la regeneración de la natualeza a otras diosas, reservándose el dominio olímpico y terrenal por el Amor, que la tornó cada vez más deseable por la inteligencia y más apetecible por los sentidos.

Representó lo digno de ser amado, lo amable, pero no se confundió con el Amor, la fuerza amante. Tuvo en su cortejo a Eros, su propio hijo, dios del Amor, frecuentemente asociado a su culto. El Eros cosmogónico, creador del universo, después de convertirse en Eros divino, dios del Amor, se transforma en Eros genio, servidor de Afrodita, diosa de la generación y de la fecundidad.

Mito, dios, genio, los pueblos le veneran con fervor. Es verosímil que en las ceremonias religiosas y fiestas públicas, que acompañaban en Grecia al culto de Eros, se cantasen himnos en su loor. No queda, sin embargo, rastros de ellos en la prehistoria literaria. Eros aparece, bajo formas diversas, cuando de la hímnica primitiva se desprenden, en época indeterminable, los géneros épico, didáctico y lírico; los Aedas, en una elaboración secular, produjeron la vasta floración de cantares que culminó en la triade, casi histórica, de Homero, Hesíodo y Orfeo. Acaso fueran simultáneos los orígenes de los géneros; pero mientras la épica deja un monumento literario que se remonta al siglo X, la didáctica sólo nos lega testimonios valiosos en el VIII y al VI pueden atribuirse los vestigios menos informes de la lírica [1].

---

[1] De este hecho, literariamente exacto, suele sacarse una conclusión históricamente improbable, admitiéndose que el Olimpo homérico expresa la mitología de una época anterior a la del Olimpo hesiódico. El examen de la cuestión, dentro de los elementos que poseemos, obliga a pensar lo contrario. La mitología de la *Theogonía* es anterior a la de la *Ilíada*, aunque esos monumentos literarios —casi únicos— se hayan constituido en orden cronológicamente inverso, antes de ser redactados definitivamente por Onomácrito u otros, bajo Pisístrato, en el siglo VI.

Por análogas razones consideramos las diversas teogonías órficas como anteriores a la homérica, aunque sean posteriores los documentos que las consignan.

Nadie podría, desde luego, demostrar la tesis enunciada, ni discutirla con fundamento, viviendo en Buenos Aires y sin disponer de bibliografía lingüística y mitográfica, ni haber aprendido a usarla.

2. EN LA TEOGONÍA DE LOS HESIÓDIDAS

A pesar del lapso secular que separa las épocas homérica y hesiódica, el contenido de sus monumentos literarios revela que la mítica de la *Theogonía*[1] es anterior a la de la *Ilíada*. Los mitos de los Hesiódidas conservan su sentido cosmogónico y la generación de los dioses tiene todavía por objeto explicar la acción de las fuerzas naturales; en cambio, los mitos de los Homéridas están ya muy humanizados y es muy terrenal su intervención en los asuntos de los hombres.

No puede excluirse que en el horizonte jonio de los Homéridas, los primitivos mitos arios se hubiesen transformado por el contacto con fenicios, babilonios y asirios, desplazando Afrodita a Eros, en las creencias y en los cultos populares. En el horizonte beocio de los Hesiódidas, en cambio, Eros había podido conservar su personalidad originaria. En tal caso, la sustitución del Eros ario por la Afrodita semítica se explicaría por haber florecido la *Ilíada* y la *Theogonía* en ambientes distintos, conservando el beocio los caracteres que se iban disipando en el jonio.

Pero es más probable que los mitos hesiódicos expresaran la tradición de grupos sacerdotales y sirviesen para hacer inteligible el misterio cosmogónico de viejos cultos secularmente conservados[2]. Los mitos homéricos, en cambio, compuestos de leyendas profanas, expresarían la opinión popular, viva, de una sociedad que habría sustituido ya los mitos primitivos por divinidades humanizadas, las metáforas y símbolos por seres de apariencia real y militante. Frente a los mitos hesiódicos, tradición sabia y formal de antiguas creencias, ya decadentes o extinguidas, los

---

[1] Se considera que esta obra fue compuesta por algún Hesiódica un siglo después que el propio *Hesíodo* compuso, total o parcialmente, *Los trabajos y los días*, obra que refleja una mentalidad colectiva muy posterior a la de los poemas homéricos. El poema de Hesíodo puede, por su sentido moral, relacionarse con el origen de la Gnómica; la *Theogonía*, en cambio, por su sentido histórico, representa una etapa de transición entre la hímnica religiosa y los primeros logógrafos.

[2] La lectura de los monumentos védicos y griegos impone acercar la mítica del *Rig Veda* a la de la *Theogonía* y la del *Ramayana* a la de la *Ilíada*. La hímnica religiosa es más primitiva y tradicionalista que la épica.

homéricos serían la mítica actual de un pueblo que ya mezclaba sus héroes humanos con los dioses olímpicos.

Frente a las divinidades turbulentas de la *Ilíada*, las de la *Theogonía* tienen una gravedad convencional: allí está lo vivo, aquí lo fósil. El Olimpo popular se mupltiplicaba de siglo en siglo, con más prisa que los catálogos cosmogónicos. La personificación mítica, limitada al principio a las fuerzas naturales, se iba extendiendo a las cosas y a sus propiedades, a lo físico y a lo moral. Dioses, héroes y demonios se complicaban; cada pueblo urdía leyendas nuevas, o variantes adaptadas a sus costumbres y necesidades, que enriquecían la lírica y la épica nacientes. El compilador de la *Theogonía*, cauteloso de imaginación y obtuso de sensibilidad, llegó en buena hora para acometer su tarea prelogográfica y restaurar la antigua teogonía que empezaba a nublarse. Todo encontró su jerarquía y su lugar en la famosa obra, que fue por mucho tiempo el lazarillo que guió a quienes se internaron en el Olimpo griego [1].

En la invocación el poeta canta a las musas que bajan del Helicón para alabar a los dioses inmortales; entre éstos figura "Afrodita", la de los arqueados párpados". Eros no es mencionado, circunstancia singular si se tiene en cuenta el comienzo de la teogonía propiamente dicha [2]. En una segunda invocación pide a las helicónidas que le digan cómo nacieron los dioses, las cosas del cielo y de la tierra, y cuáles entre ellas fueron las del comienzo primero. Sin que el texto lo especifique, las Musas contestan: "Antes que todas las cosas fue el Caos, y después Gea del ancho seno, siempre sólida sede de todos los Inmortales que habitan las costumbres del nivoso Olimpo y del Tártaro sombrío en las profundidades de la tierra espaciosa, y después Eros,

---

[1] Es muy posible que la *Theogonía* que ha llegado hasta nosotros no fuese la única ni la más antigua compilación de su género. Es verosímil que ella fuese preferida a otras similares por Onomácrito, o los suyos, para conservar un texto definitivo —un Evangelio— entre muchos deficientes, incompletos o heterodoxos. Es tan evidente la legitimidad de esta conjetura, como imposible su demostración.

[2] Basta releer con interés la *Theogonía* para sospechar que la primera invocación de las musas (los primeros 16 parágrafos de la traducción de Leconte de Lisle) es de redacción distinta y, sin duda, posterior a lo que sigue. El poema comienza mejor, con más unidad de concepto y estilo, en la segunda invocación de las musas: "¡Salud, hijas de Zeus! Dadme vuestro canto", etc. (parágrafos 17, 18 y 19 de la misma) que, en forma escueta, precede al relato: "El Caos precedió a todas las cosas", etc. Esta hipótesis explicaría la ausencia de Eros en la primera invocación, encabezamiento retórico agregado a la narración teogónica.

el mas bello entre los dioses Inmortales, y que en el pecho de todos los dioses y de todos los hombres domina a la inteligencia y a la sabiduría". Es simple: Caos, Gea, Eros. El poema agrega: de Caos nacieron... Gea engendró... Eros, en cambio, no reaparece ni tiene descendencia propia. ¿Obra como generador, fecundando a Caos y Gea?[1] ¿El Hesiódida narra la cosmogonía de origen ario, profesada en los más viejos Misterios, en que Eros como el védico Arusha, es el mito de la generación universal? Tal como aparece, Eros conserva en la teogonía su primitivo rango eminente, aunque episódico. Primero existe el Caos, luego la Tierra y después Eros, que se presenta, en realidad, como el más antiguo de los dioses. Es necesario que él, principio creador, exista antes de que en el mundo nazcan los demás inmortales, y es forzoso admitir que todos son hijos suyos, pues él los engendra fecundando a Caos y a Gea. Sus atributos son extraordinarios; domina a la inteligencia y a la sabiduría en el pecho de todos los dioses y de todos los hombres. Es, en fin, el más bello de los dioses. Al ubicarlo en el principio de los seres, el Hesiódida llena una necesidad especulativa; pero no vuelve a ocuparse de él, ni a mencionarlo siquiera, como generador universal[2].

El mito cosmogónico de la generación desaparece; le reemplaza de inmediato la diosa de la reproducción. El símbolo especulativo de una fuerza metafórica cede a la representación concreta de una fuerza natural. Eros es reemplazado por Afrodita. Su nacimiento constituye la más bella e ingeniosa leyenda contenida en la *Theogonía*. La Tierra engendra al Cielo, "para que la cubra toda entera y sirva de segura morada a los felices Dioses". Unidos, engendran todo lo que está contenido en ellos, sus hijos, incluso el Tiempo. Como Uranos odiaba y castigaba a sus descendientes, Gea concibió un plan maligno y astuto; Cronos se com-

---

[1] Otra hipótesis legítima podría considerar que todo el final del parágrafo, desde "y después Eros", etc., sea un injerto posterior, pues nada tiene que ver con lo precedente y lo siguiente. Es probable, asimismo, que la versión de la *Theogonía* que pasó a la posteridad sea una refundición de varios textos, zurcidos bastante zurdamente por el redactor de la época pisistrátida, y acaso por otros posteriores.

[2] Los Hesiódidas no pudieron prescindir de los cultos populares que ya en muchos santuarios asociaban a Eros, como genio erótico, al culto de la nueva diosa del Amor, la seductora Afrodita, importada del contiguo Oriente. Cuando Eros reaparece en su cortejo, está ya transformado en genio del amor. Es el nuevo Eros popular, no el cosmogónico primitivo.

prometió a cumplirlo. Uranos fue castrado y de sus despojos, arrojados al mar, nació Afrodita [1]. La hierba crecía bajo sus pies encantadores. "Eros la acompañaba y la seguía el bello Himeros", el Deseo. Desde el origen tuvo el honor de presidir, entre los hombres y entre los Dioses inmortales, "los entretenimientos de las vírgenes, las sonrisas, las seducciones, el dulce encanto, la ternura y las caricias". Afrodita cumple varias veces su misión en la *Theogonía*. Ella "une de amor" a varios dioses, sin perjuicio de unirse ella misma con Ares. Y para coronar su fecundidad en consonancia con la ya gloriosa *Ilíada* homérica, "Citerea, la de la hermosa corona, engendró a Eneas, después de haberse unido de amor al héroe Anquises".

En *Los trabajos y los días* no aparece Eros. La misma Afrodita asoma, apenas, en la narración del mito de Pandora; Zeus, al enviar a los hombres la primera mujer, fabricada con barro por Hefestos, "ordenó a la áurea Afrodita que **esparciera la gracia sobre su cabeza y le diera el deseo rudo y las inquietudes que enervan los miembros**". La mujer, por la voluptuosidad, fue el castigo de los hombres, esparciendo entre ellos las miserias reunidas en su caja fatal, en cuyo fondo sólo quedó la engañadora esperanza.

3. EN LA LÍRICA DE LOS ÓRFICOS

Los orígenes de la lírica griega, vagos y legendarios, aparecen confundidos con los de la hímnica religiosa; en sus escasos rastros persisten, no sin variantes, las ideas cosmogónicas y teogónicas de los Hesiódidas. Se mencionan

---

[1] La leyenda es ya realista, muy distinta del mito especulativo de Eros generador. Gea se regocijó con la promesa de Cronos; le confió su propósito y puso en sus manos una hoz. "Y el gran Uranos vino, trayendo la noche, y lleno de un deseo de amor se extendió sobre Gea todo entero y de todas sus partes. Y saliendo de su escondite, su hijo le cogió con la mano izquierda y con la derecha blandió la inmensa horrible hoz de filosos dientes. Y cortó rápidamente las partes generadoras de su padre y las arrojó detrás de sí. Y ellas no escaparon en vano de sus manos.

"Todas las gotas que chorrearon, sangrientas, las recogió Gea"; y pasados los años ella alumbró las Erinias y los Gigantes y las Ninfas. "Y las partes que había cortado, Cronos las mutiló con el acero, y desde la tierra firme las arrojó al mar de agitadas olas. Ellas flotaron sobre el mar largo tiempo, y una blanca espuma brotó del despojo inmortal, y una joven salió", que las olas llevaron hacia Cíteres y Chipre.

cosmogonías artibuuidas a Acusilao, Epiménides, Museo y Lino; la redacción, de algunas por lo menos, parece obra de Onomácrito, que acaso ejerció su estro sobre antiguos himnos de paternidad imprecisa. Los Órfidas fueron muchos, ciertamente, aunque desde mediados del siglo VI, sus fragmentos heterogéneos fueron atribuidos al cantor mítico Orfeo. Al fin, bajo el nombre de *Poemas órficos*, se reunieron determinadas composiciones poéticas y filosóficas, que fueron acreciéndose por colaboración apócrifa hasta la época cristiana.

Las piezas primitivas del Orfismo, himnos religiosos cantados en los Misterios, revelan ya que la teogonía primitiva ha comenzado a alterarse por influjo de nuevas corrientes orientales, no exentas de magias y misticismos [1]. Las versiones órficas conocidas presentan fundamentales diferencias cosmogónicas y teogónicas. Su carácter uniforme es la transformación especulativa de los mitos, con marcada tendencia mística o filosófica. Los dioses dejan de ser meras personificaciones inmediatas de las fuerzas naturales para convertirse en verdaderas esencias, desprendidas de lo real.

El orfismo recogió en su teogonía el mito hesiódico de "Eros generador del mundo". Su sentido inicial es claro ya en Ferécidas, para quien Zeus, "soberano principio supremo de la vida", después de formar el mundo, se transforma él mismo en Eros, dios del Amor. Bajo influencias principalmente babilónicas, los órficos tienden más tarde a refundir el mito de Eros con el de Fanes. La sincresis aparece ya terminada en la época de las *Rapsodias*, que desenvuelven la teogonía más difundida en el orfismo: Eros, el más antiguo de los dioses, nace del huevo cósmico, que procede del Caos y de las Tinieblas [2].

---

[1] En el Prefacio de *Las vidas*, de Diógenes Laercio, después de mencionar las primitivas cosmogonías de Museo y Lino, se consigna la corrupción de la teogonía en los órficos: "Los que atribuyen su invención (de la filosofía) a las naciones bárbaras nos objetan también que Orfeo, natural de Tracia, fue filósofo de profesión, y uno de los más antiguos que se conocen. Pero yo no sé si debe darse el rango de filósofo a un hombre que ha despachado acerca de los dioses cosas semejantes a las que él ha dicho. En efecto, ¿qué nombre debe darse a un hombre que ha sido tan desconsiderado con los dioses, que les ha atribuido todas las pasiones humanas, hasta esas vergonzosas prostituciones que no se cometen sino raramente por los hombres?"

[2] En la cosmogonía de las *Rapsodias* se explica el origen de Eros y su absorción por Zeus. En el origen está Cronos o el Tiempo, que era eterno. En él entran a existir Éter (fuego y luz) y

Es dudoso que, en esta forma, Eros haya sido objeto de culto en los pueblos griegos. Lo poco que se sabe al respecto inclina a creer que el Eros venerado en Tespis, Parium, Leuctra, Lemnos, y aún en Samotracia conjuntamente con los Cabiros, guarda poca relación con el Eros de los Órfidas; trasplante visible del mito cosmogónico difundido en Oriente, apareció cuando ya estaba en su apogeo el culto de Afrodita, cuyos misterios y santuarios se difundieron después por todo el mundo helénico. La introducción de Fanes no fue probablemente un producto de transfusión de creencias populares, sino una manera de interpretación puramente doctrinaria de la cosmogonía, ajustada a la idiosincrasia especulativa de la casta sacerdotal que se iba formando a la sombra de los Misterios.

La teogonía órfica, divergente en cuanto a Eros de la mítica hesiódica, persistió por la transfusión del orfismo en una escuela filosófica más vital, el pitagorismo, que culminó a fines del siglo VI. Aunque tan distintas en lo esencial, las dos corrientes aparecieron mezcladas desde sus orígenes, conservándose unidas e influyendo durante siglos.

En los *Himnos órficos*, que se consideran de épocas posteriores, coexisten Fanes, Afrodita y Eros, sin perjuicio de que a Uranos se le llame "generador de todas las cosas, Creador Universal" (X). Nyx es identificada con Cipris, "generadora de los Dioses y de los hombres. Nyx, fuente de todas las cosas, la que nosotros llamamos Cipris" (II). La introducción de Fanes, bajo el nombre de Protogonos, es característica. "Lo invoco a Protogonos el grande, que vaga en el Éter, salido del Huevo, de alas áureas, que tiene el mugido del toro, fuente de los Dichosos y de los hombres mortales, memorable, de múltiples orgías, inenarrable, oculto, sonoro, que sacó de todos los ojos la negra nube

---

Caos (vacío y tinieblas). Cronos formó un "huevo de plata" con Éter y Caos; de este huevo nació el dios primigenio, Fanes o El Brillante, llamado también dios del Amor o Eros. "Como depositario de todos los gérmenes de vida", Fanes o Eros es a la vez macho y hembra y engendra por sí mismo el Cielo, la Tierra, la Noche y otros dioses ya conocidos en la teogonía hesiódica. De Cronos y Rhea nace también Zeus, del cual todo procede, "origen de la Tierra y del Cielo sembrado de estrellas"; Zeus se traga a Fanes, para reunir en sí los gérmenes de todas las cosas y vuelve a crearlas.

En este resumen de la teogonía órfica, no exenta de contradicciones, nos atendremos exclusivamente a la exposición de Gomperz, *Griechische Denker*, que no podemos confrontar con los textos originales de las *Rapsodias*.

Aristófanes, en *Las aves*, alude, con bastante exactitud, a la cosmogonía órfica y dice expresamente que Eros era llamado también Fanes por los órficos.

primitiva, que vuela por el Cosmos sobre alas propicias, que trae la brillante luz, y que, por eso, llamo Fanes" (V). Afrodita conserva sus caracteres típicos (LII), tiene caro en su corazón a Adonis (LIII) y reconoce a Eros por único rey (LV). Adonis es un genio explícitamente; de Eros no se dice si es dios o genio, aunque en el himno a Afrodita se afirma que ella es madre de Eros, infiriéndose que se trata de genios [1].

4. EN LA EPOPEYA DE LOS HOMÉRIDAS

Los primeros cantares épicos de Grecia, inspirados por leyendas, tradiciones y fábulas, propias o exóticas, pudieron ser himnos a los dioses y héroes, que fragmenta-

---

[1] Las citas son por la traducción de Leconte de Lisle. El "Perfume de Afrodita", LII, y el "Perfume de Eros", LV, merecen ser transcritos.

"LII. Urámida, celebrada por mil himnos, Afrodita que amas las sonrisas, nacida de la espuma, Diosa generadora, que te deleitas en la negra noche, venerable, nocturna, que unes, llena de picardía, madre de la necesidad, todas las cosas salen de ti, pues tú has sometido el Cosmos y todo lo que está en el Cielo, y en el mar profundo, y sobre la tierra fértil, ¡Oh Venerable! Consejera de Baco, que te regocijas de las coronas y de las bodas, madre de los Eros, que amas los lechos nupciales, que acuerdas en secreto la gracia, visible e invisible, de la hermosa cabellera, loba que llevas el cetro de los Dioses, generadora, que amas a los hombres, deseadísima dispensadora de la vida, que unes a los vivos por necesidades invencibles, y que con tus encantamientos sobrecoges de furioso deseo a la raza innumerable de las bestias salvajes; ven, Diosa nacida en Chipre, senos favorables, hermosa Reina; sea que tú sonrías en el Olimpo; sea que recorras tus mansiones en la Siria abundante de incienso; sea que sobre tus carros de oro ornados visites las fértiles orillas del río Egipto; sea que sobre las alturas que dominan la onda marina te regocijes de las danzas circulares de los hombres; o que te deleites sobre la tierra divina y en tu carro veloz, entre las Ninfas de ojos azules, a lo largo de las arenas de la ribera; sea que en la real Chipre que te ha nutrido, las bellas vírgenes y las recién casadas, ¡oh Venturosa, te celebren con sus himnos, a ti y al abrosíneo Adonis, ven, oh bella y deseabilísima Diosa! Te invoco con un corazón inocente y con palabras sagradas."

LV. Invoco a Eros, grande, casto, amable y encantador, poderoso por su lanza, alado, que corre en el fuego, impetuoso, que se burla de los Dioses y de los hombres mortales, hábil, astuto, que tiene todas las llaves del Éter, del Cielo, del mar y de la tierra. La Diosa generadora de todas las cosas, soplo de los vivientes y que hace germinar los frutos, y Ponto que repercute en el mar, y el Tártaro amplio, reconocen a Eros por único rey. Ven, ¡oh Dichoso, acércate a las que inician en tus misterios con sagradas palabras, y arroja lejos de ellos los malos pensamientos y propósitos!"

riamente preludiaron a la coordinación de los poemas homéricos. Cuando de la hímnica primitiva surge la epopeya, el Olimpo griego está organizado; existe una sistematización de los dioses, orientada hacia una *Theogonía* bien definida. Aunque siguen representando las fuerzas naturales, los mitos cosmogónicos están ya divinizados en los dos monumentos clásicos de los Homéridas; algunos aparecen en plena transformación.

Eros, ya venerado como dios de la generación por muchos pueblos griegos, no actúa en el Olimpo homérico; carece de función en la gesta y está eclipsado en la epopeya. Ni dios, ni héroe, ni genio [1]. Esta circunstancia singular marca una diferencia con las teogonías hesiódica y órfica, en las que Eros ocupa categoría eminente. La ausencia es comprensible. Afrodita ya ha penetrado en el culto popular de los pueblos jonios, importada del Oriente semítico; la diosa del amor y de la generación, más fascinadora y más realista, ha suplantado al mito cosmogónico de origen ario. Eros, cada vez más abstracto y simbólico, no interesa a los cantores Homéridas que componen para la masa popular; en cambio sobrevive en los himnos de sentido gnómico, religioso, logográfico y filosófico que continuarán vertiéndose en el doble cauce de los Hesiódidas y los Órfidas.

Con dioses ya humanizados, el amor no puede estar representado en los cantos homéricos por Eros, sino por Afrodita. Eros ha seguido viviendo en los Misterios, hasta encontrar en la *Theogonía* y en las *Rapsodias* la expresión literaria que conoce la posteridad.

Aunque Eros no actúa como dios ni héroe, el amor tiene mucha parte en la *Ilíada* [2].

---

[1] En el Canto XIV, Hera pide a Afrodita "el amor y el deseo", que corresponden a Eros e Hímeros, genios del cortejo de la Diosa.

[2] Menos de lo que suele afirmarse, sin embargo, en cuanto al origen de la guerra de Troya. Su argumento es el *rescate de Helena raptada por París*, asunto épico muy inferior a otros, como la leyenda de los Argonautas, que circulaban profusamente entre los Aedas mucho antes de componerse la *Ilíada*. En realidad, el rapto de Helena por París no es una historia de amor; es un simple robo, con abuso de confianza, pues se realizó violando la hospitalidad de Menelao. Las mujeres eran propiedad de los hombres, en un régimen de poligamia patriarcal; Menelao y París no enamoraron a Helena, la raptaron. La expedición griega no se propone devolver un ser amado a su amante, sino recuperar un bien material y vengar una ofensa. Hera, la diosa del matrimonio, protege a Menelao, mientras Afrodita, la diosa del amor, protege a París, que adjudicó la "manzana de la Discordia" a Afrodita, prefiriéndola a

Afrodita, hija de Zeus y de Dioné, aparece en el canto III, en ocasión del duelo singular entre Menelao y Paris, que riñen por la posesión de "Helena y todas sus riquezas". Menelao, protegido de Atenea, está a punto de vencer, cuando Afrodita interviene para salvar a Paris envolviéndole en una nube y llevándole de la liza al tálamo, donde le acompañó de inmediato Helena, instigada por Afrodita [1].

En el canto XIV, donde la diosa del amor aparece en la plenitud de su poder, desplegando con eficacia sus atributos, Hera, deseando engañar a su esposo Zeus, resolvió hacerse amar por él y dormirle cuando le tuviera en el lecho. Atavió su cuerpo con todos los adornos y pidió a Afrodita "el amor y el deseo, con los cuales rindes a todos los inmortales y a los mortales". Afrodita le prestó el cinto bordado, que encerraba todos los encantos que podían hacer perder el juicio a los más prudentes. Al verla Zeus, "enseñoreóse de su espíritu el mismo deseo que cuando gozaron las primicias del amor, acostándose a escondidas de sus padres". Hera dijo que iba a visitarlos. Zeus le replicó con una exaltada declaración de amor. Hera cedió [2]. El dulce Hipnos cerró los ojos de Zeus y aprovechándose de su sueño pudo Poseidón intervenir en favor de los griegos.

Atenea y Hera, que luego aparecen unidas como enemigas de los troyanos.

Agreguemos, en fin, que los nombres de Paris y Helena existen en sánscrito y otras lenguas arias. Ambos figuran en la mitología védica, según M. Müller.

[1] En el Canto V Afrodita interviene para salvar a su hijo Eneas; pero Diomedes, instigado por Atenea, la hiere, y Zeus le ordena dedicarse a los dulces trabajos del himeneo, absteniéndose de las acciones bélicas. Por eso en el Canto XX, vencido ya Eneas en el duelo singular con Aquiles, interviene Poseidón en su favor, como antes hiciera Afrodita con Paris.
En el Canto VI se encuentra la historia de Antea, la infiel esposa de Preto, que "desea con locura juntarse clandestinamente con Belerofonte, pero no pudo persuadir al prudente héroe, que sólo pensaba en cosas honestas". Este canto termina con la despedida de Héctor y Andrómaca, cuya belleza es más épica que sentimental.

[2] Esta breve escena erótica, única en la Ilíada, es admirable y da una impresión cabal del poder de Afrodita.
"Contestó Zeus, que amontona las nubes: "¡Hera! Allá se puede ir más tarde. Ea, acostémonos y gocemos del amor. Jamás la pasión por una diosa o por una mujer se difundió por mi pecho, ni me avasalló como ahora: nunca he amado así, ni a la esposa de Ixión, que parió a Piritoo, consejero igual a los dioses; ni a Dánae, la de bellos talones, hija de Acrisio, que dio a luz a Perseo, el más ilustre de los hombres; ni a la celebrada hija de Fénix, que fue

Esa escena de amor provocada por Afrodita, contrasta singularmente con el odio conyugal que envenena el matrimonio, descripta en el primer diálogo del canto XV, entre Zeus y Hera.

En la *Odisea*, Canto VIII, el aeda Demódoco canta la leyenda de los amores de Afrodita con Ares, que Hefaístos descubre y escarnece. Ello da motivo para hacer constar que desde mucho tiempo tiene Afrodita "sagrados bosques y aromosos altares" en Chipre y Pafos, donde se refugió.

Es completamente ajena al amor la leyenda de Penélope —la tejedora— bellísima, deseada por todos, esposa fiel que espera la vuelta de Ulises. La fidelidad de Penélope expresa el cumplimiento del deber conyugal, que le impide ser propiedad de otro hombre mientras no esté segura de la muerte del propietario actual. ¿Qué otra moralidad puede contener la fábula nacida en un ambiente de patriarcado poligámico, en que las esposas son raptadas, compradas, regaladas y tienen en su hogar la situación de favoritas entre esclavas? ¿Es otra, acaso, la condición de la mujer casada en la familia griega, tal como nos la describen los poemas de los Homéridas? Penélope tiene la virtud de la fidelidad; pero nunca ha tenido el derecho de amar. Ni a Ulises, antes, ni a los Pretendientes después. Sólo la moral patriarcal puede beneficiarse de que la fidelidad de una sierva sea confundida con el amor de una mujer dueña de su corazón. Penélope es de

madre de Minos y de Radamanto, igual a un Dios; ni a Semele, ni a Alcmena en Tebas, de la que tuve a Heracles, de ánimo valeroso, y de Semele a Dionisos, alegría de los mortales; ni a Deméter, la soberana de hermosas trenzas; ni a la gloriosa Leto; ni a ti misma: con tal ansia te amo en este momento y tan dulce es el deseo que de mí se apodera".

"Replicóle dolorosamente la venerable Hera: «¡Terribilísimo Cronida! ¡Qué palabras proferiste! ¡Quieres acostarte y gozar del amor en las cumbres del Ida, donde todo es patente! ¿Qué ocurriría si alguno de los sempiternos dioses nos viese dormidos y lo manifestara a todas las deidades? Yo no volvería a tu palacio al levantarme del lecho; vergonzoso fuera. Mas, si lo deseas y a tu corazón es grato, tienes la cámara que tu hijo Hefesto labró, cerrando la puerta con sólidas tablas que encajan en el marco. Vamos a acostarnos allí, ya que folgar te place.» «Respondióle Zeus, que amontona las nubes: ¡Hera! No temas que nos vea ningún dios ni hombre: te cubriré con una nube dorada, que ni Helios, con su luz, que es la más penetrante de todas, podría atravesar.»"

"Dijo el Cronida, y estrechó en sus brazos a la esposa. La tierra produjo verde hierba, loto fresco, azafrán y jacinto espeso y tierno para levantarlos del suelo. Acostáronse allí y cubriéndose con una hermosa nube dorada, de la cual caían lucientes gotas de rocío."

la estirpe de Hera; acaso nunca había oído hablar de Afrodita, ni necesitaba ceñirse su cinto para ser fiel a su amo.

5. LA AGONÍA DEL EROS COSMOGÓNICO

Al mismo tiempo que los mitos orientales venían a refundirse en el Orfismo griego, llegaban a Jonia los gérmenes de las ciencias de Egipto y de Babilonia. Por su desarrollo se forma, en el siglo VI, la primera escuela de filósofos. Tales, Anaximandro y Anaxímenes son, ante todo, realistas. Quieren explicar el mundo sensible, la naturaleza, partiendo de principios derivados de la experiencia. Su concepción cosmogónica consiste en explicar la diversidad de las cosas por las transformaciones sucesivas de una substancia primera: agua para Tales, infinita para Anaximandro, aire para Anaxímenes.

Desde Tales, una nueva clase de saber se inaugura en Grecia; en torno suyo se forma una Escuela de investigadores profanos. No se proponen dar autoridad a un culto, como las sectas sacerdotales que florecían en los Misterios, sino buscar la verdad, excluyendo lo metafórico y lo equívoco, lo fabuloso y lo legendario. Su idea filosófica central, la existencia de una materia originaria del devenir, impuso concebirla como principio generador de todo lo demás, con exclusión del mito cosmogónico de Eros. Ese mito, para Tales, es una simple fábula. Pero en su concepción realista, enunciada como explicación verdadera de la generación, el elemento mítico se conserva en cuanto supone que la materia originaria es viviente y animada.

Anaximandro considera al infinito como materia primordial, inengendrada e imperecedera, que contiene y dirige todas las cosas, principio de la indefectible perpetuidad de las generaciones que se desenvuelven según el movimiento eterno. Los seres vivos se transforman en función de las variaciones del medio y el hombre mismo proviene de animales acuáticos más sencillos. Su cosmogonía no pierde totalmente el carácter mítico, pero hay ya un abismo entre sus explicaciones y las fábulas cosmogónicas de Eros o de Fanes.

Medio siglo más tarde, a principios del V, tiene su acmé Heráclito, el primer pensador especulativo, padre de la filosofía occidental, que envuelve en una misma sonrisa burlona a Hesíodo y a Pitágoras, a Xenófanes y a Hecateo.

No dio importancia Heráclito a la unidad de la sustancia, sino a su eterna variación; antepuso al ser el devenir. Las cosas no le parecían lo esencial, sino las relaciones y sus leyes; para conocerlas no bastaban los sentidos, era necesaria la razón. Ésta le enseñaba que en el mundo real coexistían siempre los contrarios, derivándose de esa coexistencia una armonía invisible que los impulsaba a atraerse para complementarse.

Antes de que Heráclito hubiera dado expresión verdaderamente filosófica al pensamiento de los primitivos jónicos, Xenófanes, en el siglo VI, puso los cimientos de la escuela eleática, que culminó en el V con Parménides y sus continuadores, Zenón y Melisos. Los eleáticos, como los pitagóricos [1], intentaron elevarse sobre los primeros naturalistas, invocando principios superiores, más abstractos. Del análisis racional y dialéctico de la vida del ser, deducían la permanencia absoluta del ser mismo, demostrando que nada nace ni muere de veras. Desde el punto de vista cosmogónico fueron contrarios a los mitos y a las teogonías que cultivaban los órficos y pitagóricos, inclinándose más bien a un monoteísmo indeterminado. Su concepto de la generación universal y de la reproducción de los seres no pudo diferir mucho, sin embargo, del que tenían los viejos jónicos. En realidad no elaboraban una teoría propia del Amor [2].

Los neonaturalistas, Empédocles y Anaxágoras, procuraron conciliar a Heráclito y Parménides: el eterno devenir universal y la permanencia absoluta del ser. Con-

[1] El problema de la generación cósmica y el de la reproducción de los seres vivos no tienen soluciones propias en la escuela pitagórica, que nace a fines del siglo VI. Durante el siglo V se organizó como una secta mística, si no como una verdadera iglesia que aspiraba al poder temporal. Su fusión con el Orfismo fue precoz, siendo ambas escuelas verdaderos cultos secretos, o Misterios, no reconocidos por la religión pública. El Orfismo tenía por objeto esencial la revelación mística de una regla de vida, por medio de una iniciación secreta. El pitagorismo fue también una disciplina de perfección moral, pero coronada por especulaciones intelectuales, de carácter principalmente matemático. En los comienzos del siglo IV se produjo un cisma en la escuela. Los místicos, que seguían la cosmogonía órfica, se separaron de los científicos, que tenían ideas cosmogónicas semejantes a las de los naturalistas jónicos con más cierto concepto de Harmonía universal. Los últimos pitagóricos, pues la escuela no murió, degeneraron tanto en la disciplina como en el pensamiento. A fines del siglo I, precristiano, resurgió el neopitagorismo; tuvo larga vida, pero mezclado ya con muchas doctrinas posteriores.

[2] Por eso, como se verá, no tienen representante particular en el *Simposio de Platón*.

cibieron el ser compuesto de elementos permanentes y de fuerzas que lo transformaban en formas infinitas. Para Empédocles existían cuatro elementos, combinados por el Amor y la Discordia, fuerzas naturales míticas; para Anaxágoras eran muchos los "homomerios" elementales, combinados por la razón o la inteligencia. La causa del mundo real fue puesta fuera de él, oponiéndose a la materia el espíritu, en forma de amor o de inteligencia. En una última expresión, a fines del siglo v, las escuelas naturalistas brillaron con los atomistas Leucipo y Demócrito. Los elementos u homomerios fueron reemplazados por átomos en que la materia única tenía diversas dimensiones, admitiendo la eternidad del movimiento que los hacía chocarse y rebotar formando torbellinos.

El problema de la generación universal, como pudieron plantearlo los primeros filósofos, justamente llamados "fisiólogos" por Aristóteles, fue inverso del que concebían las teogonías, hesiódicas, órficas y pitagóricas. Era indispensable prescindir de los mitos sobrenaturales e irracionales para aproximarse a una explicación natural y racional. ¿Cómo la sustancia primera engendraba los seres? Por transformaciones naturales. ¿En qué consistían? En condensaciones diversas, equilibradas diversamente en un movimiento de eterno devenir. En tal cosmogonía quedaron desplazados los seres míticos, que los filósofos naturalistas relegaron al culto popular y al misticismo de los órficos. Eros, antes desterrado de la épica por los Homéridas, lo fue después de la filosofía por los Jónicos.

No sería exacto afirmar que los filósofos presocráticos lograron desprenderse totalmente de las teogonías órficas y pitagóricas. El mito cosmogónico de Eros pesó en el pensamiento de algunos; para Empédocles, principalmente, el Amor siguió presidiendo la ordenación de los cuatro elementos primordiales, naciendo el universo entero de su lucha con la Discordia.

Inclinados a limitar la función del Amor a la generación de los seres vivos, los filósofos presocráticos se acercaron más a la concepción popular de un Eros al servicio de Afrodita. En el sentimiento y la pasión de amor vieron eficaces instrumentos de atracción entre los seres vivos, favorables a la reproducción de los individuos y a la conservación de las especies.

El Eros cosmogónico agoniza en vísperas del siglo de Pericles. Los filósofos se preparan a degradarlo. Conforme a la teoría hesiódica de los Demonios, que serían más tarde Genios latinos, el Amor desciende de su pedestal divino para simbolizar la fuerza, Genio o Demonio, que atrae a los sexos para la reproducción, al servicio de una verdadera divinidad, Afrodita. Sólo sobrevive Eros como dios en la mitología figurada, adorno de los géneros poéticos.

En la decadencia literaria se acentúan tres hechos, característicos: la distinción entre un Eros celeste y un Eros vulgar, la pluralidad de los Eros y la exclusión de las mujeres como objeto de amor. El Genio erótico se desdobla, se multiplica y se invierte. Así le encuentra Platón en la hora de glorificarle.

6. LOS GENIOS METAFÍSICOS DEL AMOR

Durante siglos se han escrito no pocas necedades metafísicas sobre el amor; ellas no han impedido, felizmente, que los hombres sigan gozando o sufriendo de él, sin antes ponerse de acuerdo sobre su misteriosa escuela. Después de leer muchas, y por lo menos todas las que merecen llamarse clásicas, se cae en la tentación de afirmar que los ingenios más excelentes, al mariposear en torno de un concepto abstracto, han desdeñado los elementos concretos en que se fundamentara la abstracción; los mismos que pretendieron descifrar el enigma han contribuido a transformarlo en un genio mítico.

Desatinada la mente humana por la multiplicación de tanta incongruencia, difícil le es ahora emanciparse de los equívocos sentidos que los poetas, los sabios y los filósofos dieron en su tiempo a la palabra amor, inclinados los unos a tejer su telaraña de quimera, aquiescentes los otros a la hipocresía del común. Hubo quien discurriese de atracción universal y quien de afinidades electivas, disertando hacia un mundo ideal, amén de cuantos vieran la acción de ineludibles instintos donde otros creyeron barruntar aspiraciones morales desinteresadas. Y los menos sensatos, que son los más, prefirieron disimular su ignorancia diluyéndola en vagas lucubraciones, sobre presuntas fórmulas de amor que sólo tienen de común las cuatro letras que componen el vocablo; que hablar del amor a los semejantes, a la belleza, a la perfección, a la verdad, a la armonía, a la naturaleza, al creador, es la manera más segura de burlar la curiosidad de quien desea comprender algo acerca del origen, la función y los caracteres del amor.

La secular disparatería ha girado en torno de tres concepciones míticas abstractas, que se apartaron de la realidad siguiendo caminos metafísicos divergentes: el amor estético, el amor doméstico, el amor instintivo. En las tres, sin embargo, pierde Eros su rango divino y actúa como simple Genio, al servicio de entidades míticas superiores: la Belleza, la Familia, la Especie.

El amor estético tuvo su acmé en la filosofía griega, apareciendo Eros como genio de la Belleza. Abstrajo el amor de su realidad humana para concebirlo como atracción armónica entre partes del universo que tienden al equilibrio, tal como en algunas cosmogonías pitagóricas; o bien lo transmutó en el goce espiritual que el hombre experimenta al elevarse hasta el conocimiento puro, la beatitud nirvánica o la contemplación de la belleza absoluta. Expresión insuperada de este mito fue la doctrina de Platón, en que el verdadero amor intersexual quedó reducido a un episodio vulgar y humano frente al amor efébico que eleva al espíritu hasta la suprema belleza.

El amor doméstico alcanzó su exposición integral en la teología cristiana, convirtiendo a Eros en Genio de la Familia. Sacrificó el amor individual a la domesticidad social, mirándolo como atributo necesario del matrimonio indisoluble, tal como lo definieran el Doctor Angélico y los concilios de su Iglesia. Aunque este mito no tuvo tan eminente expresión literaria como el griego, su innegable superioridad consistió en restituir la mujer al amor masculino, sin redimirla por eso de la tiránica potestad del hombre. El sentimiento de amor fue suplantado por el de domesticidad, de acuerdo con las conveniencias de la monogamia patriarcal.

El amor instintivo privó siempre en los sistemas naturalistas, que presentaron a Eros como Genio de la Especie. Hizo del amor un ciego instrumento de la reproducción de los seres vivos. La fuerza irresistible del Instinto determina la atracción intersexual y gravita sobre los individuos como una fatalidad ineludible. La experiencia instintiva de la Especie empujaría a la inmolación los seres maduros para reproducirse, despertando en la experiencia de los individuos una ilusión que los arrastraría inconscientemente al sacrificio.

Sin ser ya un Dios, conserva Eros su jerarquía de Genio en los tres mitos creados por la imaginación de los metafísicos. Es Genio de la Belleza en el amor estético, Genio de la Familia en el amor doméstico, Genio de la Especie en el amor instintivo. ¿Mitos? Sin duda. Pero no será estéril su análisis antes de elaborar una Teoría Genética del Amor.

CAPÍTULO II

EROS, GENIO DE LA BELLEZA

1. El amor masculino en el siglo de Pericles. - 2. Los discursos preliminares del "Simposio". - 3. Doctrina del amor estético.

1. EL AMOR MASCULINO EN EL SIGLO DE PERICLES

Proscrito por los filósofos, el Eros cosmogónico había llegado a su ocaso, y agonizaba, tal vez en algún raro culto, sobreviviente del pasado, aunque conservaba su rango en las cosmogonías órficas que no se desprendían de la tradición hesiódica. Seguía viviendo, en cambio, en la veneración popular el Eros asociado a Afrodita, simple Genio en el cortejo de la seductora divinidad. Cantado por los poetas y representado por las artes plásticas, tornóse cada día más popular en Grecia, bajo los rasgos de un bello niño alado, provisto de flechas y carcaj, de antorcha, para multiplicar los seres vivos que hería o abrasaba de amor. Hijo de Afrodita y su compañero inseparable, salía en primavera de los lugares en que era venerado junto con su madre, para fecundar y engendrar, bajo el doble impulso de las tendencias físicas y de la simpatía moral.

Una gran revolución se operaba en la cultura griega del siglo v [1]. De los Misterios nacía la Tragedia, conservando en el viejo Esquilo un carácter mixto entre lo épico y lo religioso, poco adecuado a la expresión de las pasiones humanas. El amor apareció discretamente en el teatro de Sófocles y se convirtió en resorte cardinal del de Eurí-

---

[1] El espíritu helénico alcanzó en Atenas, en el siglo v, su más alta culminación. En torno de Pericles, que se educa recibiendo lecciones de Zenón, Anaxágoras y Protágoras, florecen Damón el músico, Fidias, Aspasia, los arquitectos memorables, Sófocles y Eurípides. Cuando Pericles muere, en 429, está en auge Georgias, comienza el apogeo de Sócrates, se hacen escuchar Leucipo y Demócrito, se inician Hippias y Prodikos, y como triunfal coronación del siglo nace Platón, en 428. ¿Qué son, al lado de estos héroes del espíritu, todos los héroes legendarios de la épica popular?

pides. En medio siglo los héroes divinos se convirtieron en héroes humanos. Defiriendo a la tradición, Eurípides saludó en Eros "el más eminente de los dioses, tirano de los hombres y de los inmortales"; pero en su teatro, verdaderamente psicológico, trató el amor con un profundo sentimiento de la vida pasional, con un hondísimo realismo humano en *Medea, Hipólito, Alcestes,* monumentos eternos. Las mujeres adquirieron en la escena un valor que nadie les había concedido, despertando o sufriendo pasiones que elevaron lo Patético a una culminación sin precedentes.

El teatro era una institución pública, si no propiamente oficial. Consta que la autoridad y la religión se interesaban por el matrimonio, contra el celibato; la una para que se multiplicasen los ciudadanos y soldados, la otra para asegurar a los antepasados el culto que se les debía. Si el matrimonio no tenía el carácter de una obligación legal, los célibes eran objeto de sanciones morales muy severas. Que la sociedad impusiera al individuo el matrimonio, no significó que diera a éste caracteres sentimentales. El matrimonio fue un deber social; el amor siguió siendo un derecho individual de los hombres, fuera del hogar doméstico.

Insensiblemente, sin orígenes ciertos, Eros se desdobla en Grecia. Al culto popular, en que Eros está siempre al lado de Afrodita para la generación, se va agregando uno nuevo, en que el amor se identifica con la amistad, de modo tal que Eros preside el amor entre hombres solos y auspicia la afección viril de los ciudadanos entre sí, principio de una emulación generosa en la paz y en la guerra [1]. En reemplazo de la bella Afrodita, aparece Eros en compañía de un nuevo dios o genio, Antheros, personificación de la amistad recíproca. Esta nueva religión, que floreció principalmente en Atenas, en Lacedemonia, en Creta, fue favorecida por los poderes públicos y en Samos era celebrada con las famosas fiestas Eleutherias. El amor homosexual, que merece su nombre de amor griego, degeneró en pedofilia. Los hombres, particularmente los de las clases cultas, miraron como un refinamiento amar a los hermosos adolescentes que desarrollaban en los gimnasios las gracias del cuerpo y del espí-

---

[1] El antecedente de esa religión de la amistad está en la *Ilíada,* encarnado en Aquiles y Patroclo. Pero, en verdad, hasta el siglo v no hay testimonio documental de que la amistad degenerase en uranismo.

ritu. La mujer, excluida del amor, quedó como simple objeto familiar, para cumplir con los deberes sociales del matrimonio y la reproducción de la especie.

Estas costumbres singulares, adoptadas por los hombres más conspicuos de la oligarquía, de la política, de la fortuna y de la inteligencia, influyeron sobre el desdoblamiento de Afrodita y de Eros. Se efectuó una distinción radical entre la Afrodita celeste y la Afrodita vulgar, presidiendo la primera a la generación espiritual y la segunda a la generación material. De acuerdo con ellas, se concibieron dos Eros, el celeste y el vulgar, el amor para engendrar en el espíritu, solamente posible entre hombres, y el amor para engendrar en el cuerpo, posible entre hombres y mujeres. Lo propiamente erótico fue separado de la reproducción, considerada como una función inferior.

Las nuevas costumbres se reflejan en el pensamiento de los sofistas sobre el Amor. Es asombrosa la naturalidad con que alaban el amor celeste y desprecian el amor vulgar; pero lo es más, si cabe, el arte que ponen al servicio de su aberración. Desdeñando la forma dogmática de Heráclito, han heredado de los eleáticos la esgrima dialéctica y desde el eximio Protágoras aparecen poniendo el arte de razonar más alto que los principios mismos de la razón. Gorgias, antes de Sócrates, y en tiempos de éste Hippias y Prodikos, embellecen con su retórica el amor griego, que todos los filósofos predican y practican ya, sin distinción de escuela [1].

2. LOS DISCURSOS PRELIMINARES DEL "SIMPOSIO"

El pensamiento del siglo v sobre el Amor tuvo en Platón su expositor admirable. Su mito erótico de Eros ce-

---

[1] En realidad, las escuelas de filósofos, como las sacerdotales anexas a los cultos religiosos, se inclinaban al celibato. En todas partes y en todo tiempo se ha considerado que la consagración a los estudios más altos, es perjudicada por los deberes domésticos emergentes de la familia. El ideal del sacerdocio ha sido el celibato. Muchas religiones que han impuesto la obligación del matrimomonio a la masa inculta de los fieles, han eximido a sus sacerdotes de este deber; nadie ignora con cuánta tenacidad defiende todavía este principio la Iglesia católica. Pero su peligro ha sido siempre la homosexualidad, que fue un fenómeno universal para eludir el cumplimiento de los deberes de familia. Lo extraordinario, pues,

leste constituye una joya única, sin igual, en el tesoro de los humanistas; es, también, una curiosidad histórica para los psicólogos, pues su valor es nulo como explicación genética del sentimiento amoroso.

La teoría erótica de Platón está bosquejada en el *Lysis*, desenvuelta en el *Simposio* y comentada en el *Fedro*. Se considera, justamente, que su más alta expresión es la del *Simposio*, donde aparece como rectificación y tesis de las expuestas por los órficos, los dialécticos, los naturalistas, los plebeyos y los retóricos, representados por otros tantos interlocutores del diálogo inmortal. El argumento es simple. Apolodoro narra un banquete ofrecido por Agatón para celebrar su primer éxito en la escena. Asisten, entre otros, Fedro, Pausanias, Eriximaco, Aristófanes y Sócrates; este último concurre acompañado por Aristodemo, que ha referido a Apolodoro los sucesos y dichos. Decididos a beber por gusto, pero sin embriagarse, propónese una conversación para glorificar a Eros [1].

Habla primero Fedro, haciendo con juvenil vehemencia el elogio de Eros, con el lirismo usual en los órficos. Considera que es Eros un gran dios, digno de ser admirado por los mortales y por los inmortales. Del Caos, fuente infinita de toda potencialidad, según el orfismo, nace Eros, después de la Tierra, conformemente a la teogonía de Hesiodo. En el ritmo eterno de lo infinito nos arrastra Eros. El mayor bien para un adolescente es tener un amante virtuoso y la dicha más preciosa de un amante

---

del amor griego, se limita a su desenfadada apología por poetas y filósofos, a su idealización cínica en obras inmortales. La "espiritualidad" del amor platónico es una mentira convencional de los neoplatónicos, púdicamente auxiliados por cautelosos celibatos cristianos, que creyeron pecaminoso decir lo que en sus claustros no era lícito hacer.

[1] El tema lo propone el médico Eriximaco, manifestando que Fedro le repite diariamente con indignación: "¿No es sorprendente que de tantos poetas que han compuesto himnos y loas a la mayor parte de los dioses, ninguno haya pensado jamás consagrar un solo canto a la gloria de Eros, que es un dios tan poderoso? Por otra parte, los sofistas hábiles, testigo el famoso Pródicos, escriben en prosa alabanzas de Heracles y de los otros semidioses. Nada de eso asombra. Pero sí es asombroso que he leído cierto libro en que un hombre sabio hacía un elogio admirable de la sal, por su utilidad. Reflexiona y verás que muchas cosas semejantes han encontrado panegiristas. Y entre tantos elogios fervientes, ningún hombre se ha atrevido hasta hoy a glorificar a Eros como se merece." Eriximaco aprueba esas ideas. Sócrates aprueba el tema y propone que Fedro inicie la alabanza de Eros.

es elegir un digno favorito. Ese amor engendra el sentimiento del honor y del heroísmo. El enamorado que cometiera una mala acción se consideraría humillado ante su amante; un ejército de amadores y amados sería invencible. Después de algunas referencias míticas e históricas, Fedro termina su elogio diciendo "que Eros es, de todos los Inmortales, el más antiguo, el más augusto, el más capaz de asegurar a los hombres la posesión de la virtud y de la dicha, en la vida y en la muerte".

Pausanias, con la sutileza dialéctica de los sofistas, un tanto ampulosa, defiende sin escrúpulos el amor homosexual. Advierte que Eros está siempre ligado a Afrodita. Pero como hay dos Afroditas, la Celeste y la Vulgar, natural es que existan dos Eros: el Celeste, que busca el amor puro en los adolescentes hermosos, y el Vulgar, que persigue bajos goces en las mujeres y preside la generación. El amor puro es exclusivamente masculino, por ser los hombres los seres más bellos e inteligentes de la creación; eleva los sentimientos morales y estéticos, encaminando a los hombres hacia la belleza y la virtud. Su desenfadado elogio de la homosexualidad se acompaña por el desprecio de la mujer, que sólo puede ofrecer al hombre el amor vulgar necesario para la reproducción.

Eriximaco pide sus argumentos a la filosofía natural. No niega que existen dos Eros, pero cree haber descubierto, por la medicina, que el amor no reside solamente en las almas de los hombres para llevarlos hacia los más bellos; existe en muchas otras cosas y con muchos otros fines, en los cuerpos de todos los animales y en todo lo que crece sobre la tierra: en todos los seres. La grandeza de Eros es universal. Se advierte en las cosas divinas y humanas, en el orden de las cosas físicas y en el mundo de las almas. En todas partes realiza Eros la unión y la armonía de los contrarios. Las ideas de Heráclito y de Empédocles, reflejadas en este discurso, no impiden a Eriximaco compartir la doctrina de los dos amores: el celeste y homosexual inspirado por Urania, el vulgar y el mujeriego inspirado por Polimnia.

Un comentario burlón de la atracción de los sexos complementarios, que buscan reconstituir la unidad, sirve de tema al fantástico discurso de Aristófanes, que parece representar en el diálogo la plebeya creencia expresada por el mito del Andrógino primitivo. La humanidad constaba, originariamente, de tres sexos: hombres, mujeres y andróginos. Estos últimos han desaparecido. Eran fuertes, valientes y audaces. Resolvieron escalar el cielo para atacar a los dioses, como en el mito de los Titanes. Zeus decidió cortarlos en dos mitades; desde entonces cada una vivió deseando unirse con la otra, pero no podían fecundarse por la posición de sus sexos. Compadecido Zeus arregló ese detalle y cuando un medio hombre se encontró con una media mujer, pudieron engendrar. Desde entonces el amor es innato en los seres humanos. Los lleva a su primitiva naturaleza, refundiendo en un ser las dos mitades. Los hombres provenientes de una sección andrógina, aman a las mujeres además de los hombres; las mujeres que provienen de una sección femenina, buscan a las mujeres, como las tríbodes; los hombres que provienen de una sección masculina, buscan a los hombres. Y termina: hombres y mujeres, todos serían felices si cada uno realizase su amor, encontrando el amante que pudiera restituirle a su estado primitivo. No sorprende que Platón ponga en boca del detractor de Sócrates la justificación del amor plebeyo, de Eros correspondiente a la Afrodita Vulgar. Pero, con toda su sorna, Aristófanes aparece alabando, también él, la homosexualidad, como forma elevada del amor.

Agatón, imitando visiblemente la pomposa retórica de Gorgias y de los últimos sofistas, hace un elogio casi poético de Eros, presentándole como el más feliz, el más bello y el más joven de los dioses. Detesta la vejez y corre tras los jóvenes. Sus cualidades son la justicia, la templanza, la fuerza y la prudencia. Todo hombre tocado por Eros se convierte en poeta. Mueve el deseo y por eso inspira todas las artes. Es fuente de amistad. Generoso y dulce, excita la admiración de los sabios y el asombro de los dioses. Agatón, como artista, habla con más riqueza de imágenes que de ideas; termina en un estilo amanerado, que parece una deliberada caricatura de los sofistas.

Después de Platón, que habla por boca de Sócrates, entra en escena Alcibíades, ebrio. No vacila en contar la escabrosa aventura en que él mismo se atrevió a solicitar, sin éxito, el favor carnal de Sócrates. En torno de ese episodio se desenvuelve el famoso elogio de Sócrates, maravillosa página en que culmina el genio literario de Platón.

Los preliminares del diálogo, antes del discurso de Sócrates, tienen un doble interés como documento histórico. Por una parte, presentan las diversas concepciones de Eros que se han sucedido en el pensamiento de los griegos; por otra, hecho singular, las ajustan todas, sin excepción, a la idea de la homosexualidad. ¿Era ya imposible, en los tiempos de Platón, separar el amor de la amistad masculina? ¿Era una aberración afectiva particularmente difundida entre los intelectuales? Difícil es la respuesta. No es posible precisar en qué momento el viejo culto de la amistad se transformó en costumbre contra natura, ni cómo se descendió de la pedofilia a la pederastia. Callar este sentido típico del amor platónico no es, por cierto, la mejor manera de explicar la teoría erótica de Platón [1].

3. DOCTRINA DEL AMOR ESTÉTICO

Comienza Sócrates interrogando a Agatón: ¿Eros es el amor de algo o el amor de nada? Seguramente, el amor de algo; para Agatón, el amor de la belleza. ¿Eros desea o no desea lo que ama? Lo desea. ¿Posee lo que desea? No lo posee actualmente o teme no poseerlo en el porvenir. Eros es, pues, el amor de algo que no poseemos o que no queremos perder. ¿Ese algo es lo bello y lo bueno? Después de enredar a Agatón con sus preguntas, decide Sócrates referir el discurso que, sobre Eros, le hizo Diótima, mujer de Mantinea, su maestra en materias de amor. Decía Diótima que Eros no es bello ni bueno, sin ser por eso feo ni malo; es el medio entre esos dos contrarios. Eros, además, no es un dios, sin ser por eso un mortal; es un gran Genio, o Demonio, pues todo Genio está entre lo humano y lo divino. Los genios, muchos y diversos, son intermediarios entre los dioses y los hombres; Eros es uno de ellos. Fue concebido el día mismo del nacimiento de Afrodita; hijo de dios y de mujer, comparte sus cualidades. Sócrates, como se ve, atribuye a Eros caracteres casi opuestos a los que le confería Agatón; ello se explica porque Sócrates considera que Eros

---

[1] Aparte de su encanto literario y del profundo valor metafísico de su concepción de la belleza, la doctrina de Platón se refiere al amor homosexual y carece del sentido biológico. Su celebrado *Simposio* es el Evangelio de los pederastas. Confrontando una docena de traducciones corrientes, se advierte que las más presentan atenuaciones o supresiones, dirigidas a encubrir el carácter homosexual del amor exaltado por todos los interlocutores del *Simposio*. Diríase que los más fervorosos platónicos han querido redimir al "Divino" de su inmoralidad humana, olvidando que en su tiempo era tan moral y corriente el amor a los efebos, como despreciado el valor erótico de las mujeres.

es el amante, mientras Agatón suponía que es el amado.
¿Para qué sirve Eros a los hombres? Para hacerles amar las cosas bellas y buenas. ¿Para qué? Para poseerlas. ¿Qué le pasa al que las posee? Es feliz. ¿Por qué, entonces, todos no aman las mismas cosas bellas y buenas? Distingamos. Amor, en su sentido más lato, significa el universal deseo de lo bueno, que hace feliz, común a todos los hombres. Pero de todos los que tienden a satisfacer ese deseo, no se dice que aman, ni se les llaman amantes, sino de los que sienten una determinada especie de amor. En general, "el amor es, en suma, el deseo de poseer eternamente para sí lo que es bueno"; en particular, es "la creación en lo bello según el cuerpo y el espíritu". Por eso, cuando un ser siente el deseo de procrear, se exalta y dilata de placer al acercarse a lo que es bello, y engendra, y produce. El objeto del amor no es, pues, el amor de lo bello, sino el amor de la generación y de la creación en lo bello, porque la generación hace participar de lo que es eterno y hace inmortal al que ha nacido mortal. Todos los animales, volátiles o terrestres, desean engendrar; la naturaleza mortal, que desea persistir y convertirse en inmortal, logra ese fin por la sola generación, que sustituye sin cesar un individuo viejo por uno joven. La inmortalidad sólo es posible de esta manera. Es, pues, necesario que, en el amor, al deseo del bien se agregue el deseo de la inmortalidad.

En los hombres, el deseo de la inmortalidad puede ser corporal o espiritual. Los hombres que son fecundos corporalmente se inclinan con preferencia a las mujeres, y su amor consiste en asegurar, mediante la procreación de los hijos, la inmortalidad y la perpetuidad de su nombre, imaginándose también, la felicidad para siempre. Pero los que son fecundos espiritualmente..., pues hay hombres que, para las cosas que produce el espíritu, tienen el alma más fecunda que el cuerpo, se inclinan con preferencia hacia los hombres. ¿Qué produce el espíritu? La sabiduría y las cualidades de alma engendradas por todos los poetas y artistas dotados de genio creador; la más alta y hermosa sabiduría, que usada para regir los pueblos se llama prudencia y justicia.

"Cuando un joven efebo, que ha llevado en su alma desde la infancia esas virtudes, llega a la edad madura, es poseído por el deseo de engendrar y de producir. Busca, entonces, probando aquí y allá, la belleza en la cual podrá engendrar, pues nunca podría producir en la fealdad. Como está rebosante de devenir, se enamora de los cuerpos bellos más bien que de los feos; y si en ellos encuentra un espíritu noble, bello y bien nacido, se enamora soberanamente de ese conjunto. Junto a tal hombre, discurre con abundancia sobre lo que debe ser y hacer el hombre de bien: se aplica a instruirle. Así, creo, por el contacto y el comercio de la belleza, desarrolla y engendra aquello que en germen tenía ya en su espíritu. Cerca o lejos de su elegido, piensa en él, y en comunión con él alimenta el fruto de su gestación. Entonces, la afinidad y el afecto con que se ligan esos dos seres, son mucho más grandes y más fuertes que los que podría vincularlos en un hogar, o en una familia, pues están unidos para procrear hijos más inmortales y más bellos". Todo hombre preferirá engendrar esa clase de hijos del espíritu, más bien que hijos corporales. Los primeros han valido a sus productores templos numerosos; los segundos, engendrados en cuerpo de mujer, no hicieron nunca la grandeza de nadie [1].

Todo esto, según Diótima expresó a Sócrates, es la iniciación en los misterios del amor; su comprensión completa, su epopsis, su esoterismo, es más difícil. Comenzando por amar, desde la juventud, los bellos cuerpos de los efebos, hay que elevarse a la comprensión general de la belleza común a todos, tendiendo siempre a mirar como más excelsa la belleza intelectual y moral, que la del cuerpo mismo. Por ese camino se llegará a comprender la belleza de las ciencias y a amar entre todas la ciencia de la belleza [2].

El que haya sido guiado, en los misterios del amor,

---

[1] La distinción entre el deseo de inmortalidad corporal o espiritual, corresponde a la distinción de Pausanias entre la Afrodita vulgar y la celeste, con sus dos Eros correspondientes: el vulgar que impulsa a desear mujeres para engendrar en ellas corporalmente, y el celeste que inclina a amar en ellos para engendrar en ellos espiritualmente. El amor "idealizado" por Platón tiene un sentido idéntico al loado por Pausanias. Fuera, pues, de la admirable expresión artística personal, la doctrina erótica de Platón debe considerarse como la desenvuelta por los sofistas del siglo v, frente a la concepción del amor vulgar expresada en las tragedias de Eurípides.

[2] "El que desea llegar a ese fin por el verdadero camino, debe empezar por buscar los bellos cuerpos desde su juventud. En primer término, si su iniciador le encamina bien, debe amar uno solo y producir bellos discursos en su alabanza. Debe, en seguida, llegar a comprender que la belleza que se encuentra en todo el cuerpo hermoso, es hermana de la que existe en cualquier otro. En efecto, si es necesario buscar la idea general de lo bello, sería gran locura no creer que la belleza corporal es una e idéntica en todo cuerpo bello. Penetrado de esa idea, debe entonces amar todos los

"hasta la contemplación metódica y exacta de las bellezas particulares", al llegar al supremo grado de su iniciación, percibirá de pronto una belleza de carácter maravilloso, la misma que era el fin de todos sus esfuerzos: la Belleza abstracta, pura, perfecta [1].

¡Oh, mi querido Sócrates —prosiguió Diótima—, si la vida vale para el hombre la pena de ser vivida, es desde el momento en que él contempla la belleza absoluta! [2] Esas razones, concluye Sócrates, "me han convencido, y yo procuro convencer a todos, que para alcanzar un bien

bellos cuerpos, despojándose de cualquier violenta pasión que se concentrara en uno, por ser ella menospreciable. Debe después mirar la belleza de los espíritus como más augusta que la belleza de los cuerpos, de manera que un espíritu hermoso, aunque tenga un modesto soporte carnal, debe bastar para motivar su amor y sus cuidados, e inspirarle discursos adecuados para mejorar a la juventud. Eso le llevará necesariamente a contemplar lo bello en la conducta y en las leyes, a advertir que esa belleza es doquiera semejante a sí misma, y a hacer por ende poco caso de la belleza del cuerpo. De la contemplación de la conducta se elevará a la de las ciencias, para percibir su belleza particular. Y entonces, abarcando en su mirada una belleza múltiple, dejará de ser el esclavo vil y humilde de la afección servil de un efebo, de un hombre o de una costumbre, transportado sobre el inmenso mar de lo bello y extasiado de admiración, producirá muchos bellos y magníficos discursos, altos y abundantes pensamientos filosóficos, hasta que su espíritu, asegurado y ampliado, llegue a la contemplación única de una ciencia, la ciencia de lo bello."

[1] "Belleza eterna, increada, imperecedera, que no puede aumentar ni disminuir; belleza que lo es por todas partes, en todo tiempo, bajo todos los aspectos, en todos los sitios, para todos los hombres; belleza que no se muestra con una cara, manos o cualquier cosa corporal; belleza que no es tal verbo o tal ciencia, que reside en sí misma y no en ningún otro ser, ni en un animal, ni en la tierra, ni en el cielo, sino que por sí misma permanece eternamente idéntica; belleza de la cual participan todas las otras bellezas, sin que su aparición o desaparición la aumente ni disminuyan, ni le hagan sufrir la menor modificación. Cuando por un metódico amor de los efebos se asciende de las bellezas particulares hasta la contemplación de esa belleza perfecta, entonces se ha alcanzado casi la epopsis de los misterios del amor. Efectivamente, el verdadero método para iniciarse uno mismo en el amor, o para ser iniciado por otro, es comenzar por amar las bellezas que nos rodean, para elevarse después al amor de la belleza suprema, franqueando como peldaños todos los grados de esta ascensión: pasando de un solo cuerpo hermoso a dos, de dos a los demás; yendo de los bellos cuerpos a las bellas acciones, de las bellas acciones a las bellas ciencias, hasta que de las bellas ciencias se llega a esa ciencia que es la ciencia misma de lo bello, y se alcanza, al fin, a conocer la belleza, tal como es en sí misma."

[2] "¿Qué te parecerán a su lado el oro y los ropajes suntuosos, esos niños hermosos y esos bellos jóvenes, cuya vista hoy te turba como a tantos otros, a punto de que por atender a vuestros amantes y vivir de continuo con ellos, estaríais listos, si ello fuera

tan grande la naturaleza humana no podría encontrar un auxiliar más poderoso que Eros. Afirmo que todo hombre tiene el deber de honrar a Eros. Por mi parte, yo reverencio y honro los amores, y excito en los demás ese mismo celo. Y así he celebrado, y siempre celebraré, en la medida de todos mis medios, la omnipotencia y la masculina fuerza de Eros".

En suma, la doctrina expuesta por Sócrates puede resumirse así: el amor por la belleza corporal de los efebos encamina al hombre hacia la comprensión de la belleza espiritual y le eleva gradualmente hasta la intuición de una suprema belleza absoluta. Es una doctrina esencialmente estética. Aunque genial como creación literaria, carece de valor metafísico presente. Es una hipótesis absolutamente ilegítima, en cuanto considera el amor homosexual como una perfección estética y ética, divorciando el sentimiento erótico de sus relaciones naturales con la reproducción de la especie [1].

Platón dice expresamente, por boca de Sócrates, que Eros no es un dios ni un hombre, sino un Genio que participa, a la vez, de los atributos divinos y humanos. Su función, como Genio, consiste en encaminar a los hombres hacia la suprema perfección espiritual, permitiéndoles alcanzar como recompensa suma el goce sin par de la belleza absoluta. El amor, platónicamente considerado, sería, pues, el Genio de la Belleza.

posible, a no comer ni beber con tal de entreteneros a su lado? ¿Qué pensarías del que alcanzara a contemplar la belleza pura, simple y sin mezcla, no la revestida de carnes humanas y de frivolidades fugitivas, sino la Belleza absoluta y divina? ¿Crees que para un mortal sería un destino desdichado el tener fijos los ojos sobre tal Belleza, y vivir en la contemplación y comunión de tal objeto? ¿No crees que el único que percibiera lo bello, por el órgano que lo hace perceptible, llegaría a engendrar virtudes verdaderas y no simulacros de virtudes, puesto que se liga a la verdad? Ahora bien, al que engendra y nutre la verdad verdadera le pertenece ser querido de la divinidad y alcanzar la inmortalidad, si ella es posible en algún hombre." Los fragmentos citados difieren de las precedentes traducciones españolas, todas infieles o deficientes.

[1] La doctrina del amor, que Platón pone en boca de Sócrates, ¿es la doctrina platónica o la doctrina socrática? Todos los escoliastas, durante más de veinte siglos, han coincidido en considerarla platónica. ¿Tal opinión puede considerarse ratificada por el texto de *La República* y de *Las Leyes*? Las ideas allí expuestas sobre la mujer y la familia no son conciliables con la doctrina estética del *Simposio*. Por otra parte, en *Las Leyes*, toma posición contra el amor de los efebos y en favor de la monogamia estricta. Estas reflexiones no impiden reconocer que la posteridad erudita seguirá admirando al Platón artista mucho más que al Platón teorizador político y social.

CAPÍTULO III

EROS, GENIO DE LA DOMESTICIDAD
(Eros vulgar) *

El mito cristiano del amor no tuvo nunca una expresión estética tan eminente como el griego. Su innegable superioridad, en lo moral, consistió en acentuar la rehabilitación de la mujer como objeto del amor masculino, de acuerdo con las conveniencias de la familia y del matrimonio, pero, en cambio, consagró su esclavitud, conforme al patriarcado.

---

* Véase nota sobre la Parte Primera, página 10.

CAPÍTULO IV

EROS GENIO DE LA ESPECIE (Eros vencido)
(TEORIA ERÓTICA DE SCHOPENHAUER)

En la teoría erótica de Schopenhauer, Eros es el instrumento de que se vale el Genio de la Especie para empujar al hombre a la reproducción. La Especie representa aquí la Afrodita vulgar, la que induce a amar a las mujeres para efectuar la generación; el Amor, como ilusorio engaño del espíritu, representa a la Afrodita divina.

El Eros de Schopenhauer es, por consiguiente, la antítesis del Eros de Platón. El instinto sexual despreciado como un móvil de actividades impropias de un hombre culto, aparece como el único móvil efectivo de toda la exaltación erótica. El amor perfecto de Platón era el que apartaba de las mujeres y de la generación, para acercar a la sabiduría y a la belleza; el amor de Schopenhauer es una simple quimera de los individuos para aceptar el sacrificio de conjugarse para la generación.

La teoría erótica de Schopenhauer, tan oscura para los que gustan de elogiarla como transparente para quien logra comprenderla, implica tres *hipótesis cardinales*: existencia de una Voluntad que se realiza en el mundo fenomenal y es en los seres vivos Voluntad de Vivir; existencia de un Genio de la Especie que se manifiesta en el Instinto Sexual; existencia del Amor como engaño natural que impulsa a los hombres a sufrir para reproducirse.

En la *primera hipótesis*, la "cosa en sí" kantiana, que se presume oculta tras el mundo fenomenal que nos representamos en nuestro conocimiento, deja de ser una entidad lógica o moral para convertirse en Voluntad pura, absoluta, querer ser, sin finalidad, porque sí. En el mundo fenomenal esa Voluntad se realiza en ideas o tipos específicos, que quieren ser, imperativamente, la voluntad es realidad en potencia, la realidad es voluntad actuada Uno de los tipos en que la voluntad se realiza es la vida, representada por especies de seres que viven, como es el caso particular de la humanidad.

Esta hipótesis metafísica fue concordada por Schopenhauer con la concepción pesimista de la vida humana: toda vida es mala en sí misma, pues procede de una Voluntad absoluta que tiende a realizarse en el ser a través del sufrimiento, sometiendo a los seres vivos al dolor de vivir. Decía esto el budismo cuando expresaba que el mal de la existencia proviene del deseo de existir fundado en la percepción de las formas ilusorias del ser, es decir, en la ignorancia; conocer ese error implica apartarse de sus efectos, tendiendo a la aniquilación del ser, a la paz del nirvana, y la sabiduría consiste en librarse de los deseos que hacen querer la existencia. Los corolarios morales de ese pesimismo son claros. Si vivir es sufrir, el sufrimiento es la ley más general de la vida y ésta no merece ser vivida; si todo se resuelve, al fin, en desilusión y en amargura, nada compensa los sufrimientos que cuesta el vivir; si la inteligencia plantea al hombre toda clase de enigmas sobre el sentido de la vida, solamente sirve para aumentar sus males intensificando la conciencia de los sufrimientos; si todos los deseos de vivir son fuentes de mal, el único deseo legítimo del hombre sería volver a la nada de que salió para sufrir y ahorrar a sus descendientes el mal vivir. Esta actitud moral pesimista fue convertida en sistema por Schopenhauer. Considera que vivir es sufrir porque todo ser vive disputando a los demás su propio derecho de vivir, en eterno conflicto. La vida individual es un mal sin remedio; la Voluntad de Vivir se manifiesta en el ser por tendencias y deseos que al ser realizados engendran otros más fuertes, por cuyo motivo oscilamos perpetuamente entre el sufrimiento de la privación y el tedio del hartazgo.

En la *segunda hipótesis* la Voluntad de Vivir aparece representada por el Genio de la Especie que impulsa a los seres a perpetuarse por la reproducción, induciéndolos en el error de creer que la vida es buena, lo que constituye la intrínseca maldad de la vida misma. En el fondo de todos nuestros deseos conspira el Genio de la Especie, que nos hace desear la reproducción como si ella fuese el modo natural de seguir viviendo. En realidad, los hombres quieren vivir porque creen que la vida es un bien; creen que la vida es un bien porque están irresistiblemente impulsados a vivir. El mal está en el apego a la vida, en el egoísmo de querer vivir; el imperativo de la moralidad sería aniquilar en sí mismo el querer vivir y reproducirse.

En la *tercera hipótesis,* articulada con las anteriores,

se admite la existencia del Amor como un engaño con que el Genio de la Especie aseguraría la continuidad de la vida a precio del sufrimiento individual. Con la ilusoria promesa del más intenso de los goces, todos los individuos aceptarían el dolor de vivir y el sacrificio de reproducirse. Schopenhauer afirma, en suma, la absoluta falta de sentido de la vida individual fuera de cumplir el mandato del Genio de la Especie, que es una de las tipificaciones de la Voluntad trascendente. No nos incumbe aquí examinar las dos hipótesis preliminares, de una trascendente voluntad universal y de una Voluntad de Vivir propia de los seres vivos; la una pertenece al género de las hipótesis pan-psiquistas antropomorfas y la otra es una forma particular de vitalismo. Lo que en realidad nos interesa es analizar las hipótesis sobre el Instinto y el Amor, pues, en suma, la teoría de Schopenhauer es una generalización metafísica del Instinto Sexual, transfigurado en un mito, el Genio de la Especie.

El mito del realismo merece todavía los honores de un examen crítico, pues se presenta como una hipótesis metafísica que parte de premisas verosímiles para llegar a generalizaciones ilegítimas. Si la experiencia confirmase que el Instinto es necesario para la reproducción y que el Amor es manifestación necesaria del Instinto, esa doctrina cobraría mayor validez, pues sería un sistema de hipótesis legítimas. Quedaría por demostrar, únicamente, que la adquisición de la capacidad de amar representa para el individuo un sacrificio inconsciente de su personalidad, en homenaje a los intereses trascendentales de la especie.

Tres problemas se plantean.

¿El Instinto Sexual es indispensable para la reproducción? La existencia de especies vivas que se reproducen sin intervención de este Instinto, autorizaría a afirmar que el Genio de la Especie es una generalización ilegítima del Instinto a las funciones reproductoras. Sería por lo tanto inexacto el paralelismo entre el desarrollo de las funciones de reproducción y el devenir del Instinto; la "física del amor", expresión meramente literaria, pecaría de inexactitud llamando amor a funciones reproductoras que pueden realizarse sin intervención del Instinto Sexual.

Cuando el instinto existe en la especie, ¿el sentimiento de Amor es indispensable para que los individuos obedezcan a su mandato? La existencia de especies vivas cuyos individuos se fecundan instintivamente sin amor, permitiría afirmar que se hace una generalización ilegítima del sentimiento amoroso a la reproducción instintiva. Sería, por lo tanto, inexacto el paralelismo entre la evolución del instinto sexual y la genealogía del sentimiento amoroso; el "instinto de amar", mala expresión del lenguaje, revelaría la inexactitud de llamar amor a funciones que pueden realizarse instintivamente.

¿El sentimiento de Amor es un engaño del Instinto, que impulso al individuo a aceptar un sacrificio con la promesa ilusoria del más intenso de los goces? Si el amor permite realizar las funciones reproductoras en condiciones más agradables para el individuo, a la vez que más convenientes para la especie, cabría considerar falsa la concepción del amor como un mal impuesto traidoramente por el Genio de la Especie. Sería, pues, inexacto el paralelismo entre la pujanza del Instituto y la fatalidad del Amor; habría error en la expresión "amor instintivo", cuya inexactitud deberíase a la confusión entre el Instinto de Reproducción, perteneciente a la experiencia de la especie, y el Sentimiento de Amor, perteneciente a la experiencia del individuo.

PARTE SEGUNDA
TEORÍA GENÉTICA DEL AMOR

CAPÍTULO I

LA REPRODUCCIÓN

1. Asimilación y reproducción. - 2. Reproducción por gérmenes integrales. - 3. Reproducción por gérmenes incompletos. - 4. Reproducción monoica por autofecundación. - 5. Reproducción dioica por heterofecundación. - 6. Fecundación y selección natural. - 7. La reproducción sin instinto sexual.

1. ASIMILACIÓN Y REPRODUCCIÓN

Los seres vivos poseen funciones nutritivas que aseguran la conservación del individuo, y funciones reproductivas, que aseguran la conservación de la especie. Las primeras se manifiestan por la asimilación de sustancias necesarias para el crecimiento individual, hasta una dimensión limitada por cada especie, que representa el estado adulto; las segundas se manifiestan por la formación de elementos organizados, capaces de asimilar y crecer, hasta transformarse en nuevos individuos de su especie.

Crecer y multiplicarse son dos fases de un mismo proceso fundamental. La reproducción, en el caso hipotético más simple, se presenta como un resultado natural de la asimilación. En un ser plasmático y funcionalmente homogéneo, que creciera asimilando por ósmosis, el equilibrio entre el exceso de crecimiento y la dimensión propia de su especie, se manifestaría por la escisión o segmentación del individuo en gérmenes capaces de asimilar y de transformarse en nuevos individuos. La reproducción, en sus formas elementales, depende de condiciones del medio, que influyen igualmente sobre la asimilación. Todo el que ha frecuentado un laboratorio de biología sabe que basta alterar la temperatura o la composición química del medio para atenuar, suspender o activar las funciones reproductoras de innumerables especies vivas. Bastaría, en rigor, esa prueba experimental para afirmar que la reproducción de innumerables especies vivas se realiza sin que intervenga ninguna fuerza teleológica que merezca el nombre de Genio de la Especie.

2 REPRODUCCIÓN POR GÉRMENES INTEGRALES

La existencia del Instinto Sexual es inconcebible en las especies cuyos individuos se reproducen desprendiendo de su organismo un elemento capaz de vivir por sí mismo, un "germen integral". La reproducción es posible sin sexualidad y sin fecundación. Los individuos de ciertas especies no presentan diferencias morfológicas o funcionales relacionadas con la reproducción, carecen de sexualidad. En esas especies la reproducción se llama asexual o ágama. Muchos seres unicelulares, compuestos de elementos funcionalmente heterogéneos, se multiplican desprendiendo de su organismo gérmenes integrales. La levadura de cerveza se reproduce por gemación; los bacterios, por escisión, etc. El mismo proceso se observa en los protozoarios.

Los individuos de muchas especies pluricelulares producen, por modificación endocelular, o por gemación exterior, elementos especiales que al desprenderse son capaces de seguir viviendo como nuevos individuos, por simple esporulación agámica. La reproducción se efectúa sin que existan diferencias sexuales entre los individuos, como en el penicilo glauco o moho verde común.

La reproducción es también agámica cuando un fragmento o brote de un individuo puede reproducir un nuevo individuo vital, como ocurre en la estrella de mar o en la patata, lo que se observa en muchos animales y en innumerables vegetales.

Por fin, en ciertas especies y en circunstancias especiales, los individuos pueden producir elementos sexuales capaces de convertirse en nuevos individuos sin necesidad de ser fecundados, como ocurre en la partenogénesis.

Sería absurdo, pues, hablar de Instinto Sexual en las especies cuyos individuos se reproducen por gérmenes integrales.

3. REPRODUCCIÓN POR GÉRMENES INCOMPLETOS

Los individuos funcionalmente completos pueden reproducirse por división de su organismo en partes capaces de vivir. En ciertos protozoarios, los individuos son incompletos y no pueden reproducirse sin una complementación previa. En el proceso de la "conjugación", simple o múltiple, dos o más individuos se funden en uno solo, funcionalmente más activo, que a su vez se reproduce por división; la conjugación de individuos representa un proceso elemental de fecundación.

En la llamada "conjugación dimorfa", los individuos que se funden son morfológica y funcionalmente diferentes. El uno es pequeño y ágil, el otro grande y lento, justificándose su distinción con los nombres de macho y hembra. Es exacto decir que los individuos son complementarios y se fecundan recíprocamente para reproducirse; puede afirmarse que existe un verdadero dimorfismo sexual.

Estos rudimentos de fecundación y de sexualidad, observados en los protozoarios, se definen progresivamente en los metazoarios; la conjugación de los individuos dimorfos es reemplazada por la conjugación de sus gérmenes incompletos.

El protoplasma de los organismos se va diferenciando en dos clases de células, reunidas en tejidos y en órganos. Las unas, somáticas, aseguran la conservación del individuo mediante las funciones de nutrición y relación; las otras, germinativas, aseguran la conservación de la especie mediante las funciones de reproducción. En esa fase del desenvolvimiento no es necesaria, para reproducirse, la conjugación de los individuos dimorfos; basta con que se conjuguen sus elementos germinativos, que son dimorfos, como los individuos que los producen. No son vitales; son incapaces de asimilar y de crecer. Necesitan fusionarse con los desprendidos del individuo de otro sexo, pues son recíprocamente complementarios. La fusión de dos gérmenes incompletos, indispensables para la formación de un germen integral, constituye la "fecundación" propiamente dicha. La reproducción, en este caso, se llama sexual o gámica, es decir, por matrimonio.

Para la fecundación es necesario el contacto de los gérmenes complementarios. ¿Cómo se ponen en contacto? ¿Se atraen o quedan librados al azar? Es seguro que en muchos casos la aproximación de los gérmenes depende de causas exteriores. No es imposible, sin embargo, que esa aproximación sea el resultado de movimientos de los gérmenes, ni que esos movimientos se orienten con preferencia en el sentido conveniente; pero ese fenómeno, que merecería llamarse "atracción" tan justamente como el que se produce entre dos corpúsculos cargados con electricidades de signo contrario, no es el resultado de una misteriosa fuerza instintiva, sino de condiciones físico-químicas que determinarían los movimientos de aproximación de los gérmenes complementarios; en un medio adecuado la atracción de los gérmenes sería un fenómeno de quimiotaxia análogo a la migración del leucocito, e igualmente explicable por la experiencia clásica de Pfeiffer.

De todas maneras, el problema de la atracción de los gérmenes no se relaciona con el Instinto Sexual, que se refiere a la atracción de los individuos.

4. REPRODUCCIÓN MONOICA POR AUTOFECUNDACIÓN

El dimorfismo de los gérmenes reproductores no implica necesariamente el dimorfismo sexual entre los individuos de una especie. Es fundamental, desde nuestro punto de vista, la distinción metódica entre la bisexualidad y la unisexualidad individual, pues ello modifica su situación frente al problema del Instinto Sexual. En el primer caso, existen en un mismo individuo bisexual, células, tejidos u órganos germinativos que producen las dos clases de gérmenes incompletos; en el segundo, el individuo unisexual solamente produce una clase de gérmenes. Aunque el punto no ha sido estudiado, puede considerarse probable que los dos tipos se hayan desenvuelto en series genéticas diferentes, en los metafitos y en los metazoarios, predominando los más adecuados a las condiciones de existencia.

En muchas especies vivas, en efecto, los dos gérmenes son producidos por un mismo individuo, como sucede en los animales hermafroditas y en las plantas hermafroditas (la flor monoclina es bisexual y produce los dos gérmenes complementarios) o monoicas (el individuo produce las dos flores dichas unisexuales cuyos gérmenes se complementan).

La producción de los dos gérmenes complementarios por un mismo individuo permite que éste se reproduzca por autofecundación [1]; en tal caso queda excluida la necesidad de un Instinto Sexual que aproxime individuos

---

[1] El hermafrodismo no implica necesariamente la autofecundación; en muchísimas plantas, cuyos individuos son bisexuales, la fecundación se efectúa entre individuos distintos. En algunos animales, hermafroditas verdaderos, se produce el apareo de dos individuos para la fecundación recíproca, caso particular que hace posible en ellos la existencia del Instinto Sexual.

de sexo complementario. Todo se reduciría, a lo sumo, al problema de la atracción de los gérmenes, como si ellos fueran producidos por dos individuos.

5. REPRODUCCIÓN DIOICA POR HETEROFECUNDACIÓN

En ciertas especies los dos gérmenes incompletos son producidos por individuos distintos, como en todos los animales unisexuales y plantas dioicas[1], para constituir un "germen integral" es indispensable que los "gérmenes incompletos" tomen contacto y se fecunden.

¿De la existencia de individuos de sexo diferente se infiere necesariamente la existencia de un instinto que tienda a aproximarlos o atraerlos, para facilitar el contacto de los gérmenes complementarios y la fecundación que engendra el germen integral?

La lógica animal de los hombres se resiste a una respuesta negativa, cuya evidencia resulta más soportable si tomamos en consideración lo que ocurre en las especies vegetales dioicas. Cuando los gérmenes incompletos, óvulo y polen, son acercados y puestos en contacto por los insectos o por el viento, a nadie puede ocurrírsele pensar que en la fecundación intervienen la **Voluntad de Vivir** y el **Genio de la Especie**; sólo un espíritu burlón podría llamar Instinto al feliz accidente exterior que pone en contacto los gérmenes y permite la reproducción de la especie, a punto de que la extinción de ciertos insectos modifica indefectiblemente el área de dispersión de determinadas especies vegetales. Ninguna persona ilustrada considera dudosos esos hechos tratándose de plantas dioicas.

¿Ocurren hechos semejantes en especies animales cuyos individuos son unisexuales? Sin duda alguna. Es notorio que los individuos de ambos sexos de innumerables especies, fluviales y marítimas, vierten sus gérmenes incompletos en el medio que habitan, dejando librado al azar su contacto con los gérmenes complementarios.

En ambos casos el Genio de la Especie se abstiene de

---

[1] Existen formas de transición, sin interés especial para nuestro tema. En ciertas especies vegetales "polígamas" se observan individuos hermafroditas que dan flores unisexuales e individuos dioicos que dan flores hermafroditas; en algunas especies animales coexisten el hermafrodismo y la unisexualidad.

intervenir. El exceso de crecimiento que se manifiesta por madurez de los gérmenes sexuales, coincide en los individuos que los producen en una misma época —primavera o celo— desprendiéndose los gérmenes para quedar librados al azar de una corriente de aire o de agua.

Esta forma de fecundación, sin apareo de los productores de gérmenes complementarios, es la más difundida en la naturaleza. En la "fecundación externa" no intervienen directamente los individuos, ni puede hablarse de Instinto Sexual.

6. FECUNDACIÓN Y SELECCIÓN NATURAL

Aunque la fecundación externa es un feliz accidente, existen circunstancias del medio favorable a la aproximación de los gérmenes complementarios; se comprende que las especies prosperen donde están mejor realizadas y desaparezcan en el caso contrario. Su área de dispersión, su existencia misma, dependen de condiciones exteriores propicias a la fecundación; así como la extinción de un insecto hace desaparecer una especie vegetal, la construcción de un dique puede suprimir una especie fluvial. La supervivencia de las especies depende de la adaptación de sus individuos y gérmenes a las condiciones de existencia; un fuerte descenso de temperatura puede efectuar una selección natural entre especies por simple acción sobre sus gérmenes librados a la fecundación externa.

El número de gérmenes producido es inmensamente superior al de los que alcanzan el estado adulto y se reproducen, conservando la especie; la lucha por la vida condiciona la supervivencia de los gérmenes más adecuados y concurre a la selección natural de la misma especie.

De esa manera la fecundación externa influye sobre las dos formas de la selección natural [1], pues la reproducción

---

[1] Todos los seres vivos tienden a multiplicarse en número que excede a las posibilidades de vivir; el resultado natural de ello es la lucha por la vida, entre las diversas especies y entre los individuos de una misma especie. De varias especies que luchan en condiciones comunes de existencia, la mejor dotada suplanta a las otras, destruyéndolas directamente o privándolas de subsistencias; como resultado de esta selección desaparecen las especies menos adecuadas a las condiciones de vida comunes. Entre los individuos de una misma especie, sobreviven los más aptos para alimentarse y reproducirse, en función de las condiciones generales de existencia.

está sometida a las reglas generales de la lucha por la vida, antes de que actúe el Instinto Sexual. No hay todavía, entre los individuos, lucha por la fecundación, ni existe la selección sexual. Es ya posible, en cambio, la formación del Instinto de protección de los gérmenes, como forma rudimentaria del Instinto Maternal que actúa en la protección de los hijos.

7. LA REPRODUCCIÓN SIN INSTINTO SEXUAL

La fecundación de los gérmenes incompletos, que asegura la reproducción de una especie, se nos presenta hasta ahora como un hecho en que no intervienen tendencias instintivas. Sólo en lenguaje traslaticio, es decir, agradablemente inexacto, podría decirse que los individuos se atraen para fecundarse, como si en ellos se repitieran movimientos comparables a la posible quimiotaxia de los gérmenes. Esa inocente licencia literaria ha adquirido, sin embargo, cierta gravedad metafísica.

Observando la fecundación de vegetales por el viento ningún hombre se atreve a llamar "instinto de reproducción" a la corriente atmosférica, ni "emoción sexual" a las reacciones físico-químicas que acompañan al contacto de los gérmenes. Sin embargo, ante un proceso similar de fecundación en los animales, cualquier naturalista o metafísico se inclina a innovar el "instinto" y a incluirlo en la "historia natural del amor".

Esta diversa actitud mental del hombre depende de un hecho simple y visible: los animales suelen poseer movimientos de traslación, aparentemente espontáneos, que no se observan por lo común en los vegetales. Las funciones de locomoción adquieren magna importancia para el observador; mientras los individuos vegetales no pueden acercarse para la fecundación, en los animales un acercamiento eventual puede resultar de circunstancias favorables del medio. Tal ocurre, entre cien casos análogos, cuando peces de ambos sexos frecuentan en la misma época un sitio más abundante de alimentos, sin que el coincidir ello con el momento propicio de la fecundación permita atribuirlo al Genio de la Especie.

El hombre que observa el oportuno acercamiento de los portadores de gérmenes incompletos, no se limita ya a suponer una posible atracción quimiotáxica de los gérmenes, sino una atracción entre los individuos de sexo diferente con el fin expreso de facilitar la fecundación. El error es comprensible, sin embargo, pues se limita a aplicar a la fecundación externa o dispersa una explicación sugerida por la fecundación interna o localizada, en que el acercamiento de los individuos para fecundarse es una tendencia instintiva que sirve admirablemente para asegurar la fecundación de los gérmenes incompletos.

Estamos, pues, en presencia de una generalización inexacta, que ha extendido a las funciones reproductoras de todos los seres vivos el caso particular de las especies que han adquirido un instinto favorable a la fecundación de sus individuos. Bastaría pensar que falta en las especies vegetales para advertir que la mitad o la mayoría de los seres vivientes no necesitan de instinto alguno para reproducirse; la mitad de la vida podría, en suma, realizar su Voluntad de Vivir sin la galante cooperación del Genio de la Especie.

Con esto damos por resuelto el primero de los problemas. La hipótesis metafísica que extiende el concepto del Instinto Sexual a todas las funciones de reproducción, no concuerda con los resultados de la experiencia; es ilegítima. Todo un orden de fenómenos, sometido a la idea teleológica de la Voluntad de Vivir, ha sido acomodado a la hipótesis del Instinto, que la fantasía ha transfigurado en el Genio de la Especie. Los caracteres irracionales y sobrenaturales que tipifican un mito han perfeccionado al misterioso Genio representado al fin como un ser personal y antropomórfico, con atributos concebidos sobre el modelo de la voluntad humana.

CAPÍTULO II

EL INSTINTO SEXUAL

1. La lucha por la fecundación. - 2. La selección sexual. - 3. El instinto sexual. - 4. Selección sexual de los cónyuges. - 5. El instinto sin amor.

1. LA LUCHA POR LA FECUNDACIÓN

En las especies cuyos individuos son unisexuales, las condiciones de lucha por la vida se presentan bajo dos aspectos distintos, relacionados con las funciones de nutrición o de reproducción: la lucha por el alimento y la lucha por la fecundación. Ello determina la adquisición de dos instintos: el de conservación, destinado a proteger la existencia del individuo, y el sexual, destinado a proteger la existencia de la especie.

Los gérmenes incompletos de los individuos unisexuales pueden hallar condiciones desigualmente favorables para la fecundación; producidos en cantidad enorme, solamente algunos consiguen completamentarse y constituir gérmenes integrales. En esa lucha por la fecundación sobreviven los gérmenes de los mejores reproductores, transmitiendo a sus descendientes sus caracteres favorables para la fecundación: cantidad y resistencia de los gérmenes, oportunidad de su emisión, dispositivos orgánicos que facilitan su proyección o su recepción, etcétera. Todo ello representa una ventaja individual y tiende a fijarse en los descendientes. La selección sexual perfecciona la Selección Natural entre los individuos de la misma especie.

El resultado fundamental de la lucha por la fecundación es el reemplazo progresivo de la fecundación dispersa y externa por la fecundación individual e interna; las probabilidades de reproducción son mayores para los individuos que ponen sus gérmenes en contacto inmediato con los complementarios. No se trata, naturalmente, de un hecho sin transiciones.

En las clases inferiores no hay lucha individual por la fecundación. Los individuos, aunque unisexuales, no pueden aproximarse en el momento oportuno por su imperfecto desarrollo sensitivo y motor; sus gérmenes maduros son expulsados del organismo en cantidad suficiente para que alguno sea fecundado por un germen complementario. Un progreso muy importante se observa, particularmente en los peces, cuando los machos tienen cierto contralor sobre sus gérmenes y no los expulsan sino al encontrar huevos de hembras en lugar adecuado para su progreso y fecundación. Mayor progreso constituye la aproximación de los machos a las hembras en el momento oportuno, para ir regando con sus gérmenes los huevos a medida que son expulsados; en las ranas, por ejemplo, hay acoplamiento individual con fecundación externa, no mediando conexión de órganos proyectores masculinos con órganos receptores femeninos.

La fecundación individual e interna se observa ya en algunos invertebrados; en los moluscos gasterópodos es bien conocido el apareo (con fecundación recíproca, cuando los individuos son hermafroditas) y la fecundación es interna. En ciertos vertebrados la fecundación individual e interna se efectúa por la simple coaptación de los orificios eliminadores de gérmenes; en otros, como en el hombre, el perfecccionamiento de la fecundación está representado por órganos proyectores y receptores que favorecen la aproximación de los gérmenes complementarios.

El apareo individual para la fecundación interna es un resultado de la Selección Natural entre las especies y de la Selección Sexual entre los individuos.

2. LA SELECCIÓN SEXUAL

La lucha por la reproducción es un aspecto de la lucha por la vida, entre los individuos del mismo sexo y de la misma especie, para asegurar la existencia de sus gérmenes incompletos mediante la fecundación por los gérmenes complementarios, producidos por individuos del otro sexo Esa condición es primordial, pues los gérmenes incompletos no son vitales mientras no se funden en uno integral. La lucha se acentúa a medida que se acentúa en las especies la fecundación individual e interna. La selección natural que determinaba la supervivencia de los gérmenes más adaptados al medio exterior, se convierte en selección sexual, que favorece la supervivencia de los individuos más adecuados para la fecundación interna. La selección de los gérmenes se transforma en selección de los reproductores, en su carácter de tales. En su obra inmortal, cuyas hipótesis básicas se tienen ya por evidentes, hizo Darwin la distinción entre las condiciones que determinan la selección natural y la selección sexual. La primera "depende del éxito de los individuos, de ambos sexos, y de cualquier edad, en lo relativo a las condiciones generales de existencia de la especie"; la segunda "depende del éxito que tienen ciertos individuos, sobre otros del mismo sexo, en lo relativo a la reproducción de la especie". Esa lucha entre los individuos del mismo sexo, para asegurarse la posesión oportuna del contrario, se manifiesta bajo dos aspectos. El combate, para eliminar a los rivales; la seducción, para atraer a los cónyuges.

Los individuos de una especie no son iguales. Algunos poseen superioridad en sus caracteres sexuales primarios, favorables a la oportuna expulsión o recepción de los gérmenes complementarios; todo lo que es una ventaja para la función tiende a conservarse y acentuarse en la especie, por la selección sexual. Prevalecen los machos más aptos para asegurarse las hembras en el momento oportuno, unas veces luchando entre sí para excluirse mutuamente, otras procurando atraerlas con diversos medios de excitación sensorial [1]. Los individuos más fuertes para el combate o mejor dotados para la seducción tienen más probabilidades de reproducirse; el perfeccionamiento de los órganos motores y sensoriales constituye una superioridad para la fecundación y determina la selección sexual en favor de los mejores machos; a su vez, las hembras más fuertes y atrayentes los excitan más, teniendo ma-

---

[1] Los naturalistas se preguntan por qué el macho es, generalmente, más activo que la hembra en la búsqueda del cónyuge; en el estudio clásico de Darwin, sobre la selección sexual, está bien expuesta la cuestión.

Una explicación racional consistiría en atribuir la pasividad femenina a la modificación del Instinto Sexual por el Instinto Maternal; como los gérmenes femeninos necesitan ser alimentados en el organismo de la madre algún tiempo después de la fecundación, parece natural que los machos lleven hacia las hembras sus gérmenes para que éstas los reciban en su organismo. Eso explicaría la mayor locomoción y actividad del macho durante la fecundación, y la conservación de ese hábito en la especie por la constante reproducción de los que han desplegado más actividad en las circunstancias oportunas. En los machos se perfeccionaría el Instinto Sexual; en las hembras, el Maternal. Ambos, aunque perfeccionamientos de las funciones de reproducción, no son solidarios y con frecuencia son antagónicos, como se verá oportunamente.

yores probabilidades de transmitir sus caracteres a la descendencia.

En general, la lucha es entre los machos por la captación de las hembras, sin que ello excluya lo contrario [1]. Los individuos más sanos, vigorosos y bien nutridos, de ambos sexos, son más precoces y se reproducen más fácilmente; las hembras inferiores quedan para los machos débiles y vencidos. Sea cual fuere el sexo que atrae al otro, siempre son preferidos los ejemplares más fuertes y atrayentes, prevaleciendo sus caracteres en la especie [2].

Siendo un resultado de la lucha por la fecundación, la selección sexual debe existir, en algún grado, en todas las especies cuyos individuos son unisexuales y practican la fecundación interna. Ella favorece la adquisición de cier-

---

[1] En el desenvolvimiento de las especies no siguen un desarrollo uniforme el combate y la seducción, como medios de lucha por la fecundación. En los arácnidos se observa una activa lucha de los machos por las hembras, al mismo tiempo que en éstas se acentúa el Instinto Maternal de protección de los huevos y a la prole; en ciertos casos las hembras eligen machos y la unión de los cónyuges es permanente. En los insectos algunos machos cortejan a las hembras, rivalizan y combaten entre sí, y ellas prefieren ciertos individuos que excitan sus sentidos con atractivos cromáticos, sonoros, olfativos u ornamentales; en otros casos, los machos eligen, y las hembras tienen los atractivos. Es frecuente en los peces que los machos libren combates encarnizados para apropiarse de las hembras; hay casos de corte y ornamentación, en que las hembras eligen a los machos que excitan más sus sentidos. Ambos procesos se repiten en los anfibios y reptiles, para adquirir mayores perfeccionamientos en las aves y en los mamíferos.

[2] La circunstancia de ser más buscador el macho sólo determina la elección por las hembras cuando la seducción predomina sobre el combate; en el caso contrario, las hembras son capturadas por los vencedores, soportándolos sin elegirlos. En realidad, la selección sexual se opera simultáneamente entre los individuos de ambos sexos. "Hemos demostrado que el apareo de los machos más robustos y mejor armados que han vencido a otros machos, con las hembras más vigorosas y mejor nutridas, que son las primeras listas para engendrar en la primavera, produce el mayor número de descendientes vigorosos. Si esas hembras eligen los machos más atrayentes y más fuertes, crían más hijos que las hembras atrasadas que han debido aparearse con los machos menos fuertes y atrayentes. Lo mismo ocurrirá si los machos más vigorosos eligen las hembras más atrayentes y mejor constituidas, y eso será tanto más cierto si el macho coopera con la hembra y contribuye a la alimentación de los hijos. Las mejores parejas pueden criar más hijos y eso basta para hacer eficaz la selección sexual. Un gran predominio del número de machos sobre el de hembras aumentaría esa eficacia, ya se deba ese predominio a diferencias de nacimiento o mayor destrucción de las mujeres, ya sea una consecuencia indirecta de la poligamia." (P. II, Cap. VII).

tos caracteres morfológicos de utilidad innegable para la lucha. Independientemente de las diferencias propiamente sexuales (caracteres primarios), los individuos de ambos sexos presentan diferencias marcadas (caracteres secundarios: armas, colores, ornamentos, ruidos, cantos, olores) que sirven para pelear con los rivales, excitar los sentidos del cónyuge, defender las hembras y la prole. Esos caracteres se definen en la edad y la época de la fecundación.

3. EL INSTINTO SEXUAL

La selección sexual se acentúa entre los individuos pertenecientes a especies cuya reproducción sería imposible sin grandes perfeccionamientos de la fecundación interna individual.

Se sabe que, en general, la prolificidad de una especie está en razón inversa a la talla alcanzada por sus individuos, hecho que suele expresarse diciendo que a mayor individuación corresponde menor génesis. La conservación de las especies cuya reproducción esté dificultada por el número exiguo de sus individuos o por la morfología especial de sus órganos sexuales, sería imposible sin el acercamiento de los portadores de gérmenes en el momento oportuno. La existencia de obstáculos a la fecundación, que es necesario vencer, permite comprender la supervivencia de los individuos que en el momento de la madurez de los gérmenes se han acercado para la fecundación y han adquirido el hábito de hacerlo en circunstancias análogas; la transmisión hereditaria de tendencias correspondientes a ese hábito ha determinado en la experiencia de la especie la formación de un instinto especial, es decir, la *existencia de impulsos de aproximación sexual favorables al más eficaz cumplimiento de las funciones reproductoras.*

Podemos, pues, formular una definición clara e inequívoca. *El instinto sexual es el conjunto de hábitos sistematizados hereditariamente en una especie para que sus individuos de sexos complementarios efectúen más eficazmente el acercamiento de los gérmenes incompletos, indispensables para engendrar un "germen integral" mediante la fecundación.* Así como el hábito representa una vía de menor resistencia determinada en la experiencia individual para la repetición de un acto, el instinto representa una vía de menor resistencia determinada en la experiencia de la especie por la herencia de hábitos adquiridos.

A medida que se perfecciona el instinto en una especie se acentúa en los individuos la tendencia a ponerse en movimiento los unos hacia los otros, en el momento propicio para la fecundación. Esta "atracción instintiva" varia y compleja en sus innumerables casos, podría explicarse en sus formas elementales como el resultado de sensibilidades físico-químicas y de reacciones motrices; es inevitable que la presencia de portadores de gérmenes produzca en el medio desequilibrios físico-químicos capaces de impresionar a cierta distancia los receptores sensitivos de los portadores de gérmenes complementarios, determinando en ellos reacciones de movimiento que faciliten el acercamiento para la fecundación individual.

El desenvolvimiento de las funciones psíquicas en las diversas ramas de la filogenia animal, permite comprender toda la serie de gradaciones que presenta la "atracción instintiva" desde sus formas reactivas más simples hasta sus más complicadas manifestaciones conscientes. Sería inoportuno describir el desenvolvimiento genético de los dos procesos que vinculan la sensibilidad atrófica a la percepción consciente y el taxismo trófico a la motibilidad voluntaria; la transformación del receptor en perceptor y del efector en volitor constituye el capítulo fundamental de toda la psicología. Sin necesidad de resolver aquí esos problemas, puede afirmarse que en las especies vivas dotadas de instinto sexual, los individuos, además de atraerse, pueden adquirir la aptitud de buscarse conscientemente en la época favorable a la fecundación de sus gérmenes complementarios.

La tendencia instintiva de dirigirse hacia el cónyuge se transforma gradualmente en deseo de buscarle. El deseo es la representación consciente de la necesidad trófica de eliminar del organismo los gérmenes maduros; no es la consciencia inmediata de la necesidad de fecundación, sino su consciencia mediata a través de las sensaciones y reacciones, de orden emotivo, que suelen acompañar al acto fecundante. La emoción sexual es el objeto inmediato del deseo, pues el individuo siente en ella placer, como en toda emoción que acompaña al cumplimiento de una función necesaria en condiciones favorables. Nada necesitamos agregar sobre el significado altamente selectivo del deseo y de la emoción sexual, que representan el papel de verdaderos caracteres sexuales de orden psicológico.

4. SELECCIÓN SEXUAL DE LOS CÓNYUGES

Si todos los individuos de una especie fuesen iguales, la fecundación se haría entre los que están más cerca, por simple comodidad, siguiendo la ley del menor esfuerzo; los seres que no pudieran hacer juicios de preferencia aceptarían el cónyuge que le dieran las circunstancias. Pero todos los individuos son desiguales, con relación a sus aptitudes sexuales; los hay superiores por su herencia, edad, salud, temperamento, euritmia, etc. Ante varios cónyuges posibles es natural que un individuo capaz de valorar su aptitudes sienta más intenso deseo de fecundar al que considera mejor, exactamente como el niño que estando al pie de un árbol escoge la fruta que juzga más sabrosa entre las cien que están al alcance de su mano.

Por exigua que sea, la preferencia consciente por determinados cónyuges tiene un valor selectivo, pues implica mayor estimación y deseo de los que se juzga más adecuados para la fecundación. De esta manera la selección inconsciente es reforzada por la consciente, tendiendo a conservar hereditariamente los caracteres "superiores", es decir, los más propicios al perfeccionamiento de la especie, entendido como la directriz en que ella evoluciona filogenéticamente.

La preferencia por ciertos cónyuges se limita, al principio, a las condiciones en que se realiza el acto de la fecundación interna; se considera mejor cónyuge al que promete más comodidad y eficacia, lo que se traducirá por una emoción de placer más o menos intensa. En las especies animales cuyos individuos viven en promiscuidad, no se concibe que la preferencia pueda tener otro sentido y es forzoso pensar que ése es el resultado de la experiencia individual. Entre un individuo enfermo o viejo que está a dos pasos, y uno sano y joven que está a cuatro, se comprende que el segundo sea el preferido para la fecundación, aunque ello cueste dos pasos más; en ese juicio explícito sobre el valor del cónyuge está contenido un juicio implícito favorable a su descendencia [1].

---

[1] Fácilmente se comprende que los individuos inferiores sean excluidos del deseo y de toda preferencia para la fecundación, con

El deseo es proporcional a la perspectiva de placer, entendido éste como el bienestar que acompaña a la satisfacción de la necesidad trófica, del hambre sexual. La elección del cónyuge aumenta el placer de la emoción, pues importa satisfacer la necesidad en las condiciones que se han juzgado preferibles para ello. La emoción es tanto más agradable cuanto más. deseado es el cónyuge que la provoca.

5. EL INSTINTO SIN AMOR

Cuando el Instinto Sexual existe en la especie, el Sentimiento de Amor, ¿es indispensable para que los individuos obedezcan a su mandato? Los hechos expuestos demuestran que la selección sexual y la supervivencia de los mejores cónyuges se realizan sin necesidad de elección individual de un cónyuge determinado. Ello debió ocurrir, también en la especie humana, dadas las primitivas condiciones de existencia.

Como regla general, los vertebrados superiores no viven en promiscuidad mientras no se abandan en grupos sociales. Muchos cuadrumanos son monógamos, por una temporada o por un año; otros son polígamos. Los hombres primitivos, mientras fueron incapaces de asociarse en la lucha por la vida, debieron ser monógamos o polígamos, según las circunstancias; ése era el resultado natural de la lucha por la reproducción entre individuos desiguales. Es verosímil, además, que al agruparse circunstancialmente en pequeñas hordas o bandas de machos superiores o jefes fueran polígamos, viviendo los subalternos en monogamia, poliandria o promiscuidad.

Aparte de la preferencia y elección de un cónyuge determinado, la selección sexual debió efectuarse en la humanidad primitiva, lo mismo que en todas las especies animales. Bastaría que los mejores machos capturasen más hembras, las defendiesen contra sus rivales y protegiesen mejor la prole para que sus probabilidades de reproducirse fuesen mayores, transmitiendo sus caracteres a descendientes más vitales; pero, además debió ser na-

---

beneficio selectivo para la especie; los enfermos, los ancianos y hasta los monstruos pueden, sin embargo, ser aceptados por la imposibilidad de encontrar cónyuges mejores, y algunas veces preferidos por una aberración de juicio, no exenta de consecuencias.

tural que los mejores machos se asegurasen las mejores hembras, lo que aumentaría sus probabilidades de éxito en la reproducción. El combate era la ley de selección sexual.

Se comprende, igualmente, que las mujeres prefiriesen los mejores machos, capaces de proporcionarles mayor bienestar y de proteger más su prole; el triunfo de esos machos venía así a coincidir con su preferencia por las mejores hembras, que además podían evitar o rechazar los machos inferiores.

Para éstos quedaban las hembras menos preferidas; y sus hijos, menos vitales, fracasarían en la lucha por la vida, al recibir hereditariamente los caracteres de sus ascendientes.

Esa selección se efectúa aunque los individuos no sientan una preferencia particular por un cónyuge determinado, elegido entre muchos posibles y equivalentes. La selección recíproca de los mejores cónyuges es instintiva.

Queda así develada la segunda confusión de los naturalistas y metafísicos; así como generalizaban el instinto sexual a la reproducción, generalizan el sentimiento amoroso al instinto sexual. ¿Acaso el deseo y el apetito implican necesariamente la existencia de amor entre los individuos que se aproximan para la fecundación? ¿Acaso la emoción de placer que acompaña al acto tiene los caracteres de un sentimiento? Esas tendencias, movimientos y reacciones instintivas se manifiestan como resultado de la experiencia de la especie, sin elegir previamente un individuo del sexo complementario; no como resultado de una experiencia afectiva individual elaborada en torno de un cónyuge determinado. Cualquier cónyuge sirve lo mismo para satisfacer el deseo instintivo, basta reflexionar un minuto sobre la conducta del animal reproductor que sirve por turno a todas las esposas desconocidas que el hombre le presenta, sin que ninguna le haya inspirado antes un sentimiento de predilección particular. Toda la selección artificial presume implícitamente la posibilidad de reproducción instintiva sin amor, sin que ello excluya la existencia de preferencias individuales cuyo sentido eugénico no es inverosímil.

CAPÍTULO III

EL SENTIMIENTO DE AMOR

1. El sentimiento de preferencia. - 2. Caracteres del deseo.

1. EL SENTIMIENTO DE PREFERENCIA

La individualización del deseo señaló una etapa nueva en las funciones de reproducción; al deseo indeterminado de cónyuge se sobrepuso la elección consciente de un cónyuge particular. El impulso instintivo se modificó a través del juicio afectivo, lo sexual se convirtió en sentimental. Los resultados de este perfeccionamiento sobre la elección sexual fueron inmensos, aunque limitados a los individuos de la especie humana. Es indudable que en algunos vertebrados superiores, además de las preferencias instintivas por los mejores cónyuges, pueden señalarse manifestaciones de preferencia individual, aunque sin los caracteres de un verdadero sentimiento [1]. En general se trata de predilecciones sensoriales, más bien que afectivas, fundadas en los caracteres sexuales secundarios,

[1] La posibilidad de que los individuos tengan conciencia de sus preferencias conyugales instintivas depende del grado de desenvolvimiento mental alcanzado por su especie. Algunos naturalistas afirman que en ciertos crustáceos los cónyuges se reconocen después de fecundar y demuestran algún apego recíproco; es posible que se trate de hechos mal interpretados. En las aves y en los mamíferos no son dudosos los casos de preferencia individual y de solidaridad consecutiva a la fecundación.
En las aves, la preferencia de las hembras por un macho dado es segura, en ciertos casos. Entre muchos que la cortejan ella elige uno; los otros acatan su elección y se alejan. Hay hembras con antipatías individuales irreducibles. Hay casos en que, después de una larga corte, el macho y la hembra no se aparean. Ciertas parejas se reconocen y no se olvidan. A veces, la hembra corteja al macho y pelea por él. En las aves domésticas el macho suele ser polígamo, pero es notoria su predilección por las hembras jóvenes y suele observarse una preferencia individual por alguna de ellas. Es verosímil que muchas de esas preferencias obedezcan a causas físicas, más bien que imaginativas o sentimentales.
En los mamíferos, la preferencia de los machos es más frecuente, combatiendo por una hembra determinada en vez de seducirla;

con fines selectivos inconscientes. La elección es accidental y episódica; el deseo es más trófico que imaginativo. En los machos se manifiesta como impulso brutal de captación; en las hembras, como disposición al sometimiento. No se trata, sin duda, del sentimiento de amor, tal como lo conocemos en el hombre actual; pero conviene tener presente que los pueblos primitivos no presentan, a este respecto, diferencias tan marcadas con los mamíferos [1].

En realidad, el sentimiento de amor sólo puede desarrollarse en individuos capaces de juicios de valor acompañados de tono afectivo, en que la elección de un cónyuge individual se acompaña de un sentimiento más duradero que el simple deseo de la emoción sexual.

Si la elección recíproca de los mejores cónyuges era natural en otras especies animales, solamente en el hombre ha sido posible el desarrollo de un sentimiento con caracteres de estabilidad. Esta fase psicológica de la selec-

es frecuente que se le impongan por la violencia o el terror. Los mamíferos acuáticos combaten lo mismo que los terrestres; aun animales tímidos se atreven a defender en la época del celo su hembra preferida. Las hembras tienen, a veces, preferencias. En los animales domésticos la observación revela individualizaciones francas. En los caballos suele haber preferencias y repulsiones. En los perros se habla de fidelidad y de amor duradero, aunque podría tratarse de adaptación recíproca por el hábito.

[1] Es probable que, en los remotos antepasados de la especie humana, fuera común la fecundación instintiva entre los individuos que la casualidad ponía más próximos en el momento propicio, sin complicación alguna de carácter amoroso; impulsados por el hambre sexual, machos y hembras se desearían con el fin de tener la emoción grata que acompañaba a la satisfacción de una mera necesidad orgánica.

La capacidad de amar, sentimentalmente, fue una feliz adquisición de individuos psicológicamente muy evolucionados. Entre los bosquimanos del África austral, el hombre más fuerte quita la mujer al más débil, combatiendo con la misma vehemencia que otros mamíferos superiores. Eso es común en muchas razas primitivas, sin que las hembras se ocupen de seducir ni se permitan enamorarse. "Después de una batalla se ve a las mujeres australianas pasar espontáneamente al campo de los vencedores, como las yeguas o las leonas; las cosas pasan así todavía entre las rameras de las grandes ciudades europeas. Las mujeres australianas se pelean también entre ellas por la posesión del hombre, dándose terribles garrotazos en la cabeza." Si esos salvajes quieren tener una o más mujeres es principalmente para tenerlas a su servicio como esclavas; no tienen celos de ningún género en lo que concierne al amor físico. Algunos prestan sus mujeres; otros, las alquilan. Ellas, por su parte, suelen entregarse con regocijo en ausencia de sus dueños. Así como los europeos consideran horribles esas costumbres de los pueblos primitivos, ellos, según Burton, consideran que "la monogamia es repulsiva e inmoral."

ción sexual puede considerarse exclusivamente humana. Aunque en muchos animales se observan preferencias accidentales y formas transitorias de asociación familiar, en ninguna especie existe la individualización continuada del deseo y de la esperanza que constituyen el sentimiento amoroso, que no pertenece a la experiencia de la especie, sino a la experiencia individual.

Una definición del amor debe contener, pues, elementos de juicio inequívocos: sentimiento electivo que se observa en individuos de la especie humana, cuya sexualidad no es integral y cuya reproducción exige el acercamiento de los que llevan gérmenes complementarios. Es sencillo: *el amor es un sentimiento de preferencia individual que en circunstancias especiales un ser humano siente por otro determinado, de sexo complementario, para satisfacer las tendencias instintivas relacionadas con la reproducción de la especie.*

Su estudio constituye, por ende, un capítulo de la psicología de los sentimientos, no estudiado hasta hoy con claridad, por oponerse a ello las generalizaciones falsas y las agradables equivocaciones con que lo han oscurecido filósofos eminentes: Platón y León Hebreo, Spinoza y Leibniz. Existen, sin duda, valiosos documentos psicológicos en la literatura clásica; admirables descripciones y análisis del sentimiento amoroso nos han legado geniales artistas: Eurípides y Shakespeare, Rousseau y Goethe. Y fueron, sin disputa, precursores y maestros de la psicología del amor Ovidio, Brantome y Stendhal, más perspicaces que los psicólogos profesionales tentados en nuestros días de explicar mejor lo que no comprenden tan bien.

2. CARACTERES DEL DESEO

Admiración, deseo, esperanza, ideal, ilusión, representan fases distintas en que puede descomponerse analíticamente el sentimiento de amor y que permiten distinguirlo de la simple preferencia instintiva para la fecundación.

Circunstancias juzgadas favorables a la emoción misma han podido producir en la experiencia individual preferencias especiales por un cónyuge determinado, haciéndolo particularmente deseable entre muchos cónyuges posibles y engendrando un estado afectivo especial, el sentimiento de amor. Desde ese momento ha brotado sobre el instinto otra cosa, tan diferente de él como la flor de la raíz. A lo cuantitativo se ha sobrepuesto algo cualitativo, al deseo indiferenciado la elección consciente.

La admiración es el tono emotivo que acompaña al juicio favorable sobre un cónyuge posible; ese juicio es una estimación inmediata de los caracteres sexuales secundarios y el tono emotivo es el punto de partida del sentimiento. La admiración da la medida del deseo; lo que más se admira es más deseable.

El deseo es una afirmación volitiva que acompaña a la preferencia natural por el cónyuge admirado; los individuos desean poseer a los del sexo complementario que motivan su juicio favorable, representado por la admiración. La intensidad del deseo es proporcional al placer emotivo que se presume realizable al satisfacer la necesidad de fecundación. El deseo de un ser admirado se acompaña de un tono afectivo susceptible de prolongarse hasta dar origen a la formación del sentimiento amoroso.

La esperanza es ya sentimiento de amor. Cuando el deseo no puede ser satisfecho por la captura del ser admirado, el individuo procede a su conquista por seducción; esto implica diferir la satisfacción del deseo, dando tiempo a que se elabore el sentimiento, por las representaciones imaginativas que se agregan al tono afectivo del deseo. La intensidad de la esperanza es proporcional a la admiración y el deseo, pues se juzga que el ser esperado "vale" la espera; el diferimiento suele aumentar ese valor, dando lugar al trabajo de la imaginación. La emoción más esperada parece mejor. El consentimiento del ser seducido, o la esperanza recíproca, multiplican el valor hedónico de la satisfacción.

El ideal es una abstracción de los caracteres de perfección atribuidos por cada individuo al cónyuge más digno de ser admirado, deseado y esperado. En el curso de su propia experiencia amorosa, cada individuo capaz de abstracción se forma un concepto arquetípico de su cónyuge adecuado, en quien supone realizadas las cualidades que considera mejores para la fecundación y para la descendencia. El "ideal de amor" es una hipótesis individual, más o menos consciente, acerca de la mayor perfección eugénica complementaria. El sentimiento de amor tiende a aproximar o confundir la persona deseada con ese tipo hipotético ideal.

La ilusión de amor es un error de juicio que hace atribuir al ser deseado los caracteres de perfección tipificados en el ideal del amador. Si el ser humano fuese puramente lógico y racional, solamente se enamoraría de los cónyuges menos imperfectos que estuviesen a su alcance; pero el ser humano es habitualmente ilógico e irracional, lo que le induce a juicios erróneos sobre el valor de los individuos del sexo complementario.

Bajo la influencia de tensiones orgánicas instintivas o de sugestiones sociales coercitivas [1], la imaginación individual se puebla de larvas y quimeras que deforman su lógica, haciéndole incurrir en razonamientos afectivos que perturban su lucidez de juicio y en un momento dado le hacen admirar como cónyuge eugénico a un individuo exento de los caracteres anteriormente sintetizados en su ideal.

La selección sexual por el amor ha sido profundamente subvertida en la humanidad desde que las condiciones sociales de existencia impusieron la estabilidad doméstica, la monogamia y la indisolubilidad del matrimonio, contrariando violentamente la naturaleza misma del amor, que no es, ni puede ser, eterno y exclusivo, dada la variación incesante del amador y del amado, desiguales. Es verosímil, además, que al agruparse circunstancialmente en pequeñas hordas o bandas los machos superiores o jefes fueran polígamos, viviendo los subalternos en monogamia, poliandria o promiscuidad.

El sentimiento de amor expresa la admiración, el deseo y la esperanza de conquistar un cónyuge que se juzga adecuado al propio ideal. Ese juicio tiene un valor presente y es susceptible de ser rectificado, por la variación del sujeto o del objeto.

Un individuo, ideal hoy, puede no serlo mañana. Aún cuando no variase el ideal del amador, podrían variar las condiciones del amado, por enfermedad, accidente o vejez, apartándose del ideal: no hay lógica alguna en afirmar que un ser actualmente amado será necesariamente amable hasta la muerte.

Si las condiciones del amado no varían, es concebible que varíe el amador, como resultado de su creciente experiencia, ilustración, categoría, cultura, perfeccionando su ideal; nadie osaría afirmar que a la edad de quince años se sueña el mismo Apolo o la misma Afrodita que a los treinta. Se comprende que, variando su ideal, pueda

---

[1] En la especie humana la posibilidad de elegir está limitada al grupo social y aun a clases determinadas dentro del mismo grupo, en cuyo caso el valor eugénico de la elección disminuye mucho, pues la reproducción queda restringida por convenciones sociales que atenúan o excluyen el sentimiento de amor.

el amador no considerarlo enteramente satisfecho por el mismo ser amado.

Estas reflexiones, aunque incontestables, no excluyen que el sentimiento de amor pueda durar más del tiempo necesario para la satisfacción del deseo, pues la esperanza no decepcionada puede estimular el amor y reencender constantemente el deseo de renovar la experiencia. Pero esa prolongación no es forzosa, ni siquiera frecuente en la especie humana; numerosas circunstancias determinan un descenso efectivo del valor eugénico de los individuos, que pueden inspirar otros sentimientos muy loables, pero no el amor.

Las condiciones sociales de existencia han modificado, para los individuos, las consecuencias de la ilusión de amor, que los induce a aceptar para la reproducción un cónyuge inadecuado a su propio ideal. Dada la escasez de tipos excepcionales en una especie, peligraría la existencia de ella si solamente ellos fuesen preferidos para la fecundación. Conviene a la especie que la casi totalidad de sus individuos se equivoquen en la época oportuna y se decida a fecundar cónyuges que no son modelos eugénicos, pero que en un momento dado producen la ilusión de corresponder al ideal. En este sentido sería justo decir que *el amor es una verdad vital* conveniente para la selección de los individuos, mientras que *la ilusión de amor es una mentira vital* conveniente para la conservación de la especie.

La sustitución del amor por la ilusión de amor, conveniente para que los individuos se deseen en el momento oportuno, tiene ulterioridades incompatibles con la unión perpetua; la desilusión, inmediata o tardía, disipa las esperanzas de felicidad que el individuo pudo tener cuando se turbó su lucidez mental. Advertida la discordancia entre el cónyuge real y el cónyuge ideal, la ilusión de amor se desvanece y nace naturalmente el deseo de encontrar otro ser que corresponda al ideal no satisfecho.

Ese derecho de amar, persiguiendo el propio ideal, ha sido gradualmente suprimido por la familia y por la monogamia indisoluble. Esta circunstancia ha modificado las consecuencias de la ilusión de amor para los individuos, sacrificándolos a la domesticidad permanente por un error sentimental cometido una sola vez.

Amar implica elegir para procrear mejor; el sentimiento amoroso es un instrumento natural de elección, pues acompaña la preferencia por un cónyuge en quien se presume realizado el ideal eugénico complementario. Además, es fuente de placer efectivo para el individuo, en cuanto le permite realizar una función necesaria en las condiciones más favorables para su ejecución y para sus resultados.

Mirando la vida y la reproducción como hechos naturales, ni buenos ni malos en sí mismos, la adquisición de la capacidad de elegir un cónyuge se presenta como un perfeccionamiento de la selección natural. Dado que el sentimiento de amor es útil para la especie y agradable para el individuo, es forzoso admitir que la elección de cónyuge, en un momento dado, es un "bien" para el ser que lo elige. El carácter bueno o malo atribuido a un hecho no depende de sus condiciones intrínsecas, sino del juicio de valor que acerca de él pronuncian los individuos. No es una cualidad del hecho, sino una opinión de quien lo juzga. Todo, pues, converge hacia una concepción optimista del amor y los problemas relativos al "Genio de la Especie" se resuelven, en suma, contra Schopenhauer. Decía que el genio de la especie, para asegurar la continuidad de la vida a precio del sufrimiento individual, engaña por medio del amor y empuja al sacrificio con la ilusoria promesa del más intenso goce individual. Su concepción pesimista del amor expresa que vivimos para amar y que eso es un mal para nosotros.

Un hombre de ingenio perspicaz, como Schopenhauer, no se equivoca sin fundamento; existe una lógica en el error mismo, cuando no se yerra por simple estulticia. El error del ilustre metafísico, a nuestro ver, depende de una extrapolación comprensible. Ha observado en el mundo cristiano actual los funestos efectos de la Familia y del Matrimonio sobre la personalidad individual; pero en vez de atribuirlos a los sentimientos de Domesticidad y de Propiedad que obran limitando y corrompiendo el derecho de Amar, ha culpado de ellos al Amor. Es exacto que la asociación permanente de los cónyuges en la familia monogámica indisoluble implica el sacrificio de los individuos en beneficio de la especie, representada por los hijos; pero de ese hecho, ciertísimo, se deduce que la sociedad sacrifica a los individuos en la familia patriarcal, y no que el sentimiento de amor es malo para el individuo como expresión natural del instinto de reproducción.

Schopenhauer ha confundido el Amor individual con su caricatura social, que es la Domesticidad. ¿Imputó al sentimiento amoroso las culpas de la familia y del matrimonio que han eliminado el placer del individuo y la conveniencia de la especie, sacrificando los padres al interés de la sociedad? ¿El bien individual ha sido convertido en mal social? ¿La familia y el matrimonio han limitado cada vez más el derecho individual de amar, haciendo privar las conveniencias del grupo social sobre las tendencias selectivas del amor individual? Si así fuera, la lucha sexual en la especie humana sería un permanente conflicto entre el amor eugénico individual y la domesticación familiar social, entre el derecho de amar y el deber de formar familia [1]. Los males que Schopenhauer atribuyó al amor como instrumento del mítico Genio de la Especie, podrían imputarse a la obstrucción del amor por la domesticidad, al servicio de otro mito, el Genio de la Sociedad.

---

[1] Si las posibilidades de la selección sexual no hubieran sido deformadas en la humanidad por sentimientos muy diversos, el amor habría seguido actuando como un bien para los individuos y para la especie. Pero esas posibilidades han sido eliminadas por el hecho de vivir el hombre en sociedades que tienen por núcleo la familia, necesaria para la crianza de hijos que no nacen vitales; esa circunstancia ha sustituido el ideal eugénico de reproductor por el ideal familiar de criador, desvalorizando el sentimiento de amor en beneficio del sentimiento de domesticidad.

CAPÍTULO IV

LA HUMANIZACIÓN POR EL AMOR

1. VALOR SELECTIVO DE LA ELECCIÓN CONYUGAL

El amor aparece en la evolución biológica como un perfeccionamiento de la selección sexual. La experiencia instintiva de la especie basta para distinguir los mejores machos o las mejores hembras, por los caracteres visibles que traducen la edad, la salud, la robustez, la virilidad; pero la preferencia particular por un cónyuge determinado, que permite diferenciarlo favorablemente entre los demás, exige un juicio de valor que pertenece a la experiencia consciente del individuo.

La selección sexual de los mejores cónyuges era generalmente instintiva en los primates, es decir, resultado de la experiencia de la especie. La preferencia por un cónyuge determinado, es decir, la elección amorosa, sólo podía manifestarse esporádicamente como un resultado de la experiencia individual consciente, que permitía considerar más adecuados los cónyuges cuya fecundación producía más intensa emoción de placer. Ese juicio de valor, general en sus orígenes, fue perfeccionándose hasta permitir la elección individual.

Sería ocioso discutir aquí sobre el sentido de ese primitivo juicio de valor. En individuos cuyos sentimientos, si existen, son muy rudimentarios, sólo es concebible que el cónyuge preferido lo sea por atractivos exteriores que revelen mayor excelencia morfológica o funcional. Un mismo juicio expresa valores utilitarios y estéticos. Y aunque la noción de belleza humana varía en cada raza, es indudable que siempre implica lo contrario de ciertas inferioridades que universalmente se asocian al doble concepto de inútil y de feo: la enfermedad, la escualidez, el agotamiento, la vejez. En la preferencia por un cónyuge determinado, que engendra el deseo, privan los caracteres exteriores más atrayentes; lo más llamativo, lo más agradable, es lo que más conviene en la lucha por la reproducción.

Cuando las condiciones de existencia excluyen el combate para la conquista del cónyuge preferido, los individuos necesitan atraerlo, provocarlo, excitar sus deseos, hasta conseguir su complicidad para la fecundación. Por razones fisiológicas harto conocidas, la hembra se encuentra con más frecuencia en situación de seducir, dado que el macho no puede efectuar sin deseo ciertos actos que ella podría consentir pasivamente. La seducción prehumana debió limitarse a la exhibición voluntaria de los propios caracteres atrayentes, realzados por actitudes, gestos y sonidos más o menos provocadores; sólo en fases humanas ya sociales, los individuos en edad de ser amados adquieren el hábito de la ornamentación y de la caricia, del perfume y de la elocuencia, destinados a provocar el deseo mediante la excitación de los sentidos.

Los precursores del hombre, antes de formar grupos sociales y adaptarse a la promiscuidad, vivieron en condiciones singularmente propicias a la selección sexual. La adquisición de la capacidad de amar, eligiendo para la reproducción un cónyuge individual fue una variación limitada a los mejores reproductores; transmitida por ellos a sus descendientes, fue fijándose en una variedad que pudo convertirse en especie por la persistencia de los resultados selectivos.

El amor favoreció la evolución prehumana en los grupos de hominidios, permitiendo que algunos alcanzaran un desarrollo mental desconocido en los que no perfeccionaron la selección instintiva por la selección consciente. La simple posibilidad de valorar un cónyuge determinado y de preferirlo para la reproducción, permite explicar la evolución relativamente acelerada de un grupo de hominidios hacia la humanización. Cuando nuestros antepasados aprendieron a amar, para elegir conscientemente un cónyuge en vez de aceptar instintivamente cualquiera, quedó asegurado el proceso selectivo que elevó al hombre sobre el resto de la animalidad.

Es, por consiguiente, legítima esta hipótesis: *la humanización fue el resultado del perfeccionamiento de la selección social por el amor.*

La lucha por la reproducción en las primitivas condiciones de existencia, anteriores a la vida social, se realizó en condiciones singularmente favorables, perfeccionándose por las preferencias individuales [1]. Los resultados de la selección sexual debieron ser enormes; la elección recíproca de los cónyuges más capaces de criar y defender su prole, debió influir sobre los caracteres de los descendientes, produciendo la selección de la especie.

En el primitivo estado presocial, la elección fue generalmente un privilegio del hombre, que procuraba seducir o capturar las mujeres que más le agradaban y las retenía para su servicio personal: para ello, si tenía rivales, necesitaba combatir, quedándose el vencedor con las hembras más apetecibles. El combate era un medio excelente de selección y los descendientes heredaban caracteres superiores.

No estaba excluida, para las mejores mujeres, la posibilidad de elegir un cónyuge determinado. Podían huir de los machos menos codiciables, no provocarlos, resistirles, combatir, vencerles; pero más fácil debió serles ponerse al alcance del preferido, llamar su atención, despertar sus deseos, poniendo en juego medios de seducción más decisivos que los usados en caso igual por otros mamíferos superiores.

Más frecuente el combate y la seducción en la mujer, la lucha sexual pudo adquirir en ciertos casos un contenido afectivo; en torno del deseo insatisfecho o de la embriagadora emoción nació un sentimiento duradero, estimulado por la esperanza de la reciprocidad o por el anhelo de la reiteración.

El amor, no restringido en el hombre por la domesticidad familiar y en la mujer por la esclavitud matrimonial, pudo ser tan común como la desigualdad de los individuos. Sus resultados selectivos para la especie de-

---

[1] "Los dos sexos, si los hombres lo permitían a las mujeres, debían elegir su compañero, sin tomar en cuenta los encantos del espíritu, la fortuna, la posición social, sino ocupándose solamente de la apariencia exterior. Todos los adultos debían aparearse o casarse, todos los hijos debían criarse en cuanto fuera posible, de manera que la lucha por la vida, debía tornarse periódicamente rigurosa. En esos tiempos primitivos, todas las condiciones favorables a la acción de la selección sexual debían existir en una proporción mayor que más tarde, cuando las aptitudes intelectuales del hombre habían progresado y los instintos habían disminuido. Por consiguiente, cualquiera que haya podido ser la influencia de la selección sexual, para producir las diferencias que existen entre las diversas razas humanas, y entre el hombre y los cuadrumanos superiores, en una época muy remota esa influencia ha debido ser mucho más poderosa de lo que es en la actualidad. (*Darwin*.)

bieron ser mayores cuando la elección de los cónyuges era doble, es decir, cuando el amor era recíproco.

El sentimiento de amor que acompañaba a las preferencias del individuo presocial no podía tener la duración y exclusividad que ha adquirido en el hombre civilizado. Era, tal vez, un deseo acompañado de tono afectivo, cuya satisfacción era buscada en inmediatas reacciones emotivas agradables, sin complicarse con representaciones emotivas remotas. Las preferencias mismas debían ser muy relativas entre seres poco diferenciados por la falta de educación doméstica y social, a punto de que los cónyuges físicamente deseables no presentarían muy grandes diferencias individuales, fuera de las que podrían deducirse de sus formas y actitudes exteriores.

En la medida en que el hombre primitivo fuera capaz de elaborar un sentimiento sobre su deseo de emoción, la preferencia por cónyuges determinados pudo producir uniones monogámicas o poligámicas más o menos duraderas, prolongadas ciertas veces durante la gestación o la crianza, en beneficio para la selección de la descendencia. El amor presidía esas uniones sin que lo limitaran deberes familiares permanentes ni forma alguna de compromiso ulterior. Tal hombre acompañaba a sus mujeres porque le gustaban y le convenían, sin hipotecar su porvenir; tal mujer halagaba al hombre que deseaba conservar a su lado, sin perjuicio de sustituirlo por otro cuando dejara de parecerle interesante.

No había ventaja, o muy poca, en que la elección de amor crease vínculos indisolubles entre los amantes. No existiendo la asociación permanente entre padres e hijos que caracteriza a la familia, la madre sola tenía a su cargo la crianza, desprendiéndose de los hijos en cuanto sabían comer, caminar y defenderse. La pareja podía convivir mientras los cónyuges se agradasen y conviniesen; su amor era una amistad erótica entre individuos de sexo complementario, sin que el accidente natural de la maternidad crease deberes recíprocos eternos, ni limitase la posibilidad de nuevos amores con los cónyuges que en otra oportunidad llegaran a parecer preferibles.

Libre de coerciones domésticas y sociales, el amor fue el más poderoso factor de selección sexual. Mientras los individuos conservaron la posibilidad de cambiar cónyuges, de acuerdo con sus preferencias sucesivas, los más excelentes reproductores tuvieron más oportunidades de amar y de reproducirse, haciendo prevalecer en su descendencia caracteres favorables a la especie.

NOTA ACLARATORIA

Las partes tituladas "Limitaciones del amor por la familia" y "Eliminación del amor por el matrimonio" corresponden a un artículo de Ingenieros titulado "El amor, la familia y el matrimonio", destinado sin duda a la Revista de Filosofía. En el manuscrito estos trabajos aparecen en pruebas de galera intercalados de la misma manera como lo están aquí.

Los ensayos titulados "La inmoralidad social del amor" y "El renacimiento del amor" se publicaron en la Revista de Filosofía (Año XI, Nº 1, enero de 1925 y Año XI, Nº 2, marzo de 1925).

PARTE TERCERA
ELIMINACIÓN SOCIAL DEL AMOR

CAPÍTULO I
LA FAMILIA

1. Instinto maternal e instinto familiar. - Filogenia del instinto maternal. - 3. Orígenes de la asociación familiar .- 4. Instinto social e instinto doméstico. - 5. El grupo doméstico primitivo. - 6. Clan matriarcal y propiedad doméstica. - 7. La familia materna. - 8. Limitaciones del amor por la familia.

1. INSTINTO MATERNAL E INSTINTO FAMILIAR

Hemos aclarado el nexo existente entre las funciones de reproducción y el "instinto sexual", y entre éste y el "sentimiento amoroso", definiéndolos con la menor inexactitud posible [1]; tócanos determinar las relaciones entre las funciones de reproducción y el "instinto maternal", y entre éste y el "sentimiento doméstico", susceptibles también de ser definidos con claridad. Pues así como el examen del instinto sexual nos ha preparado para equivocarnos menos al estudiar "el amor", el examen del instinto maternal nos habilitará para apreciar en forma verosímil la significación biológica y social de "la familia".

[1] En nuestro artículo anterior hemos sentado tres premisas fundamentales: 1º Las funciones de reproducción pueden realizarse en los seres vivos sin que intervengan el Instinto Sexual, metafóricamente llamado Genio de la Especie. 2º En muchas especies animales ese instituto favorece la reproducción, obrando sin que se manifieste entre los seres que se fecundan el Amor, definido como sentimiento electivo individual. 3º La aparición de ese **sentimiento esbozado en pocas especies** y particularmente propio de la humana, tiene una influencia eugénica poderosa en la selección natural y en la selección sexual.

Terminábamos formulando varias preguntas, que pueden refundirse en los dos problemas siguientes: 1º ¿La organización biológica de la Familia, necesaria para la protección de los hijos, ha modificado las condiciones de la selección sexual haciendo privar el sentimiento doméstico, derivado del Instinto Maternal, sobre el sentimiento amoroso, propio del Instinto Sexual? 2º ¿La organización económica de la Sociedad, necesaria para su desenvolvimiento progresivo, ha modificado las condiciones de la agrupación familiar, haciendo privar el sentimiento de propiedad derivado del Instinto Social, sobre el sentimiento doméstico del Instinto Maternal?

Son ésos, en efecto, los términos principales del problema, para los seres humanos que vivimos en sociedades que acostumbran relacionar ciertas nociones inexactas de "amor" y de "familia", para apuntalar inveteradas aberraciones de juicio que reputan indispensables para cimentar su moral. ¿Corresponden esas nociones abstractas a las realidades biológicas representadas por el "sentimiento amoroso" y el "sentimiento doméstico"? Sabemos qué pensar del primer equívoco; veamos si también es demostrable el segundo. Y acaso la falsedad visible de ambos nos permita descubrir la lucha constante entre el amor individual y la domesticidad social, en la evolución de la familia, resuelta hasta hoy por una inmolación progresiva del amor a la domesticidad. La selección sexual ha sido reemplazada por la selección doméstica.

Precisemos los términos. *El instinto maternal es el conjunto de hábitos sistematizados hereditariamente en una especie para que sus individuos protejan más eficazmente contra los riesgos de destrucción a sus gérmenes integrales, hasta que éstos se transformen en individuos adaptados al género de vida propio de su especie. Es, pues, un perfeccionamiento de las funciones de reproducción, destinado a proteger el desarrollo de la descendencia.*

En ciertas especies vivas existen individuos de sexualidad distinta que producen "gérmenes incompletos" incapaces de continuar viviendo y de convertirse en nuevos individuos de la misma especie; la función reproductora requiere que esos gérmenes se pongan en contacto y sean objeto de una influencia recíproca, llamada fecundación, cuyo resultado es producir un "germen integral", del cual podría decirse que es un óvulo estimulado por el polen o un polen sembrado en un óvulo propicio. Se acostumbra llamarle "semilla" o "huevo fecundado".

El concepto de "germen integral" es más comprensivo que el de huevo, larva o hijo; abarca a los tres y se extiende desde la fecundación hasta la adaptación vital, variable esta última para los individuos de las diversas especies. No basta que un huevo sea fecundado para que nazca un hijo, ni basta que un hijo nazca para que pueda vivir; existen en el medio infinitas causas que se oponen a ello. Cuando estas causas no son compensadas por la prolificidad, la conservación de una especie sólo es posible si los generadores poseen la aptitud de proteger sus gérmenes contra esos peligros. Esa protección no es uniforme. En ciertos casos se dirige al huevo durante la gestación, ya depositándolo en lugares apropiados, ya empollándolo en nidos artificiales, ya conservándolo en él nido natural que al efecto poseen en su organismo las hembras de ciertas especies superiores. En otros casos se dirige al hijo después de su nacimiento, cuando éste sale del huevo antes de poseer la actitud de adaptarse al medio; se manifiesta como alimentación, educación y defensa de la prole incapaz.

La necesidad de proteger los gérmenes integrales se acentúa en la evolución de los ramos filogenéticos; es sabido que, en todas las especies, al mayor desenvolvimiento individual suele corresponder una disminución de la prolificidad: a mayor individuación, menor génesis.

Cuando la necesidad de proteger a los hijos se prolonga por algún tiempo, después de su nacimiento, el instinto maternal se perfecciona para facilitar la protección de la prole durante el período de la crianza y de la educación. La vida en común desarrolla, en los individuos, hábitos adecuados, que por herencia fijan en la especie nuevas tendencias que constituyen el "instinto doméstico".

Los naturalistas, presionados por las preocupaciones morales corrientes en las sociedades civilizadas, han caído en la tentación de mezclar el amor, la maternidad y la familia, formando con esas tres cosas distintas un solo mito verdadero. Y el vulgo ilustrado, defiriendo a prejuicios tradicionales que han viciado el saber humano cree sinceramente que del "amor" entre los padres ha surgido la "familia" para "amar a los hijos".

Conviene analizar esas burdas concepciones. ¿El instinto familiar deriva del instinto maternal, con absoluta independencia del instinto sexual? ¿La familia es una asociación relacionada con el amor entre los padres, o una asociación de protección a los hijos? ¿El hogar es un templo erigido por instinto sexual para que continúen amándose los cónyuges que han engendrado un hijo, o un nido permanente construido por el instinto maternal para que los padres continúen criando el hijo que engendraron? Perturbadoras preguntas. La familia, aun cuando naciera del amor conyugal, no sería una sociedad de amor entre los cónyuges, sino la consecuencia que deben soportar por haberse reproducido; sólo por una licencia literaria se suele llamar "amor" a los sentimientos domésticos que a veces tornan encantadora la vida familiar, cuando los cónyuges se deleitan cooperando en las gratas complicaciones de la crianza y la educación.

En todos los tratados de zoología se encuentran muchos "datos" sobre la existencia del instinto de protección a la descendencia en los animales; interesante sería, sin duda, para quien dispusiera de amanuenses técnicos, compilar un anecdotario completo del instinto maternal, menos incoherente que los ya reunidos por algunos naturalistas y psicólogos. Pues, forzoso es decirlo, no existe una buena reconstrucción del instinto maternal conforme al criterio genético, único digno de llamarse científico y de permitir generalizaciones filosóficas.

2. FILOGENIA DEL INSTINTO MATERNAL

El instinto maternal no es común a todos los seres vivos, ni indispensable para la conservación de todas las especies. En la reproducción asexual y en la monoica está excluida su necesidad; solamente es forzoso en las especies cuyos individuos provienen de un germen que atraviesa por un período de incapacidad vital más o menos largo.

La conservación de una especie depende de la relación entre el número de gérmenes producidos por los individuos y los peligros de destrucción existentes en el medio en que deben desarrollarse; la "prolificidad" y la "lucha por la vida" son los factores que determinan el incremento, el equilibrio o la extinción de una especie.

En las plantas es común que un solo individuo produzca numerosas semillas, bastando que sólo algunas encuentren condiciones favorables para convertirse en nuevos individuos. Lo mismo ocurre en muchas especies animales cuyas hembras desovan en su medio, antes o después de la fecundación, dejando librado al azar el desarrollo de sus gérmenes. El hecho es demasiado general para que nos detengamos a ilustrarlo con ejemplos.

Un individuo que en ciertos momentos elimina de su cuerpo una masa de huevos sin sospechar cuántos podrán sobrevivir, no tienen instinto de protección de la descendencia, ni lo necesita si el número asegura la reproducción de la especie. No protege al huevo, formándole nido; no protege al recién nacido, proporcionándole alimentos. El exceso de prolificidad basta. No importa que muchos gérmenes queden sin fecundar, ni que otros sirvan de alimento a la voracidad ajena, como atestigua el hombre mismo con su predilección por el sabroso caviar.

Ninguna especie adquiere instintos inútiles; el de maternidad no es siempre necesario.

La forma elemental de protección de los gérmenes consiste en la elección de un sitio apropiado al desove, para facilitar la fecundación de los huevos, si son incompletos, o para defenderlos contra las causas destructivas, si ya están fecundados. Los gérmenes, abandonados a sí mismos, siguen su evolución hasta convertirse en individuos adultos de la misma especie.

Aunque las funciones de reproducción terminan para la madre con el desove, y los huevos no reciben protección ulterior, es visible que la simple elección de un lugar apropiado para depositarlos es una forma rudimentaria de "nidificación". Se trata de una tendencia instintiva, fijada hereditariamente por el hecho de haber sobrevivido, en la serie de generaciones, los descendientes de individuos que efectuaron sus desoves en condiciones favorables.

Más perfeccionado aparece el instinto de protección cuando el desove se efectúa en un medio apropiado a la alimentación de los hijos; esta previsión, fijada hereditariamente como la anterior, implica una forma rudimentaria de "crianza", en cuanto favorece la alimentación de seres que no nacen con aptitudes para satisfacer sus necesidades nutritivas.

Sin entrar en detalles, recordemos que los moluscos superiores cuidan ya de sus huevos; algunos cefalópodos no los abandonan hasta después de la eclosión. En los arácnidos, las hembras suelen cuidar la nidada, llevarla consigo y defenderla directamente. Los insectos protegen sus huevos; muchos los depositan en las hojas de que se alimentarán las larvas al nacer. Algunos reptiles desovan en lugar adecuado y abandonan la cría al azar.

El proceso es más complejo en las especies que en vez de limitarse a desovar en sitio propicio, lo preparan antes de desovar y aseguran el desarrollo de los huevos empollándolos, es decir, protegiendo al germen integral contra los peligros exteriores; ello importa ya un progreso de la nidificación y de la crianza, pues el empollar representa una crianza maternal de los hijos que totalizan su desarrollo dentro de la cáscara. Muchas de las madres que abandonan el nido en el momento de la eclosión, como ocurre en las aves "precoces", suelen dejar alimentos para los primeros días.

La nidificación no es rara en los peces; en algunas especies, los machos abrigan en repliegues de sus branquias los huevos fecundados y en otras construyen nidos de compleja arquitectura. En muchos batracios, los machos reemplazan a las hembras en el cuidado de los huevos. Se dice que algunos ofidios empollan, enroscándose en torno de la nidada. No hablemos de las aves, pues su característica es nidificar y empollar.

No basta que de un huevo nazca un hijo para que su existencia esté asegurada. Un perfeccionamiento nuevo se observa cuando los hijos no son vitales en el momento de la eclosión ovular, lo que es más frecuente a medida que la ascendencia filogenética de las especies es mayor. Las aves suelen ser divididas en "precoces" y "altrices", según que la prole pueda bastarse a sí misma en el momento de la eclosión, o que necesite por algún tiempo la protección de sus genitores. En las especies "altrices" es indispensable que la madre —pocas veces lo hace el padre— proteja a sus hijos hasta que se adapten al género de vida propio de su especie. Ya no basta desovar en buen sitio y junto a los primeros alimentos, construir el nido y proteger los huevos; es necesario "alimentar" a los hijos y "educarlos", funciones que constituyen la "crianza". Esos procesos cada vez más perfeccionados, tipifican en conjunto el instinto maternal, llamado así por estar más generalmente desarrollado en el cónyuge que pone los huevos, la madre. En algunas especies, sin embargo, empolla y cría el cónyuge que no los pone: el padre.

La protección de los hijos aparece algo más tardíamente que la de los huevos. Algunos arácnidos crían su prole y llevan en pos la nidada. En los insectos la protección de los hijos se perfecciona. En ciertas especies que viven en sociedad, aún después de desaparecer la familia, por inútil a la especie, persiste en los individuos el instinto maternal; es bien conocido el caso de las abejas y las hormigas, en cuyos individuos neutros no se manifiesta instinto sexual y conservan un instinto maternal muy acendrado.

La protección de los hijos es frecuente en los peces y en algunos casos los machos suelen defenderlos contra las hembras; algunos abrigan a los recién nacidos en sus branquias. La víbora, se dice, protege a sus hijos llevándolos en la boca. La hembra de los cocodrilos cuida de su prole algún tiempo después de nacer. De las aves huelga hablar; da fe, por todas, el simbólico pelícano.

La necesidad de proteger a los hijos, absoluta en todas las especies "altrices", determina la utilización del nido como hogar transitorio. El sitio adecuado para empollar huevos se aprovecha para la crianza de hijos, combinándose con necesidades más complejas, de abrigo y defensa colectiva, vinculadas con el instinto de conservación.

En las especies llamadas vivíparas —todos los mamíferos, menos los monotremos— los hechos se complican. En vez de poner los huevos fecundados, las hembras los conservan dentro de su cuerpo hasta el fin de la gestación; cuando ésta es completa se producen, casi simultáneamente, la rotura de la cáscara del huevo y la expulsión del hijo fuera del nido maternal.

El grado de capacidad de los hijos para adaptarse al género de vida propia de la especie es muy variable; en general, las especies vivíparas son tanto menos "precoces" cuanto mayor es su evolución filogenética.

Además de la protección interna del huevo, hasta la expulsión del hijo, es necesaria la alimentación de éste por la madre. El mamífero recién nacido no es todavía vital, es un huevo sin cáscara; que en vez de nutrirse por la placenta se nutre por la glándula mamaria, chupando instintivamente con la boca un líquido nutritivo equivalente al que hasta entonces recibía por el ombligo. Así como los huevos de ciertas especies pueden ser empollados por individuos de otras, los hijos pueden ser criados con leche de especies afines.

La reproducción de un hijo vital no se limita a la alimentación mamaria; la prole necesita un aprendizaje para bastarse a sí misma, una educación variable en cada especie. Por eso "la crianza" no se reduce a la alimentación y es necesario que los hijos aprendan a luchar por la vida en las mismas condiciones que los adultos, lo que prolonga en las especies superiores el período de protección y desenvuelve más poderosamente el "instinto maternal". Aplicado en sus orígenes a la protección de los huevos, se perfecciona luego en la crianza de los hijos y se extiende más tarde a su educación; requiere en ciertos casos, una convivencia transitoria de los padres y los hijos, asimilable a una asociación familiar rudimentaria.

3. ORÍGENES DE LA ASOCIACIÓN FAMILIAR

El instinto maternal, que aparece como un perfeccionamiento útil de las funciones de reproducción, tiene el mismo origen que el instinto sexual; pero mientras éste sirve para asegurar la fecundación de los gérmenes incompletos, aquél sirve para proteger el desenvolvimiento de los gérmenes integrales. Son pues, dos formaciones instintivas destinadas al perfeccionamiento de una misma función; pero se mantienen separadas y a veces antagónicas.

Siguiendo las tendencias del instinto maternal se forman en la experiencia de los individuos los sentimientos maternal y filial, comunes a muchas especies animales; pero esos sentimientos pueden tener carácter circunstancial y transitorio, desapareciendo al terminar la incapacidad de la prole. En las especies animales, lo mismo que en las hordas humanas primitivas, los vínculos afectivos, entre ascendientes y descendientes, desaparecen cuando los hijos se bastan a sí mismos. La existencia del instinto maternal no implica la de instintos domésticos y sentimientos familiares comparables con los del hombre civilizado; algún tiempo después de la crianza el instinto maternal no deja rastro y es común que padres e hijos no se reconozcan. Nadie ignora que la gallina acaba por ser fecundada por sus propios hijos y que los gallos no desdeñan a las pollas nacidas de sus propios gérmenes; con la misma naturalidad en ciertas sociedades domésticas primitivas, los seres humanos olvidan los vínculos del instinto maternal, yaciendo habitualmente las madres con sus hijos, los padres con las hijas, los hermanos con las hermanas. Los sentimientos nacidos del instinto maternal son limitados a la crianza y transitorios, no implicando siquiera una limitación ulterior de los que puedan derivarse del instinto sexual; la constitución de una familia permanente, es una evolución posterior, en la que la protección de los hijos se subordina a exigencias variables de la organización social.

La simple unión de los cónyuges para la fecundación no contiene elemento alguno que pueda mirarse como rudimento de asociación doméstica; sólo es posible hablar de familia cuando la unión adquiere estabilidad para cooperar en la protección de los hijos. La unión sexual puede ser seguida por la unión doméstica, pero ello no es corriente ni necesario en la inmensa mayoría de las especies animales.

La cooperación de los cónyuges en las funciones de protección sólo es posible cuando las madres son monógamas y los padres reconocen la paternidad, circunstancias tan raras en las primitivas sociedades humanas. Sin embargo, su existencia es bien definida en los vertebrados y se acentúa en la clase de los mamíferos cuyas condiciones de reproducción se asemejan a las de la especie humana.

En muchos peces, anfibios y reptiles, los machos suelen empollar los huevos o cuidar los hijos, sin que esto implique siempre una asociación permanente con las hembras. En las aves la asociación es más frecuente. Hay especies que viven en la más absoluta promiscuidad, pero otras son rigurosamente monógamas; cuando los individuos se agrupan en bandadas, practican la promiscuidad y cuando viven dispersos se aparean de manera estable. La monogamia y la familia resultan de las circunstancias y no expresan superioridad alguna, sino inconveniencia de vivir en sociedad. Las aves rapaces que no se abandan, suelen aparearse; en muchas águilas la monogamia es indisoluble, viviendo juntos los cónyuges en el mismo nido toda la vida. Aun en tales casos los sentimientos maternales y domésticos son fugaces. En cuanto los hijos han aprendido a volar o nadar, los padres los abandonan o los echan del nido sin reconocerlos más entre los otros individuos de la misma especie; los sentimientos conyugales suelen no pasar de una simple conveniencia de aprovechar el mismo nido y el calor recíproco. (En términos humanos podría decirse que ninguno de los cónyuges se va por no "dejarle los muebles" al otro).

En los mamíferos, lo mismo que en las aves, cuando por un perfeccionamiento del instinto de conservación se forma el instinto social, la promiscuidad aparece como una consecuencia de ese progreso. Casi todos los mamíferos sociales, la practican; donde hay hordas, rebaños, recuas, tropas, hay promiscuidad. Algunas veces, cuando priva la defensa del grupo, se establece la poligamia y un macho adulto es el jefe de la tropa de hembras e hijos; en los antropomorfos se observan hordas presididas por el macho más fuerte, privando en ellas lo social sobre lo doméstico. Solamente en las especies que carecen de instinto social se observa la unión monogámica de los cónyuges para la protección de los hijos; los carnívoros, como las aves rapaces, suelen vivir en parejas, pero el sentimiento maternal se extingue totalmente al terminar la crianza.

En suma, en las especies animales más próximas al hombre, las circunstancias del medio determinan hábitos variados, sin que exista relación alguna entre ellos y el desenvolvimiento mental; en una misma especie, variando las circunstancias, pueden existir asociaciones promiscuas, polígamas o monógamas. Es seguro, sin embargo, que la monogamia no representa un progreso; la poligamia, en cambio, está más difundida y es un poderoso medio de selección, pues los mejores machos desalojan o matan a los inferiores y pueden servir a numerosas hembras. La selección natural se hace conforme a los mismos procedimientos que el hombre civilizado aplica a la seleción artificial de las especies domésticas, aunque no ha aprendido a realizarla en su propia especie.

Es visible, en fin, que el instinto maternal sigue siendo casi exclusivo de las madres y limitado al período de la crianza; pasado éste, aun cuando los cónyuges vivan en unión permanente, abandonan y desconocen a sus hijos. Hay pues, rudimentos de familia y de instinto doméstico, pero sin los caracteres de estabilidad y de permanencia que tipifican a la verdadera asociación familiar.

Mientras el hombre no adquiere el hábito de vivir en sociedad, su instinto maternal puede estar menos desarrollado que en otros mamíferos ya adaptados a la vida gregaria. Esta circunstancia hiere los sentimientos del hombre civilizado, cuyos prejuicios morales le inducen a mirar el amor maternal y la familia como dos cosas inherentes a la misma esencia humana.

Sabido es que existen seres humanos que no han adquirido el rudimentario instinto social que permite vivir en promiscuidad. Lo mismo que en otras especies de mamíferos, las circunstancias mesológicas pueden obstruir, en la humana, la formación del instinto social; como consecuencia de esa extrema inferioridad, la asociación sexual y maternal se efectúa por el apareo monogámico, como en las aves de rapiña y los mamíferos carniceros. Refieren los etnógrafos que han existido, y existen todavía, seres humanos tan atrasados que, por carecer de instinto social, viven aislados, o en pequeños grupos, y forman parejas más o menos transitorias que abandonan a sus hijos cuando saben caminar y comer. Se comprende que ello sea posible en un medio donde la vida fácil y el clima propicio hacen innecesaria la asociación; y cuando basta coger frutas y dormir al pie de un árbol, el niño que ha terminado su lactancia no necesita educación alguna para adaptarse a condiciones de vida tan rudimentarias [1]. Es indudable que una pareja conyugal puede seguir viviendo unida, aunque abandone a sus hijos; o que los padres se separen antes de nacer el hijo; quedando la madre a cargo de la crianza, por un tiempo apenas más largo que en otros mamíferos. En esos casos no hay familia, sino simplemente instinto maternal.

4. INSTINTO SOCIAL E INSTINTO DOMÉSTICO

La vida en sociedad crea condiciones de existencia favorables a la formación de vínculos más duraderos entre los padres y los hijos; el Instinto Social modifica radicalmente la acción del Instinto Maternal, convirtiéndolo en Instinto Doméstico. La protección de los hijos no se limita a la crianza propiamente dicha; requiere una adaptación de los hijos a las costumbres del medio social, una educación. Para ello es indispensable la convivencia permanente en el hogar, la colaboración de los padres y madres, cuyo resultado es el hábito de la vida doméstica y la formación de sentimientos adecuados a la domesticidad.

En los hombres de pueblos civilizados, que viven en sociedades y protegen su descendencia, coexisten sentimientos derivados del Instinto Social y del Instinto Do-

---

[1] "La familia no existe sino cuando entre los padres y los hijos se crea un vínculo duradero. Los representantes más atrasados de la humanidad no la conocen; tal esos negroides que se cobijan en las selvas del interior de la isla de Borneo, reuniéndose en pequeñas bandas como los monos. Se aparean en los bosques; el macho permanece con la hembra que ha raptado; duermen bajo un árbol, a cuyo pie encienden fuego, suspendiéndose los hijos de una hamaca pendiente de las ramas; desde que el niño puede bastarse a sí mismo sus padres lo abandonan; esos hombres proceden como los otros mamíferos y los pájaros. En esa fase de la evolución encontramos en la raza humana, como en ciertas aves de rapiña, parejas en que el macho y la hembra son inseparables; es el caso de los veddahs que viven en las selvas de la isla de Ceylán, en parejas casi aisladas, y no han llegado todavía al estado social. Los andamenes, un poco más avanzados, no tienen familia ni nada que se le parezca. El hombre y la mujer se separan después de la lactancia del hijo; como los hijos humanos no pueden bastarse a sí mismos durante los primeros años, quedan al lado de su madre un tiempo más largo que los otros mamíferos.

méstico. Esa circunstancia ha planteado a los etnógrafos y sociólogos el problema del origen gregario o doméstico de las sociedades, menos difícil de resolver si se toman en cuenta los datos de la filogenia animal. Se trata, en efecto, de un problema ilegítimo, pues plantea una disyuntiva ficticia. El Instinto Social y el Instinto Doméstico no tienen el mismo origen, no dependen el uno del otro, no son solidarios, se limitan recíprocamente.

La materia viva se caracteriza por funciones primitivas de asimilación que, en la evolución de sus especies, se van diversificando en dos grupos, cada vez mejor diferenciados: las funciones de nutrición, relacionadas con la conservación del individuo, y las de reproducción relacionadas con la conservación de la especie. La fijación, en los descendientes, de los hábitos funcionales de sus progenitores, determina en cada especie la adquisición de tendencias instintivas que constituyen un acervo hereditario común a todos sus individuos; así se forman, paulatinamente, las tendencias de nutrición individual y las tendencias de reproducción específica. En la experiencia filogenética, las de nutrición pueden especializarse en "instinto sexual" e "instinto maternal".

La sociedad puede nacer como asociación defensiva de sus componentes o como asociación protectora de los descendientes, de acuerdo con las condiciones de existencia, distintas en cada tiempo y lugar. La horda y el clan son dos tipos sociales heterogéneos, pero igualmente posibles. El vínculo de la horda es el Instinto Social; el vínculo del clan es el Instinto Doméstico.

Las hordas humanas son agrupaciones simples, no divididas en grupos familiares, análogas a las que se constituyen entre los mamíferos superiores de especies sociales. Desde que se forman sociedades lo normal es la promiscuidad; la costumbre de unirse en parejas transitorias para criar a los hijos desaparece en todas las especies sociales. La promiscuidad es el resultado de un progreso social. Aunque ha desaparecido el apareo monogámico, no hay familia permanente, ni propiedad doméstica. Los individuos de sexo complementario pueden unirse incitados por el instinto sexual, en la medida de sus deseos y de sus preferencias individuales del momento. Muchos pueblos han vivido así en los tiempos históricos, si hemos de creer el testimonio de Herodoto y de Plinio; costumbres análogas se han descrito de muchos pueblos salvajes contemporáneos.

En los climas tropicales, donde la vida es fácil, el sentimiento maternal se extingue con la crianza; los hijos siguen a la horda y son cuidados en común por las mujeres, como una de sus tantas ocupaciones domésticas. La mortalidad infantil es enorme y en tiempos de escasez se practica el infanticidio en masa; tiene gran valor para la selección natural.

El régimen de asociación sexual consiste en la comunidad de las mujeres, el "hetairismo". A pesar de algunas reservas (Spencer, Letourneau, etc.), es legítimo considerar como verosímil que en la comunidad de las mujeres ha comenzado la organización doméstica y que el hetairismo ha precedido al matrimonio (Mac Lennan, Morgan, Bachofen, Lubbock, etc.); siendo la propiedad común a todo grupo social, ningún individuo podía monopolizar en su provecho los servicios de una mujer perteneciente a la comunidad [1]. Ese régimen supone que los hijos, después de la lactancia, eran criados y educados en común por las mujeres de la tribu; el hábito o las preferencias podían, sin embargo, prolongar el instinto maternal y crear vínculos más estrechos en el sentido de la filiación matriarcal; esos rudimentos de un matriarcado tutelar de los hijos menores pudieron más tarde encontrar circunstancias favorables al matriarcado sobre los descendientes adultos.

---

[1] La preexistencia del régimen de la comunidad de mujeres sobre toda otra forma de organización familiar se considera confirmada por ciertos datos etnográficos que revelan la persistencia del derecho de la comunidad sobre la mujer, aun cuando ya las circunstancias han determinado la unión conyugal monoándrica. En ciertos pueblos la mujer pertenece la primera noche a todos los convidados y solamente después la monopoliza su marido. Se considera generalmente que el derecho de pernada y la prostitución sagrada son residuos del mismo derecho de la comunidad, ejercitado por sus representantes más conspicuos; cuando el matrimonio se convirtió en institución religiosa, los sacerdotes usaron de ese derecho en reemplazo de la autoridad civil. En muchos pueblos las niñas tienen que pasar por un período de hetairismo en los templos antes de contraer matrimonio con un marido exclusivo. Subsisten en las clases rurales contemporáneas algunas costumbres que reflejan el primitivo derecho de la comunidad, como la de besar y regodearse todos los hombres con la mujer que después pertenecerá a uno solo.

5. EL GRUPO DOMÉSTICO PRIMITIVO

La promiscuidad no implica todavía la diferenciación de grupos domésticos rudimentarios dentro de la sociedad; la protección de los hijos no presenta los caracteres de una verdadera organización familiar.

En los países poco fértiles y en las épocas de escasez de las subsistencias, la dificultad de vivir produce un aumento de la mortalidad infantil, a la vez que se establece el infanticidio en gran escala; esta práctica ha sido universal y se ha aplicado especialmente a las hijas. Su resultado ha sido la escasez de las mujeres y su resultado natural el régimen de la poliandria, en que varios hombres tienen una mujer común, y cada mujer presta servicios a varios hombres. La poliandria es, en su origen, una forma de promiscuidad limitada a los consanguíneos más próximos, dado que puede coexistir con la poligamia; en ese caso cada mujer es el centro de un hogar cooperativo y cada hombre puede ser cooperador de varios. El hombre de más categoría o edad es el jefe de la familia, y todos los que participan de su mujer se consideran hermanos entre sí; no está excluída la relación entre ascendientes y descendientes, pero se castiga con la muerte el acercamiento de la mujer con un hombre que no sea de la familia. Las prerrogativas de los maridos se acompañan de deberes; todos contribuyen al sostenimiento de su esposa común, es decir, del hogar [1].

[1] La poliandria es un progreso sobre la comunidad de mujeres, y los hijos tienen al principio la filiación maternal; mientras persiste el matriarcado su régimen varía poco. Cuando prevalece el patriarcado y el parentesco masculino, la poliandria se restringe a hombres consanguíneos, padres e hijos, hermanos; el expediente de turnarse los maridos por períodos mensuales, ensayado en varios pueblos, no dio seguridades para atribuir la paternidad. La poliandria fraternal, limitada a los hermanos, fue común en las clases ricas y bastó para asegurarse la legitimidad de los herederos. Una mujer tenía tres o seis maridos, pero todos de la misma familia y generalmente hermanos. Algunas veces todas las hermanas eran esposas de todos los hermanos; en otros casos sólo se casaba el hermano mayor y los menores usaban de su esposa. El régimen era patriarcal y no existía sentimiento alguno comparable a los celos. En las castas privilegiadas la poliandría sólo era lícita dentro de la casta; las transgresiones eran severamente castigadas como un adulterio social. La poliandria fraternal fue muy común; la distensión entre hijos y sobrinos fue muy tardía, y la familia individual surgió lentamente independiente del clan familiar de los consanguíneos. Se formó independientemente por el rapto y la esclavitud de las mujeres ajenas a la tribu.

La poliandria, con ser una asociación doméstica rudimentaria, contiene elementos que preparan la constitución de la familia matriarcal: la propiedad doméstica, la estabilidad de la unión conyugal y la cooperación permanente de los hombres para la crianza de la prole. Estas circunstancias permiten a la madre individualizar su protección por un tiempo cada vez más largo y estrechar sus vínculos afectivos con los hijos, perfeccionando su instinto maternal en el sentido de las tendencias domésticas.

La asociación doméstica nace del instinto maternal y está condicionada por la cooperación permanente de los padres en la crianza de los hijos.

Se concibe que uniones duraderas se produjeran ya en el régimen de la promiscuidad, prolongándose por el incesante sobrevenir de nuevos hijos, aunque éstos fuesen pronto incorporados a la tribu; es innegable que la preferencia por un cónyuge determinado, entre muchos posibles, puede hacer deseable su posesión exclusiva, mientras dure esa preferencia. Pero una verdadera asociación permanente de los padres con sus hijos sólo debió ser posible cuando la tribu promiscua se convirtió en un agregado de grupos poliándricos, cada uno de los cuales tuvo un hogar aparte, es decir, propiedad familiar de la casa, los víveres, las armas, los objetos de uso doméstico.

El primitivo abrigo, ramada, choza, rancho, con todos sus adminículos, se transforma en hogar, propiedad común y permanente de todos los que lo habitan, madre, esposos e hijos; la convivencia engendra sentimientos de cooperación y solidaridad entre los que viven en el mismo *domus*. El hogar es la familia; lo familiar es lo doméstico. Dentro de la propiedad común de la tribu se define así la propiedad colectiva del hogar, donde todo, personas y cosas, pasa a ser propiedad de los componentes del hogar común.

6. CLAN MATRIARCAL Y PROPIEDAD DOMÉSTICA

La organización familiar más simple es el clan de filiación femenina, que establece verdaderas relaciones domésticas entre madres e hijos, posteriores a la crianza.

La filiación maternal es la más espontánea. En las sociedades promiscuas sólo eran posibles las distinciones extrasociales, entre hordas o tribus; desde que aparece una diferenciación intrasocial, por la formación de grupos poliándricos endógamos, la filiación maternal se impone como única posible.

El perfeccionamiento de la estructura social, representado por la división del trabajo, favorece la organización del clan matriarcal, pues la necesidad de proteger a los hijos se intensifica, imponiendo una adaptación más compleja y una más larga educación. Un niño salvaje puede ser abandonado cuando camina y se alimenta; un niño civilizado tiene que aprender a hablar y a trabajar. Esa prolongación de la crianza impediría a la madre tener varios hijos y educarlos, si en la tarea no cooperase el hombre consiguiendo alimentos con su trabajo, o defendiendo el hogar contra los peligros exteriores. Como al grupo social conviene el crecimiento cuantitativo, el agregado doméstico se perfecciona y el Instinto Maternal se va transformando en Instinto Doméstico.

La unión fuera del propio clan, o exogamia, agrega a la filiación maternal la noción del parentesco uterino, que al combinarse con la distinción por sexos y generaciones, va definiendo la estructura del clan familiar, con su parentesco por clases y no por individuos. El clan femenino es un tipo básico; la organización social se inicia como una interdependencia de clanes familiares. Los hombres de un clan pueden ser maridos de las mujeres de los otros clanes; la mujer no pasa al clan del marido; los hijos toman el nombre de la madre y pertenecen a su clan. El padre es poco más que un intruso; los cónyuges no hacen toldo aparte; las hijas heredan la propiedad doméstica y los varones sólo tienen derecho a la subsistencia. Los hombres trabajan para la casa de su madre y hermanas, en vez de hacerlo para la de su esposa e hijas; ello no significa desamparo, pues todos hacen lo mismo. Pertenece a la mujer la choza y todo lo que ella contiene, el hogar, la propiedad familiar, transmisible hereditariamente por vía femenina, a la hija mayor o a la pariente más próxima. Los grupos consanguíneos que se diferencian en la tribu conservan la filiación femenina.

En rigor, la familia es todavía imperfecta, pues consiste en un clan compuesto de personas consanguíneas que viven en un mismo hogar, vinculadas por la filiación femenina. El hombre no es un cooperador en la crianza de sus hijos, sino en la de sus sobrinos. Su rango en el hogar de su madre y hermanas es el de un hijo, sin funciones sexuales; en el hogar de su esposa es un servidor sexual, sin autoridad de padre. Aunque esta situación choque con nuestras ideas actuales, cabe reconocer que es la más legítima dentro de la familia primitiva; las funciones de la madre son infinitamente más importantes en la gestación y crianza de los hijos; el padre es un simple portador de gérmenes, que la mujer capacita para vivir.

La división de la tribu en clanes domésticos trae como resultado la formación de la propiedad familiar dentro de la propiedad de la tribu; su primera consecuencia es la posesión y el usufructo exclusivo, por los miembros del clan, de todo lo que constituye el hogar: la casa, los víveres, los instrumentos de trabajo, las armas, los elementos ornamentales, etcétera. Esa propiedad familiar es indispensable para asegurar la crianza de los hijos; su existencia es la causa principal de estabilidad del agregado doméstico, pues a todos sus componentes les interesa seguir usufructuando los medios de existencia acumulados por el esfuerzo colectivo de una o más generaciones.

7. LA FAMILIA MATERNAL

En el clan doméstico la organización familiar es imperfecta; el instinto maternal se ha prolongado en instinto familiar, pero la cooperación del padre en la protección de sus hijos no está individualizada, porque la filiación paternal no existe.

La poliandria endogámica había representado un progreso sobre la comunidad de mujeres; pero mayor lo representaron la poliandria exogámica y la formación del clan maternal exogámico, destinados a perfeccionarse en la familia matriarcal propiamente dicha, caracterizada por la propiedad doméstica femenina y la sustitución del parentesco individual femenino al primitivo parentesco por clases.

La familia matriarcal es un perfeccionamiento impuesto por el desarrollo del agregado social. Disminuyendo en una sociedad muy vasta la cooperación y solidaridad entre los miembros del clan, fue natural que el vago parentesco por clases, fuera sustituido por el parentesco individual; cuando no hubo ventaja en ser parientes todos los individuos de la tribu, el parentesco se restringió a los consanguíneos directos e inmediatos. El desarrollo excesivo del grupo social impuso la restricción del grupo doméstico, limitando con exactitud los descendientes beneficiados por la protección familiar. Lo doméstico se definió como una limitación dentro de lo social.

No parece imposible que la familia maternal originariamente poliándrica, haya evolucionado hacia la monoandria, limitando a uno solo el número de los maridos; es un punto no bien aclarado por los etnógrafos especialistas. La constitución de la propiedad privada femenina, aunque limitada al hogar y sus enseres, pudo muy bien traer la unión permanente y exclusiva de una pareja para criar a sus hijos, bajo la tutoría común de la mujer. Sería una forma de matrimonio individual, surgida del matriarcado, por evolución de la poliandria a la monoandria, análoga a la que en fases posteriores surgió por evolución de la poliginia a la monoginia [1].

En cualquier caso, la familia matriarcal importa un aumento de la estabilidad iniciada en la poliandria y en el clan matriarcal, pues la propiedad doméstica se individualiza progresivamente. Aun cuando el sentimiento de preferencia electiva hubiese influido en la unión de los cónyuges, la propiedad crea vínculos de sujeción al hogar común, que persisten cuando decaen o desaparecen los sentimientos recíprocos. La domesticidad se convierte en un cautiverio forzoso. Cada cónyuge queda atado al otro por la copropiedad del hogar, aunque ya no sienta el amor que decidió la unión. La estabilidad doméstica, aunque útil para la protección de la prole, tórnase cada vez más contraria a la selección sexual, en cuanto se opone a la sustitución de un cónyuge inferior por otro más eugénico.

La situación preeminente de la mujer en la familia maternal se limitó, por lo común, al hogar; si algún primado

---

[1] Los etnógrafos encaran el problema de la poligamia como un privilegio de los hombres, como poliginia; el caso es exactamente el mismo si se lo encara como un privilegio de las mujeres, como poliandria. Esta unilateralidad podría atribuirse a que los tiempos históricos son ya, por lo menos jurídicamente, patriarcales en casi todos los pueblos civilizados; los etnógrafos han estudiado el pasado en función del presente.

transitorio tuvo en la sociedad, fue decreciendo a medida que la tribu fue convirtiéndose en nación. El desarrollo del trabajo y de la guerra crearon condiciones nuevas de existencia; la importancia del hombre se acentuó, preparando el reemplazo de la propiedad femenina por la masculina, de la familia matriarcal por la patriarcal y la institución de la filiación masculina [1].

Esa evolución ha sido gradual y no simultánea en el mundo; pero, a la larga, la hegemonía masculina predominó en todo el orden político, civil y jurídico, generalizándose la familia patriarcal y la esclavitud de la mujer en el hogar, propiedad del hombre.

8. LIMITACIONES DEL AMOR POR LA FAMILIA

El Instinto Sexual y el Instinto Maternal son perfeccionamiento útiles que tienen su origen común en las funciones de reproducción. El sexual sirve para asegurar la fecundación de los gérmenes incompletos, actúa aproximando los individuos de sexo complementario y llena ampliamente su objetivo cuando hay exceso de prolificidad. El maternal sirve para favorecer el desarrollo de los gérmenes integrales, impone la protección de la prole y se torna indispensable cuando la prolificidad es limitada por el aumento de la individuación. La acción selectiva del Instinto Sexual es modificada por la del Instinto Maternal, cuando las condiciones de existencia imponen la cooperación permanente de los reproductores para la protección de los hijos.

La convivencia de los cónyuges en un hogar común desenvuelve hábitos adecuados a la domesticidad, que se van perfeccionando en los descendientes hasta ser adquiridos por la especie como resultado de la selección natural. *El Instinto Doméstico es el conjunto de hábitos sistematizados*

---

[1] El sistema de la filiación uterina y de la familia maternal han durado en los países civilizados hasta los tiempos históricos y persiste en gran parte del mundo. Sus rastros en las costumbres y en el lenguaje son inmensos, pues la organización del parentesco familiar se había hecho bajo su dominio. Aun cuando la evolución patriarcal está ya avanzada, reina exclusiva, persisten muchas costumbres matriarcales, más acentuadas en los pueblos, regiones y clases sociales inferiores, en que el derecho familiar es todavía más usual que jurídico.

hereditariamente en una especie para que sus individuos se adapten eficazmente a las condiciones de vida familiar más adecuadas a la protección de los hijos. En la experiencia individual la vida familiar favorece la transformación del sentimiento maternal en sentimiento doméstico, extendiéndolo a ambos sexos y a todos los consanguíneos que se crían en un hogar común. Es un sentimiento de cooperación y solidaridad en la lucha por la existencia.

El predominio del Instinto Doméstico sobre el Instinto Sexual se acentúa a medida que se estabiliza la organización de la familia. *La adaptación de los individuos a la vida doméstica modifica los resultados de la selección sexual; la Selección Doméstica depende del éxito de los cónyuges mejor adaptados a las condiciones de existencia propias de la vida familiar.* La unión transitoria de los cónyuges para la fecundación queda subordinada a la cooperación permanente para la crianza; las cualidades de criadores se tornan más importantes que las de reproductores. La selección doméstica altera las condiciones de la selección sexual y produce resultados diferentes.

En todas las especies, cuando las condiciones de existencia imponen la vida en grupos sociales, la forma normal de relación entre los sexos es la promiscuidad; la humanidad primitiva no hace excepción a esa regla. La protección de los hijos es beneficiada por la cooperación del grupo social, compartiendo todos los hombres la defensa y la educación de la prole común, al terminar la crianza propiamente maternal.

Suprimiendo el combate por la conquista de las hembras, la promiscuidad atenúa dentro del grupo social la lucha por la reproducción y reduce los beneficios de la selección sexual instintiva. Se comprende, sin embargo, que sigan teniendo más probabilidades de reproducirse y de transmitir sus caracteres los hombres más viriles y las mujeres más robustas, dado que la virilidad y la robustez suelen expresar mayor temperamento y suficiencia para la actividad sexual; los débiles y los exhaustos no pueden desear mucho ni ser muy deseados, especialmente en un medio social donde el deseo no tiene el estímulo de la prohibición.

En cambio, la promiscuidad aumenta la acción de otros factores selectivos que determinan el triunfo de los reproductores más adecuados; la supresión del combate entre los machos que es reemplazada ventajosamente por la seducción en los dos sexos, manteniendo la selección sexual consciente. Más que en las otras especies sociales, se manifiesta en la humana la preferencia individual por determinados cónyuges. La juventud, la destreza, la fuerza, la armonía de las formas, la emotividad, el momento favorable, son condiciones capaces de provocar deseos preferentes por determinado hombre o mujer, y de incitar a seducirlo para que comparta esos deseos y acceda a satisfacerlos en común. Se comprende que los ejemplares más robustos y eróticos sean objeto de preferencias más frecuentes y tengan más probabilidades de reproducirse, sin necesidad de que se monopolicen recíprocamente a perpetuidad.

Esas preferencias importan sentimientos de amor, más o menos transitorios, generalmente fugaces, pocas veces duraderos. No existiendo hogares individuales ni propiedad privada, las mujeres del grupo son de todos los hombres y no se conciben los celos ni la infidelidad. Es natural que exista emulación por seducir a los cónyuges más deseables y se comprende que la envidia pueda afectar a los menos preferidos; pero ninguna persona ilustrada ignora las diferencias que existen entre los celos y esos sentimientos, aunque el vulgo pueda confundirlos.

No mediando nuevos factores domésticos o sociales, la selección sexual en la promiscuidad varía en función de las subsistencias, pues de éstas depende el erotismo de los hombres, la prolificidad de las madres y la vitalidad de la prole.

En condiciones normales la primavera es la fiesta de la época de las fiestas y de los amores en todos los pueblos primitivos; la costumbre rige todavía en muchas tribus salvajes contemporáneas. Fuera de esa época y de esas fiestas decae la actividad erótica en la mayoría de los individuos, persistiendo solamente en los que tienen mayor vitalidad. Para estos últimos, aumentan las probabilidades de reproducirse, con beneficio evidente para la selección sexual de la tribu; entre ellos se desarrolla la seducción y predominan los caracteres más favorables para la especie.

La actividad erótica puede ser acentuada, en algunos individuos, por el temperamento. El deseo de seducir puede ser tan intenso, que llegue a privar sobre el sentimiento maternal; en todos los tiempos han existido mujeres que practicaron el infanticidio para evitar que la crianza destruyera las formas juveniles que son la belleza del cuerpo y lo hacen apetecible. En esos casos de desequilibrio entre el amor y la maternidad, se efectúa una selección artificial contraria a la selección natural [1].

Las tribus primitivas suelen compensar la escasez de subsistencias con el infanticidio de las hijas, costumbre casi universal; su consecuencia es una limitación de las relaciones sexuales y un perfeccionamiento de las costumbres domésticas. En la familia poliándrica, surgida de la promiscuidad, varios hombres forman un hogar común con una sola mujer. Esta restricción determina la propiedad colectiva del hogar y limita el usufructo de la mujer a los condóminos.

En la constitución de una familia poliándrica persiste la selección sexual. La escasez de mujeres aumenta su derecho a elegir los cónyuges. Las mejores prefieren para su hogar los hombres más excelentes, aunque en el criterio relativo pueden ya intervenir juicios domésticos y económicos: es natural que en cada grupo familiar tuvieran más probabilidades de reproducirse los machos mejores, aumentando la selección de los hombres.

La selección de las mujeres se atenúa, pero no desaparece. Ningún hombre de primera calidad preferiría ser cooperador de una mujer muy inferior. Pero ya existen factores domésticos y económicos que modifican la selección sexual; en la poliandria la mujer es una sirviente del hogar común y un ama de los hijos comunes, más bien que un instrumento de voluptuosidad colectiva.

---

[1] Es fácil comprender que no hay celos en la promiscuidad. Cuando las condiciones de existencia determinan la asociación en la lucha por la vida, formándose grupos sociales, el interés del grupo sustituye al interés de los individuos. Los que se asocian en una horda o tribu, renuncian a su exigua propiedad individual, para beneficiarse participando de la propiedad colectiva; se concibe que las mujeres pasarán a ser comunes como el abrigo y los víveres, pues esa comunidad representa un beneficio para la protección de los hijos, que si antes erraban hasta cierta edad detrás de su madre, ahora cuentan con la protección conjunta y permanente de todos los adultos de la horda. La promiscuidad es el primer paso hacia la vida familiar, en cuanto ésta significa cooperación de los hombres en la protección de la prole.

Darwin opina que la poliandria precede y determina la promiscuidad; en ese caso, durante el régimen poliándrico, se iniciaría la extinción de los celos. La opinión de Darwin no parece muy sostenible; ha sido formulada por razones biológicas de carácter general, pero sin tener en cuenta la influencia de la vida en sociedad sobre la formación de los grupos domésticos. Se trata, desde luego, de cuestiones en que toda opinión tiene un carácter puramente conjetural, inaccesible a la prueba.

El amor puede intervenir en la formación de un grupo poliándrico, pero las condiciones de la convivencia misma concurren para hacerlo desaparecer, sustituyéndolo por el sentimiento doméstico. Se concibe que la mujer desee más a alguno de sus maridos y que alguno de éstos sienta por ella más intensos deseos; pero es lógico suponer que después de la maternidad y de la crianza han de atenuarse los sentimientos eróticos, que en la domesticidad pierden el estímulo de lo prohibido.

La limitación del amor en el grupo poliándrico no depende de la falta de libertad para elegir cónyuges, sino de la dificultad de cambiarlos después de haberlos elegido. El derecho de amar queda limitado, en la mujer, a sus tres o seis maridos; para el hombre se reduce a una sola mujer, que no le es exclusiva. Esa pérdida de la libertad sexual, a todas luces nociva para la selección de los individuos, es favorable a la protección de la prole, pues da estabilidad al hogar en que la madre efectúa la crianza. El sentimiento de la propiedad doméstica sustituye gradualmente al amor, haciendo forzosa la convivencia entre los cónyuges cuando ya no se aman ni se desean; es difícil cambiar de familia cuando se tiene participación en una propiedad doméstica indivisible, pues ningún marido podría llevarse parte de su hogar, ni la mujer podría despojarlos a todos. El grupo familiar, desde que se organiza, tiene el carácter de una servidumbre para los cónyuges; formado acaso por el amor, lo reemplaza a poco andar la domesticidad, que es sacrificio continuado de los padres en beneficio de los hijos.

El problema de los celos en la poliandria se plantea en la medida misma en que se define la existencia de una propiedad doméstica. El grupo familiar tiene desde su origen un carácter contractual; contrato significa derechos y obligaciones. Todos los maridos tienen propiedad sobre la mujer, como ésta la tiene sobre todos sus maridos. El derecho de amar no puede salir de esos límites, pero dentro de ellos no se conciben celos, aunque haya preferencias. Desde el punto de vista afectivo, la situación es equivalente a la que encontraremos en la poligamia; se concibe que cada marido mire como una felicidad la incorporación de otro a la familia, pues eso atenúa la carga de sus obligaciones domésticas. Entre muchos es más fácil satisfacer las necesidades del hogar.

En cambio, los celos existen con relación a los individuos ajenos a la familia; si un extraño usa de un bien que no le pertenece, comete el delito de robo en perjuicio de todos los maridos. Las sanciones contra la infidelidad de la mujer han sido gravísimas en todas las sociedades poliándricas; ha sido frecuentemente la pena de muerte, aplicada por los interesados. Los celos no nacen del amor, sino del sentimiento de la propiedad. El adulterio, en cambio, se presenta como una rebelión del derecho de amar oprimido en la domesticidad familiar; y tanto más poderoso es el amor de la adúltera cuanto mayores son los riesgos a que se expone para satisfacerlo. El amor que se agosta en la vida doméstica, lucha por renacer fuera del hogar.

La formación de grupos familiares poliándricos prepara la organización social de la tribu como una interdependencia de clanes consanguíneos de parentesco femenino. Lo maternal predomina sobre lo sexual; la protección de los hijos se torna más indispensable y la educación es más larga cuanto mayor es el desenvolvimiento social. Los criadores tienen más probabilidades de éxito que los reproductores; la selección doméstica desplaza progresivamente a la selección sexual.

Las conveniencias del clan familiar determinan nuevas limitaciones del amor. El interés del grupo condiciona las preferencias de los individuos. El amor puede persistir, pero ya es una complicación inútil e indeseable que perturba el orden interfamiliar; lo que sirve para el bienestar de las familias es la domesticidad individual, factor de disciplina que asegura la paz y la prosperidad en los hogares.

La restricción del derecho de elegir cónyuge se manifiesta por el desarrollo de la tutela maternal y social sobre los hijos de ambos sexos en todo lo que se relaciona con la formación de nuevas familias; la unión de los hijos es un asunto privativo de las madres que presiden los clanes respectivos y sólo tiene en vista la conveniencia de éstos. No es imposible que, dentro de esas condiciones, se tengan en cuenta también las preferencias individuales de los futuros cónyuges, dejando un pequeño margen para el amor en la selección doméstica. La importancia de ese margen es menos apreciable en un medio social, donde la mujer es más estimada para el servicio doméstico que para el regocijo erótico [1].

---

[1] Lafitau refiere que "los novios pieles rojas no se toman siquiera la molestia de ir a ver a la mujer que sus padres eligen para ellos". La noción del parentesco no implica limitaciones mo-

La elección de cónyuges, convertida en función de las madres, esta socialmente limitada dentro y fuera de la tribu; nadie puede casarse en su propio clan, el número de mujeres que un clan destina a otro está limitado, las mujeres quedan en su clan y no forman hogar con su marido, los hombres siguen perteneciendo al hogar de sus madres. Todo está previsto y arreglado con prudencia, teniendo en vista la prosperidad particular de cada clan y la general de la tribu. La elección individual de cónyuge, por los mismos interesados, podría ser un acto de funesta indisciplina; el amor tomaría los caracteres de un sentimiento antisocial y un enamorado sería un sujeto socialmente indeseable.

La selección sexual puede seguir realizándose en límites restringidos. Se comprende que los mejores cónyuges sean preferidos por las madres para sus hijos. Pero en esa selección, dirigida a constituir las nuevas familias según las conveniencias de las ya existentes, los valores sexuales están ya sustituidos por los valores domésticos.

El amor, si llega a manifestarse en individuo de temperamento erótico, se traducirá por la seducción de cónyuges socialmente vedados; sus efectos serán delictuosos cuando importen sustraer una hija a su madre o una esposa a su marido. Parece verosímil que la fidelidad de los hombres fuera controlada más rigurosamente que la de las mujeres, dada la preeminencia de éstas en la vida doméstica; pero la fidelidad tendría un significado económico más bien que erótico, lo mismo que los celos.

El predominio de las funciones maternales y de la protección de los hijos determina la primacía de la mujer en el hogar doméstico. El hombre vive como productor en la servidumbre familiar, de la que no podrá salir mientras las condiciones de existencia de la tribu no le asignen un papel social preponderante como guerrero.

Mientras esa evolución no se produce, dentro del clan femenino se consolida la familia maternal; no está excluido que esa familia llegue a ser individual y monogámica, implicando la asociación definitiva entre los cónyuges y sus hijos, tan rigurosa como en la monogamia paternal.

rales para la unión sexual, transitoria o permanente. "Se unen sin el menor escrúpulo con una madre y su hija; tienen relaciones con su propia madre, su hermano o su hija", con inocente naturalidad.

Transformando el clan matriarcal en familia maternal, el amor puede conservar un papel para decidir la unión doméstica. Hombres y mujeres pueden elegirse, de acuerdo con sus preferencias; la seducción reinaría por la desaparición del combate. Pero es evidente que el criterio de elección estaría ya viciado por consideraciones de otro orden, quedando el sentimiento de amor envuelto en el de domesticidad.

Aun cuando el amor hubiese influido en la elección de los cónyuges, la propiedad doméstica crea vínculos de sujeción al hogar común, que persisten cuando decaen o desaparecen las preferencias y sentimientos recíprocos. La domesticidad se convierte en un cautiverio forzoso. Cada cónyuge queda atado al otro por la copropiedad del hogar, aunque ya no se sienta el amor que decidió la unión. La estabilidad doméstica en la familia individual femenina tórnase cada vez más contraria a la selección sexual, en cuanto se opone a la sustitución de un cónyuge considerado inferior por otro que se desea como más eugénico. El matrimonio individual se torna indisoluble por la acentuación de la propiedad doméstica.

La infidelidad aparece como un atentado contra la propiedad del cónyuge. Los celos son posibles como manifestación del sentimiento de propiedad. El adulterio es castigado como un robo. Esa moral social converge a impedir que el amor, desalojado del hogar por la domesticidad, pueda renacer fuera de la familia.

Justo es considerar que la sustitución del amor por la domesticidad, además de ser útil para los hijos, en cuyo beneficio se ha organizado la familia, suele ofrecer compensaciones afectivas a los cónyuges. Es indudable que los sentimientos domésticos pueden llenar de encanto la vida familiar, pues ofrecen a los padres innumerables emociones de carácter recreativo, por la natural alegría de los niños, por su credulidad, por su obediencia. Existe toda una literatura destinada a exaltar las delicias de la vida familiar; aunque a veces tiende a engañar deliberadamente a los incautos, ocultando los sacrificios y renunciamientos que ella impone a los cónyuges, expresa estados sentimentales que la educación social ha hecho comunes en los hombres civilizados. La solidaridad en ciertos goces que acompañan a la crianza y la educación puede constituir una fuente de felicidad más duradera que el amor mismo, a punto de reemplazarlo con creces en los cónyuges que se aclimatan a las condiciones de vida doméstica.

Cuando las condiciones de existencia hacen necesaria la asociación permanente de los padres con los hijos en un hogar común, los resultados de la lucha por la reproducción se modifican y la selección sexual es reemplazada por la elección doméstica. Los individuos adecuados para la vida familiar prevalecen, asegurando más eficazmente la protección de sus descendientes.

La constitución de un grupo familiar importa siempre una limitación presente y futura del derecho a amar; a medida que la familia perfecciona su estabilidad, se acentúa en la selección de los cónyuges el predominio de las conveniencias domésticas sobre las sexuales. Aun cuando el amor influya en la elección conyugal, la prosperidad de la familia no depende de la persistencia del amor sino del incremento de la domesticidad; la asociación familiar no tiene por objeto asegurar a los cónyuges el placer de amarse hasta la muerte, sino imponerles el sacrificio de proteger al hijo engendrado al amarse.

El amor y la domesticidad son sentimientos surgidos de instintos diversos; el Sexual y el Maternal. El amor carece de contenido familiar y la domesticidad carece de contenido erótico. Ambos sirven a las funciones de reproducción de la especie; pero por caminos distintos. Pueden coexistir, pues no se excluyen; pero su coexistencia no es forzosa, pues no son complementarios. Recuérdese la definición precedente; *el amor es un sentimiento de preferencia individual que un ser humano siente por otro determinado del sexo complementario, para satisfacer las tendencias instintivas relacionadas con la reproducción de la especie.* Fácil es advertir en qué difiere de la siguiente: *la domesticidad es un sentimiento de cooperación solidaria que sienten los individuos, sin distinción de sexo, al satisfacer en un mismo hogar las tendencias relacionadas con la protección de sus descendientes.*

La existencia de un hogar permanente, bajo la primacía de la mujer, desenvuelve la propiedad doméstica e introduce en la familia un elemento económico, favorable a la protección de los hijos pero restrictivo de la libertad sexual de los padres. El perfeccionamiento de la familia, representado por su creciente estabilidad, implica una subordinación progresiva del Institnto Sexual al Instinto Doméstico. Los sentimientos que el hombre adquiere en función de sus tendencias instintivas, varían radicalmente de valor; a medida que él se adapta a la vida familiar, disminuyen los resultados del amor y aumentan los de la domesticidad. La selección sexual, útil para el mejoramiento general de la especie, es limitada por la selección doméstica, benéfica para la prosperidad particular del grupo social.

CAPÍTULO II
EL MATRIMONIO

1. La primacía social del hombre. - 2. La apropiación privada de las mujeres. - 3. El matrimonio poligámico. - 4. El matrimonio monogámico. - 5. Imperfección del matrimonio monogámico. - Conclusión. Eliminación del amor por el matrimonio.

1. LA PRIMACÍA SOCIAL DEL HOMBRE

Una sociedad implica relaciones internas y externas que varían incesantemente en función de sus condiciones de existencia. Mientras esos nexos son simples, la conservación del agregado social depende principalmente de las funciones de reproducción, servidas por los instintos sexual y maternal; la complicación de esos nexos determina el predominio de los instintos de conservación y social, desenvueltos para servir las funciones de nutrición.

Las relaciones familiares o domésticas, desarrolladas sobre el instinto maternal para servir a la protección de la descendencia, varían en función de las condiciones de existencia del agregado. Cuando lo social adquiere importancia, el instinto de conservación predomina en la familia sobre el instinto maternal: al primado de la mujer, sucede el del hombre; a la hegemonía matriarcal, la patriarcal.

Esa profunda revolución, acaso la más importante y universal de las ocurridas en las sociedades humanas, fue el resultado de progresos económicos y políticos, en el orden interno (organización militar para la defensa), que determinaron la preeminencia social del hombre. La hegemonía de la mujer sobre la prole y en el hogar, constante en las sociedades promiscuas, poliándricas y matriarcales, fue turbada en mayor o menor grado por la esclavitud de mujeres extrañas a la tribu, desde que la guerra extendió la práctica de la captura exogámica. El matrimonio individual nació como simple rapto de una mujer para el uso doméstico privado; la esposa fue originariamente una cautiva, de propiedad del raptor; su condición en la familia fue la esclavitud.

La importancia social de esa inversión del rango de los hombres y de las mujeres no ha sido apreciada por los historiadores, que han escrito en pleno reinado de la tiranía patriarcal y bajo la influencia de las ideas hechas, mirando como natural y eterno el patriarcado; los estudios etnográficos y sociológicos del último siglo han permitido establecer lo contrario. La constitución de la familia paternal, en reemplazo de la maternal, es la historia de la esclavitud de las mujeres; esclavitud arraigada primero en las costumbres, justificada después por las religiones y consolidada al fin por las leyes.

La revolución patriarcal presenta doquiera algunos rasgos característicos y uniformes; sustitución de la propiedad doméstica femenina por la propiedad individual masculina, esclavitud de la mujer en el hogar del hombre, monopolio del marido sobre la vida sexual de la esposa, sustitución de la filiación maternal por la paternal y régimen de privilegio hereditario por la línea masculina.

Tan radical subversión de las relaciones familiares fue la consecuencia de múltiples causas, internas y externas, que alteraron el valor relativo del hombre y de la mujer dentro del agregado social, determinando al fin la primacía del primero.

Las causas internas son varias. En las sociedades compuestas de grupos matriarcales se establece la propiedad doméstica extendida a la casa, los enseres y los víveres indispensables para la crianza de los hijos, bajo la tutela maternal; los hombres son sirvientes y proveedores de las mujeres, equilibrándose la división del trabajo. Cuando mejoran las condiciones de existencia y es mayor la productividad, aparece para el hombre la posibilidad de ser propietario exclusivo del hogar, lo que realiza capturando una mujer fuera de la tribu y constituyendo con su esclava una familia. Al mismo tiempo las condiciones de protección de la prole se modifican, tornándose el adiestramiento tan esencial como la lactancia; los hijos no son ya animales a quienes les basta caminar y comer, sino productores que deben trabajar en su sociedad, circunstancia que aumenta el valor del hombre en la cooperación doméstica, reservándole el aprendizaje de los hijos varones. El establecimiento de la propiedad individual torna más conveniente la filiación paternal para la protección de los hijos, a los efectos de transferirles los bienes, el rango y la influencia; ello, a su vez, exige el monopolio exclusivo del marido sobre la maternidad de la mujer.

No menos definidas son las causas externas que concurren a la primacía del hombre. En los pueblos primitivos las relaciones domésticas son más importantes que las intersociales; la división en clanes consanguíneos, la familia matriarcal, el parentesco por clases corresponden a sociedades de estructura económica primitiva. Pueblos pastores, cazadores, pescadores, poco industriosos, viven de la naturaleza y al día, sin acumular reservas que tienten la rapacidad de otras tribus; las guerras no se conciben donde no hay nada que robar. Pero el desarrollo de la agricultura, el pastoreo, la industria, crean relaciones económicas entre las tribus y los clanes; la producción y circulación de las riquezas desborda los límites de la acumulación doméstica; las poblaciones más densas se urbanizan y aparece la vida política; el hombre, que se ocupa del comercio y de la guerra, hace propios los intereses domésticos y acaba por representar al hogar ante la sociedad. Todo ello se suma para que la familia y la filiación paternal se vayan sustituyendo a la maternal, inadecuada ya a esas nuevas condiciones de existencia.

Los resultados de la hegemonía patriarcal son fundamentales para la organización de la familia, cuya finalidad básica no es mantener en tensión el sentimiento de amor que pudo estimular la unión de los cónyuges, sino desenvolver el sentimiento de solidaridad doméstica favorable a la protección de los hijos.

A medida que en el agregado social se organizan las relaciones políticas y económicas —el Estado y la Propiedad— la transmisión del rango y de los bienes del padre adquiere una importancia cardinal para la protección de los hijos; a su lado resultan socialmente secundarias las tareas de la crianza, en que la madre puede ser reemplazada por otras mujeres, esclavas o mercenarias.

El Instinto Maternal y el sentimiento doméstico quedan subordinados al Instinto Social y al sentimiento de propiedad. La familia patriarcal, en sus orígenes, implica la propiedad del hombre sobre las madres y los hijos; le pertenecen tan estrictamente como sus ganados o sus mieses. El matrimonio se presenta como la forma brutal, comercial, consensual, religiosa o legal de adquirir la propiedad de las madres y de asegurar la transmisión del rango y los bienes a los propios hijos.

2. LA APROPIACIÓN PRIVADA DE LAS MUJERES

El matrimonio individual y la familia paternal tiene su origen en el rapto exogámico, o captura de mujeres de otras tribus, con el objeto de utilizarlas para todos los servicios domésticos. La reducción de cautivas a la esclavitud fue el único origen histórico del matrimonio cuando las circunstancias permitieron al hombre poseer mujeres de su exclusiva propiedad, formando con ellas un hogar privado.

Del botín de la guerra nacieron simultáneamente la propiedad privada y el matrimonio individual; la captura y la exogamia son costumbres casi universales y en todas partes el matrimonio aparece como un caso particular de la esclavitud. Desde que la guerra permitió la apropiación privada de los objetos y personas robados, fue natural que la primera forma de esclavitud fuera la posesión exclusiva de una mujer para el servicio del hombre; una cautiva era un objeto de uso personal y su esclavitud era compatible con el régimen de la comunidad de las mujeres. Entre otras explicaciones del rapto exogámico, es común la que ve en él un medio de compensar la escasez de mujeres; en el régimen de comunidad los viejos las acaparan y los jóvenes tienen que robar las de otras tribus.

La difusión extrema de esta práctica, y su uso prolongado, trajo como consecuencia que la tribu o clan de la raptada aceptara el hecho, convirtiéndolo en una institución regular; la familia paternal reemplazó al usufructo común de las mujeres propias por el monopolio individual de cautivas extranjeras.

Mientras coexisten el hetairismo endógamo y el matrimonio exógamo, las mujeres de la comunidad son libres y dueñas, pero las casadas —estrictamente: casadas— son esclavas y sirvientes. La superioridad social y moral de las hetairas sobre las casadas, nada tiene de particular; las libres eran mujeres compatriotas y parientes, mientras que las casadas eran esclavas extranjeras. En todos los tiempos, y hasta en nuestros días, ha habido pueblos en que las cortesanas eran muy consideradas y respetadas, a la vez que se execraba a las esposas infieles; se presumía que las primeras eran personas libres que disponían de lo propio, mientras las segundas eran esclavas que robaban la propiedad de su amo. La esclavitud de la mujer casada no se atenuó hasta la adopción del matrimonio endógamo; este último invirtió los roles, tomando la esposa un rango preferido entre las concubinas y reclutándose las cortesanas entre las esclavas.

La práctica de la exogamia estableció la creencias de que no podía contraerse matrimonio con mujeres de la propia tribu; y se comprende que éstas la exigieran, pues si los hombres querían tener esclavas era mejor que cautivaran mujeres extrañas. Muchas causas biológicas hicieron privar el matrimonio exógamo sobre la comunidad de mujeres; pero, sobre todas, la superioridad de los hijos cruzados, que toda mujer debió preferir si pudo tener marido y formar hogar propio con un hombre de otra tribu. La idea de la exogamia llegó a ser coercitiva en muchos pueblos, siendo muy comunes y rigurosas las leyes que la imponen. En la exogamia persistió el primitivo parentesco femenino, creando vínculos entre sociedades vecinas, verdaderas federaciones de clanes, naciones.

El matrimonio por compra representó, al generalizarse, un gran progreso social; implicó el reconocimiento del derecho de propiedad sobre las mujeres, mejoró su condición de esclavas en la familia e introdujo en el matrimonio el elemento contractual. Consentidas las consecuencias del rapto, por la tribu o la familia de la mujer, resultó más adecuado al interés de las partes contratantes establecer amistosamente las condiciones en que los padres consentían en transferir a los compradores la propiedad de sus hijas. La superioridad moral y social de esta transacción sobre el rapto primitivo es evidente. Presupone la idea de que el padre es propietario de las personas que componen la familia; los hijos le pertenecen por las mismas razones que los animales domésticos y al vender una hija supone que vale, por lo menos, lo que el trabajo de criarla [1]. En algunos

---

[1] "El matrimonio por compra no parece diferir mucho, a primera vista, del matrimonio por captura. Es un procedimiento más dulce, más pacífico; en vez de tomar una mujer por la fuerza, lo que puede acarrear conflictos, guerras, venganzas, se indemniza al poseedor, comprándola. Esta transacción implica una civilización avanzada, un derecho de propiedad; implica, sobre todo, casi necesariamente, la organización familiar, pues la compra se hace

pueblos las rematan, adjudicándolas al mejor postor; en otros las cambian por cabezas de ganado, armas, regalos, mercaderías, que son su precio en especies. En muy pocos pueblos se espera el consentimiento de la interesada, que no pasa de mera fórmula cuando ya han consentido sus padres. En general, tratándose de una esclava comprada "para todo servicio", inclusive el sexual, el comprador puede abandonarla en cualquier momento y en algunos casos al devolverla reclama una parte del precio pagado; el padre, en cambio, puede venderla de nuevo, aunque generalmente con rebaja. En casi todos los pueblos ha sido común despreciar a la mujer que no le ha costado nada a su marido. Ha sido frecuente comprometer la venta de las hijas desde la infancia. En muchos casos el hombre paga el precio de su mujer con su trabajo personal, quedando por algún tiempo al servicio de sus futuros suegros.

El matrimonio por compra, primitivamente exógamo, se extendió a la endogamia por el incremento mismo de los grupos sociales, reduciéndose el parentesco de clase al individual [1].

---

a los parientes; es necesario, pues, que reconozca el derecho de los parientes sobre los hijos, que exista una familia definida y organizada. Ahora bien, esto es el signo de un estado social relativamente avanzado. Eso puede parecernos sorprendente, pues es demasiado contrario a nuestras ideas el despreciar tan completamente las simpatías que puede sentir la mujer. Pero la omnipotencia de la familia, del jefe de la familia, que los europeos modernos han atacado y batido en nombre del progreso, representó al establecerse un progreso franco sobre el estado anterior". Las mujeres eran esclavas. "Los niños, más débiles que las mujeres, están todavía más subordinados, particularmente las niñas. El padre usa de su derecho al venderlas, transfiriendo su poder a un marido, cuando ellas son núbiles, y aún antes. El matrimonio por compra está sumamente extendido; se lo encuentra en todas las grandes divisiones de la especie humana."

[1] La endogamia, o matrimonio dentro de la tribu, ha contribuido a confundir la noción de tribu con la de la familia, en el sentido actual de esta palabra.

No es forzoso oponer la endogamia a la exogamia (Spencer, Mac Lenan, etc.). Pueden coexistir, si no en el origen, al fin de cierto tiempo. Una sociedad puede ser endógama en cuanto a la tribu y exógama en cuanto al clan. Además, la endogamia nace de la rivalidad entre pueblos vecinos, principalmente por la idea de superioridad que cada uno se forma respecto de los demás, que al fin los lleva a la endogamia con un concepto de casta y de pureza de sangre. Algunos indios norteamericanos asociaban de tal modo las ideas de captura y de esclavitud, que nunca se casaban sino entre ellos y conservaban a las cautivas como esclavas de

3. EL MATRIMONIO POLIGÁMICO

Regularizado el matrimonio por compra y constituida la familia patriarcal, las condiciones de existencia determinan la costumbre de adquirir una o varias mujeres, la monogamia o la poligamia. Ambas formas son muy primitivas. Es probable que en condiciones de vida muy sencillas la monogamia fuese preferida, por economía y por comodidad; era, además, una solución natural, mientras no existieran diferencias de fortuna, o de casta, habiendo igual número de hombres y de mujeres.

La poligamia fue la consecuencia de un desenvolvimiento económico que permitió la aparición de jerarquías en la sociedad. Los hombres de más rango, fuerza o riqueza, se reservaron siempre el privilegio de la poligamia, que como lujo de una aristocracia fue una institución regular y constante. Siendo el matrimonio en su origen una forma de esclavitud femenina, es comprensible el deseo de tener muchas esclavas para los diversos servicios domésticos, inclusive los de la sexualidad y de la crianza. Por una falsa perspectiva moral los hombres de las sociedades monógamas atribuyen a la poligamia una importancia erótica que no tiene; las esposas constituyen una servidumbre más bien que un haras, son domésticas antes que cónyuges. En muchos casos son un lujo, para prestarlas, o un negocio, para alquilarlas. Eso no excluye que los hombres pudientes hayan creído piadoso relevar con mujeres jóvenes a las ya ajadas por los servicios de la maternidad; cuando la lactancia duraba tres o cuatro años, debió parecer justa la compra de una nueva esposa cada vez que la anterior tenía que afrontar las obligaciones de madre. Estos motivos son absolutamente ajenos a las cavilaciones sensuales que la poligamia despierta en los hombres de pueblos monógamos, donde el trabajo doméstico suele ya estar dividido entre la esposa privilegiada, las concubinas transitorias y la servidumbre mercenaria.

Aunque pudo ser una comodidad para los hombres, como todo aumento de la servidumbre, fuerza es reconocer que la poligamia representaba para las mujeres un beneficio inmenso, al que aspiraban con vehemencia; el mayor ob-

servicio. En las familias reales la endogamia de casta ha sido frecuente. Con todo, la endogamia nunca fue universal y su importancia es sociológicamente secundaria.

sequio de un hombre a sus esclavas consistía en comprar otras nuevas, para aliviar el peso de sus tareas domésticas. En las sociedades poligámicas las mujeres consideran como el peor de los infortunios tener que casarse con un hombre tan pobre que tenga una sola esposa; todo el peso del hogar cae sobre esa esclava única, que pasa la vida anhelando que su amo compre otras compañeras que cooperen en sus fatigas. Las mujeres que viven en poligamia miran la monogamia como una muestra de la avaricia y de la impiedad del hombre, apenas disculpable en el caso de extrema pobreza [1].

Se requiere un gran esfuerzo de adaptación mental para apreciar con equidad las relaciones afectivas entre las esposas reunidas en un hogar polígamo. No solamente no hay celos, sino que es frecuente la solidaridad entre las esposas; en realidad, el hombre no es el amante sino el amo común. Trata a todas como esclavas; si a alguna prefiere para determinados servicios, las demás resultan favorecidas por el alivio. Cuando alguna protesta, es vendida y vale menos; su desgracia es pasar como esclava única al hogar de un pobre, de un pobre monógamo y fiel.

La posibilidad de celos femeninos comienza cuando entre las esposas se establecen jerarquías con distintos derechos; esta causa explica la conveniencia de mantener a las concubinas fuera del hogar, costumbre cada vez más extendida. Los hombres son celosos, pero sus celos son un simple sentimiento de propiedad lesionado por la esclava que dispone de su cuerpo sin su consentimiento; en muchos pueblos el hombre presta o alquila algunas de sus esposas, pero castiga su infidelidad con la muerte.

Entre los árabes el matrimonio poligámico realizó un gran progreso moral; las mujeres deben dar su consentimiento para ser compradas. Su esclavitud fue mitigada por ciertos deberes y derechos, bien previstos por el Corán;

---

[1] Este sentimiento es comparable al de las sirvientas de las familias monógamas, que se horrorizan ante la idea de servir una sola en casa grande y reclaman siempre el aumento de la servidumbre, para que la división del trabajo alivie las fatigas de cada una. En la familia rica monógama, con servidumbre numerosa, los servicios de crianza y educación de los hijos están a cargo de mujeres mercenarias, limitándose la esposa a la prestación de los servicios sexuales y al sacrificio de la gestación de los únicos hijos que heredan.

todas las mujeres eran jurídicamente iguales dentro de la familia.

La mitigación de la esclavitud de las mujeres por la poligamia permitió el perfeccionamiento del agregado doméstico; la división del trabajo entre un número mayor de esclavas y la formación de las primeras jerarquías entre ellas. Fue natural que algunas de las esposas alcanzaran una situación preferida, por su origen y su rango anterior, las aptitudes personales, el ingenio, la gracia, la educación, la antigüedad y los servicios prestados, hubo así favoritas, amas de llaves, consejeras, madres y sirvientas propiamente dichas, cuya distinta situación de hecho acabó por reflejarse en su condición de derecho.

La existencia de la propiedad privada y la consolidación del régimen hereditario por línea masculina acentuó con el tiempo la diferenciación legal de las esposas dentro de la familia poligámica, que era propia de las clases ricas. La distinta situación social y económica de las diversas esposas incorporadas al hogar del hombre fue la circunstancia más decisiva en la evolución de la poligamia hacia la monogamia. Las mujeres que heredaban cierta posición y una dote fueron cedidas por sus padres bajo ciertas condiciones que limitaban la propiedad del marido sobre ellas, atenuando considerablemente su esclavitud y restringiendo a sus propios hijos el derecho hereditario. Esas esposas privilegiadas se distinguieron de las concubinas, cuyos hijos no heredaban, y de las meras sirvientas excluidas del mismo concubinato.

Esta formación de jerarquías entre las esposas, cuyo rango no coincidía forzosamente con sus cualidades eugénicas ni con las preferencias amorosas del amo, hizo posible los celos y turbó la armonía del hogar poligámico. Exigencias de orden económico, psicológico y social se sumaron para que las concubinas fueran mantenidas en hogares independientes, quedando en el hogar legalmente privilegiado la madre de los hijos que heredaban y las domésticas excluidas del servicio sexual. El hogar monogámico surgió así como un perfeccionamiento jurídico de la familia poligámica; poco a poco el matrimonio contractual se limitó a la madre de los hijos que heredaban, sustituyéndose la compra de las otras esclavas domésticas por la locación de servicios mercenarios.

4. EL MATRIMONIO MONOGÁMICO

La monogamia es el sistema de matrimonio que se encuentra actualmente más en boga en los países civilizados. Existiendo la propiedad privada, masculina, la familia monogámica representa la forma de asociación conyugal más adecuada al régimen de la herencia; su conveniencia económica y social es indiscutida. Ello no autoriza a olvidar sus humildes orígenes ni a considerarlo imperfectible; ha salido del primitivo clan matriarcal cuando las condiciones de existencia permitieron la captación individual de esclavas y el reconocimiento de la filiación paternal a los efectos hereditarios.

Así como el carácter esencial de la familia no es la unión permanente de los cónyuges, sino la asociación entre ellos y sus hijos, el carácter del matrimonio no es la monogamia, sino la permanencia de la asociación conyugal y la exclusión de la propiedad de las mujeres por el hombre. El matrimonio, por perfeccionamientos sucesivos, ha alcanzado caracteres contractuales que estipulan la unión de un hombre y una mujer, estableciendo relaciones de derecho entre los contratantes, sus hijos y sus parientes en diversos grados.

El matrimonio monogámico ha sido en sus comienzos disoluble y con frecuencia temporal; lo es todavía en los pueblos que no conocen un gran desarrollo de la propiedad privada ni ponen en primer término las consideraciones hereditarias [1]. Pudo surgir espontáneamente como resultado de la vida en común para la crianza de los hijos. En muchos pueblos primitivos la unión se realiza por mutuo consentimiento, sin ceremonia ni contrato alguno; es disoluble, sustituible, repetible y dura lo que el gusto de los contrayentes. Bruce refiere haberlo visto así en Abisinia, "que es uno de los países del mundo en que hay más iglesias", y católicas.

Admitidos los resultados del rapto y sustituido éste por la compra, representan un gran progreso las ceremonias domésticas que acompañan a la unión de los cónyuges y contribuyen a aumentar su estabilidad; son frecuentes las

---

[1] "Hay casos en que la unión es decidida por caprichos del momento, como ocurre en las tribus de los mantras, donde los individuos se casan sin conocerse y donde se separan por motivos fútiles, a punto de que ciertos hombres han tenido sucesivamente cuarenta o cincuenta mujeres diferentes."

ceremonias que simbolizan la toma de posesión de la mujer por el hombre, evocadoras del rapto o de la compra. No es raro el matrimonio a prueba; después de varios días de vida marital los cónyuges resuelven si se casan o no. Existen matrimonios temporarios, por tiempo limitado, renovables. Se conocen matrimonios parciales, que limitan la posesión exclusiva de la mujer a ciertos días o períodos, fuera de los cuales ella recupera su libertad. Matrimonios de alquiler, por tiempo dado, renovables, a veces con rebaja de precio. No se trata de meras curiosidades etnográficas, sino de verdaderos matrimonios monogámicos, consagrados por ceremonias religiosas o civiles, que aseguran la validez del contrato y prevén con estrictez los derechos de los hijos que puedan nacer. Es necesario mencionar esas instituciones para evidenciar que la simple monogamia no implica una superioridad forzosa sobre el matriarcado y la poligamia, y que el matrimonio individual ha existido como unión estable de los cónyuges, sin necesidad de ser indisoluble ni vitalicio; esas nociones son casi inasimilables por las personas que han adaptado su lógica a los dogmas morales más corrientes en las sociedades catequizadas por el cristianismo.

Representa un perfeccionamiento la consolidación progresiva de su carácter contractual, no sólo en cuanto se fijan los derechos y los deberes de los cónyuges, sino en en cuanto se prevén los derechos de los hijos, parte la más interesada de la asociación familiar. Un contrato tácito existe en la simple unión consensual de los cónyuges. Pero ese principio adquiere más fuerza en el matrimonio por compra, aunque el contrato se realiza entre el hombre y la familia de la mujer, con o sin consentimiento de ésta. En algunos pueblos la autoridad religiosa ha tenido intervención en el contrato, fijando algunos de sus caracteres; en los cristianos se extendió el consentimiento previo, de los padres y de los hijos, dándose también un carácter vitalicio e indisoluble al contrato de matrimonio. Algunas religiones, incluso el cristianismo, han consagrado el carácter vitalicio e indisoluble del matrimonio, en beneficio exclusivo de los hombres; la consecuencia ha sido mejorar la condición de las mujeres esclavas, pero consolidando la esclavitud misma. En su perfeccionamiento más reciente la unión monogámica ha alcanzado la concepción jurídica del contrato civil, independiente de toda ceremonia religiosa; sus más recientes aplicaciones en los países civilizados permiten concebir la gradual extinción de la esclavitud conyugal de las mujeres, por el ejercicio de derechos domésticos y civiles equivalentes a los del hombre.

Una de las más importantes consecuencias de la condición netamente jurídica del contrato es el carácter rescindible que se le atribuye cuando se torna perjudicial a una de las partes contratantes, con las reservas y limitaciones sugeridas por los intereses morales y civiles de los hijos. La disolubilidad ha existido siempre, aunque durante el régimen patriarcal el hombre se reservaba la repudiación, pero negaba igual derecho a la mujer, como era natural en las relaciones entre propietario y esclava. En la más reciente legislación civil se acentúan incesantemente las causas de disolubilidad del contrato matrimonial, partiendo de la igualdad jurídica de las partes y en beneficio casi exclusivo de las mujeres.

5. IMPERFECCIÓN DEL MATRIMONIO MONOGÁMICO

El matrimonio monogámico contractual se considera como el régimen de asociación familiar más adecuado a la protección de la prole, particularmente en las clases o individuos que poseen bienes transmisibles a sus descendientes; sus progresos sobre el matrimonio poligámico han sido paralelos al desenvolvimiento de la propiedad privada. No es excesivo calcular que en la actualidad es practicado por el diez por ciento de los individuos de la especie humana que están en edad de reproducirse. En los pueblos atrasados y en las clases sociales inferiores la mayoría practica la unión monogámica más o menos disoluble, sin contrato religioso o civil.

Aun en las sociedades civilizadas, que generalmente se consideran monógamas, el matrimonio contractual no ha adquirido en las costumbres tanta importancia como en las leyes. Junto a la familia jurídica coexisten las formas precedentes de asociación sexual y doméstica; la prostitución es un residuo del hetairismo; la castidad de las solteras y el consentimiento paternal, de la propiedad de los padres y del matrimonio por venta; el concubinato extraconyugal de las clases ricas, de la poligamia; la inferioridad de la mujer y la venganza del esposo ofendido, son residuos de la esclavitud de las mujeres en la familia paternal.

La complicación progresiva de la vida económica ha

puesto grandes trabas al matrimonio individual; la constitución de la familia es un problema cada vez más arduo para los hombres de las clases medias y pobres, siendo común que efectúen el matrimonio mucho tiempo después de la madurez sexual. En alguna proporción esas condiciones han existido siempre para los esclavos, los siervos y los proletarios; no pudiendo poseer una esposa individual, han usado accidentalmente de mujeres que han transformado en profesión las relaciones domésticas propias de la comunidad y la poliandria. En esa profesión la mujer fue alternativamente libre o esclava del hombre. En las sociedades primitivas las esposas individuales eran esclavas y las prostitutas mujeres libres, siendo éstas socialmente más consideradas que las casadas; cuando el número de sus esposas esclavas fue mayor, los hombres consintieron en alquilar algunas, organizándose la prostitución por cuenta de los maridos y padres. Más tarde las esclavas destinadas a esta explotación fueron separadas de las concubinas y de la esposa legalmente privilegiada [1]. En época muy reciente, la mujer ha reconquistado su libertad para el ejercicio de esta profesión, usufructuando el producto íntegro de su trabajo y adquiriendo el derecho de compartirlo con los hombres de su elección.

[1] Las ideas y sentimientos comunes a los pueblos cristianos dificultan la estimación de estos hechos. "La explotación de las esclavas en la prostitución parecía todavía perfectamente lícita y honorable a los antiguos griegos y a los romanos. Los escrúpulos se han utilizado después". El ejercicio de la prostitución profesional no ha significado necesariamente un desconcepto moral ni social para las solteras; muchas veces ha sido estimulado, consentido o aprovechado por los padres y hermanos. En el Japón, actualmente, muchas señoritas, de las mejor educadas, viven de esta profesión hasta que se casan; la prostitución está muy bien organizada y compite con el matrimonio, que solamente es preferido con el objeto de criar hijos. Aun en las sociedades cristianas la realidad ha sido siempre muy distinta de la moral, variando mucho la categoría y la consideración de las prostitutas. Las de lujo fueron generalmente más respetables que las esposas legítimas, pues su misma condición libre les permitió elevarse sobre ellas por su cultura y refinamiento; la situación de las cortesanas distinguidas ha pasado en la actualidad a las grandes artistas. Las mujeres más ilustradas de la clase privilegiada han disfrutado en todo tiempo de costumbres comparables a las de las grandes cortesanas, con la ventaja de una más amplia libertad para elegir sus relaciones en razón de su independencia económica. En las sociedades en que rige el matrimonio monogámico contractual, las costumbres de los hombres y de las mujeres no se han adaptado a la moral, fundada en el derecho de propiedad.

Así como ha persistido el hetairismo para los hombres pobres que no pueden mantener una esposa individual, la poligamia ha persistido, bajo forma de concubinato, para los hombres privilegiados que pueden mantener más de una. Cierto es, sin embargo, que la distinción jerárquica entre la esposa y las concubinas se ha acentuado en la legislación, privándose a las segundas y a sus hijos de derechos civiles que pudieran afectar los intereses económicos establecidos por el contrato matrimonial. La indisolubilidad del matrimonio permite comprender la difusión de esas costumbres, inadaptadas a la moral, que implican una poligamia disimulada; no se comprende que ellas puedan ser reprobadas con firmeza por los partidarios de la indisolubilidad del matrimonio, que es su causa principal cuando este vínculo sigue uniendo cónyuges que ya no se aman.

Residuo de la propiedad de los padres y del matrimonio por ventas de las hijas, es la imposición de la castidad a las mujeres solteras; la propiedad paternal podría, en efecto, ser lesionada o depreciada si las hijas esclavas dispusieran libremente de un bien que ha sido cuidado en vista de su venta en tiempo oportuno. La mayoría de los pueblos primitivos, en que no está arraigado el sentimiento de propiedad paternal, no atribuye la menor importancia a la castidad de las solteras; mientras no se casan, porque nadie las compra, las mujeres pueden disponer libremente de sí mismas. En algunos casos la castidad ha sido un impedimento para el matrimonio, implicando una presunción de inferioridad eugénica de la mujer; en ciertos pueblos la desfloración ha sido obligatoria antes del matrimonio, pagando los padres o los maridos a sujetos pobres que vivían honestamente de esa profesión. En muchos pueblos europeos actuales las jóvenes rurales suelen practicar durante algún tiempo la prostitución en las ciudades, hasta reunir la dote que les permite regresar a su terruño y contraer matrimonio, sin que hagan misterio sobre el pasado ni ello suponga la menor inconducta en el porvenir. En las clases ricas es más frecuente lo contrario, pues las mujeres no adquieren la libertad de costumbres hasta después de casadas; respetan la propiedad de sus padres, pero no se consideran propiedad de sus maridos. Ese mismo derecho de propiedad ha influido en la formación de sentimientos destinados a defenderla, con tanta o más eficacia que las sanciones morales y las penas legales; el poder, en su origen, ha sido un deber, impuesto por el amo a sus esclavas, de ocultar contra posibles usurpadores las partes más apetecibles de su cuerpo, sin que eso excluya totalmente otras causas más en armonía con nuestras ideas actuales [1].

El predominio del contrato económico en el matrimonio indisoluble cristiano ha revestido al adulterio de los caracteres propios de un robo en complicidad; ese delito está agravado en la mujer por el abuso de confianza. Desde que la esclavitud de la mujer dio origen al matrimonio individual, el hombre reprimió tan severamente el adulterio como el robo de un caballo o de una vaca; en las costumbres primitivas no hubo diferencia entre el adulterio y el abigeato. Los celos del hombre nacieron de su derecho de propiedad; no existían cuando prestaba, alquilaba o vendía sus esposas. Sólo cuando el régimen de la propiedad privada masculina impuso la filiación paternal a los efectos de la herencia, la represión severa del adulterio intervino en defensa de la legitimidad de los hijos, en su calidad de herederos del padre. Estas razones permiten comprender que en la legislación moderna, orientada hacia la igualdad civil de los que contratan el matrimonio, persista el adulterio como delito y se concedan derechos bárbaros al marido engañado. Aunque la mujer es legalmente libre, las costumbres pasadas hacen que el hombre la siga tratando como cuando era su esclava.

Por muchos aspectos, como se ve, el matrimonio monogámico contractual, institución que rige las relaciones económicas familiares fundadas en la propiedad privada, no ha alcanzado en las costumbres la misma exclusividad que en la ley. Es el derecho, pero no es el hecho. Las formas precedentes de la asociación sexual y doméstica persis-

---

[1] "El pudor es un sentimiento propio del hombre, y del hombre civilizado, pues es desconocido no solamente entre los animales, sino también en las razas inferiores de la humanidad. Es el producto de muchas causas; en cierta medida, de la necesidad en que están los amantes de buscar el secreto, de ocultarse porque su pasión los deja sin defensa contra una agresión posible; pero sobre todo el matrimonio que, monopolizando la mujer en provecho de un hombre, ha hecho del libre ejercicio de sus inclinaciones sexuales un verdadero crimen, asimilando el adulterio al robo; la coerción ejercitada y sancionada por penas severas, feroces, ha determinado a la larga una reserva sexual instintiva en la mujer. El sentimiento se ha generalizado, aun quedando, sobre todo, femenino. Se ha hecho un rasgo fundamental de nuestro carácter. Sin embargo, su origen no es muy antiguo y falta totalmente o parcialmente en los representantes de tribus poco civilizadas."

ten, más o menos disimuladas por la hipocresía moral, pero como un testimonio poderoso de que la ley, impuesta por los hombres para defender su propiedad privada, no ha satisfecho las necesidades de la selección sexual y del instinto maternal. El hetairismo, la indisciplina filial, la poligamia, el adulterio, sobreviven para denunciar la imperfección de un régimen familiar que se ha constituido relegando a segundo plano las exigencias del amor y de la maternidad.

Agreguemos que las imperfecciones de la familia monogámica actual no se subsanarían, en ninguna medida, con la "unión libre", cuya consecuencia es reemplazar los actuales deberes y derechos legales de los cónyuges, por simples obligaciones morales; sería, en todo caso, un nuevo privilegio en favor de los hombres, una causa más de inferioridad para las mujeres y los hijos. Su única ventaja es prevenir contra la indisolubilidad del matrimonio; pero la solución de ese inconveniente está en la simplificación progresiva del divorcio y en la capacitación civil de la mujer. El matrimonio contractual, así perfeccionado, elimina la tiranía del hombre y asegura más eficazmente que la unión libre la protección de los hijos, objetivo esencial de la familia.

CONCLUSIÓN

El incremento de las relaciones sociales, internas y externas, determina la preeminencia del Instinto Social sobre el Instinto Maternal, en la organización de la familia; en la protección de los hijos adquiere mayor importancia la herencia de la categoría y de los bienes, quedando socialmente subalternizadas las tareas de la crianza.

En la familia, convertida en propiedad del hombre, la condición inicial de la mujer es la esclavitud; no tiene derecho de elegir su cónyuge, que al principio la rapta y después la compra. La familia paternal gira en torno de la propiedad masculina; los hijos son de quien los engendra.

Desde que se consolida la primacía social del hombre, la mujer queda sometida a la tiranía conyugal, representada por todas las formas del matrimonio. El amor, como instrumento de selección sexual, es progresivamente excluido de la vida familiar; aminorado ya por la domesticidad, es nuevamente restringido por el sentimiento de propiedad.

La familia paternal, polígama o monógama, es independiente de los sentimientos de amor que puedan existir entre el amo y sus esclavas.

La superioridad jerárquica de alguna esposa dentro del matrimonio poligámico, hace surgir de éste la monogamia legal, en que el contrato de matrimonio se limita a una sola mujer, madre de los hijos que heredan. Este privilegio inicia la atenuación progresiva de la esclavitud de las madres, tendiendo a elevar su jerarquía doméstica y social.

Desde sus orígenes, la familia monogámica ha permanecido supeditada a intereses económicos que han determinado la absoluta preeminencia del Instinto Social sobre el Sexual y el Maternal; el matrimonio ha sido condicionado por conveniencias sociales independientes de los instintos relacionados en la reproducción y ha acentuado la exclusión del amor en el contrato familiar.

La atenuación de la esclavitud de la mujer en el matrimonio no ha significado, en manera alguna, reintegrarla al pleno ejercicio de sus funciones de amante y madre. En las sociedades que suelen considerarse civilizadas, la mujer no ha recuperado el derecho de amar, es decir, de elegir cónyuge, ni siquiera en la forma limitada que sería compatible con la estabilidad de la familia y la indisolubilidad del matrimonio; se le concede, apenas, el derecho de aceptar uno, siempre que medie el consentimiento de su familia y de su medio social. Tampoco ha recuperado el derecho de cooperar en las funciones de protección de los hijos, pues el hombre la mantiene en una imperfecta capacidad jurídica que hace subalterna su potestad en el hogar.

La selección sexual, reducida ya en la selección doméstica, es casi imposible en la selección matrimonial. El sentimiento de amor, ya oprimido por la domesticidad en la familia maternal, acaba de ser inmolado cuando el hombre constituye su hogar en torno del sentimiento de propiedad.

ELIMINACIÓN DEL AMOR POR EL MATRIMONIO

Las condiciones de lucha por la existencia se modifican al tornarse más complejas las relaciones internas y externas de una sociedad. Cuando el trabajo y la guerra aumentan el valor social del hombre, la hegemonía doméstica, primitivamente femenina, se convierte en privilegio suyo. La propiedad privada se extiende a reservas de subsistencias, cuya posesión es disputada por las familias. La protección de los hijos no se reduce a la crianza, sino a la adaptación social; lo importante es la transmisión de los bienes y de la categoría. Las funciones de nutrición predominan en la sociedad sobre las de reproducción. Lo maternal es reemplazado por lo social. El sentimiento de propiedad priva en el hogar sobre el de domesticidad.

La familia maternal era de estructura doméstica; la paternal es esencialmente económica. El carácter esencial del matrimonio, poligámico o monogámico, es la propiedad duradera y exclusiva de las mujeres por un hombre, que las ha raptado, comprado o contratado para su uso doméstico exclusivo. La evolución del matrimonio se caracteriza por limitaciones sucesivas de carácter contractual, que crean derechos y deberes protegidos por las costumbres y por las leyes.

La selección sexual, atenuada ya en la familia maternal, se reduce más en el matrimonio, que por sus condiciones económicas determina resultados muy distintos. La selección social depende del éxito que tienen los individuos más adaptados a las condiciones de existencia propias de un grupo social. Una vez establecido el régimen de la propiedad privada masculina, esta forma de selección modifica las anteriores, privando la acaparación de los medios de subsistencia sobre el amor y la maternidad. El triunfo no corresponde a los mejores reproductores, o criadores, sino a los mejores acaparadores; que pueden legar a sus hijos más bienes y categoría.

El matrimonio aparece como manifestación inicial de la exogamia, por la captura de mujeres de otras tribus y su reducción a la esclavitud privada. Esta forma de unión familiar es favorable a la selección sexual de los hombres. Triunfan los raptores más jóvenes y guapos, que logran capturar y defender a varias mujeres, haciéndose polígamos; los menos aptos se limitan a la monogamia. Los inferiores se resignan al comercio con las mujeres libres de su propio clan, por incapacidad de tener esclavas a su servicio exclusivo. La selección sexual de las mujeres se atenúa, pues ellas viven esperando que algún raptor venga a privarlas de la aburrida condición de mujeres libres que tienen en su tribu. En general, los hombres raptan lo que está menos defendido; pero, si pueden elegir, prefieren las mujeres jóvenes y atrayentes, como en el estado presocial. El valor estético se confunde con el utilitario; una mujer eugénica presta mejores servicios domésticos y su mantenimiento es menos costoso. El derecho de elección de la mujer persiste como resistencia a la captura, equivalente en cierto modo a una elección del raptor; cuando la costumbre convierte al rapto en una institución consentida por la tribu, la familia de la mujer consiente que el raptor intente capturarla, pero respeta el derecho de resistencia si ella logra sustraerse a la persecución de un hombre que no le gusta.

El matrimonio por compra representa un gran progreso sobre el rapto, pues introduce el régimen contractual en la apropiación privada de las mujeres. Reconocido a los padres el derecho de propiedad sobre las hijas, se respeta su derecho de transferir esa propiedad. El elemento económico acentúa su influencia sobre los resultados de la selección natural. El hombre conserva el derecho de elegir esposa de acuerdo con su categoría o fortuna: elige una buena mujer, como un caballo o una mercadería cualquiera. El vendedor es el padre, que arregla el negocio, pensando más en su conveniencia que en la de sus hijas. En ciertos casos ellas son comprometidas desde la niñez, es decir, son vendidas "a término". Todo eso sería favorable a la selección sexual si el comprador más rico fuese el mejor reproductor, lo que tal vez ocurriría al principio, cuando el privilegio social emanaba de la desigualdad natural.

La mujer queda excluida de elegir hombre; los padres eligen por ellas. Lo único que podía emplear era la seducción, para hacerse preferir y comprar por los mejores machos, siempre que su padre no se opusiera. La esclavitud vedó el amor a las mujeres. Luchó siglos por el derecho de elegir; al fin, en ciertos pueblos, se le reconoció el derecho de consentimiento, que resultaba una mera formalidad cuando los padres habían arreglado el negocio. El ideal era un buen amo.

La propiedad privada del hombre engendró al mismo tiempo el privilegio de clase y el privilegio de sexo, circunstancia poco nociva para la selección sexual mientras la riqueza y la categoría fueron monopolio de los hombres más excelentes, capaces de adquirirlo. El régimen hereditario modificó esas condiciones, transfiriendo el privilegio a descendientes inferiores, que siguieron usufructuándolo en perjuicio de la selección.

Toda la psicología de las relaciones entre los sexos fue

modificada en la familia paternal por el predominio de la propiedad privada. Obligado el hombre a trabajar para acumular las reservas necesarias para asegurar la adaptación social de sus hijos, considero necesario monopolizar rigurosamente la vida sexual de las madres para no trabajar en beneficio de hijos ajenos. La propiedad exclusiva dio origen a los celos, contra el robo. La infidelidad de la mujer adquirió caracteres de delito contra la propiedad. Ninguna relación existió entre los celos y el amor. Fue común que los hombres prestaran, alquilaran, cambiaran o vendieran sus mujeres, traficando con ellas como con sus hijas y ganados.

El derecho de disolver el matrimonio, utilísimo para la selección sexual, existió siempre como un privilegio del propietario. Tratándose de esclavas compradas para todo servicio, el hombre se reservó el derecho de repudiarlas, disolviendo el matrimonio. Con frecuencia las costumbres imponían a los padres la obligación de devolver al marido una parte del precio pagado, pudiendo ellos resarcirse en una nueva venta de su hija.

A medida que se perfeccionan los caracteres contractuales del matrimonio, el amor va adquiriendo un sentido antisocial y delictuoso. Contra la propiedad de los padres el amor se traduce por la fuga y el rapto. Contra la propiedad de los maridos, todo amor conduce al adulterio.

La poligamia ha existido siempre como un resultado natural de la desigualdad de los hombres. Los de mas fuerza, categoría o riqueza han procurado rodearse de muchas esclavas para los diversos servicios domésticos. Por una ilusión explicable, los hombres de las sociedades monógamas suelen atribuir a la poligamia un valor erótico que no tiene; las esposas múltiples constituyen una servidumbre más bien que un haras. Es natural que hombres pudientes hayan creído piadoso relevar con mujeres jóvenes a las ya ajadas por la maternidad. La formación de la familia poligámica fue ventajosa para el bienestar y felicidad de las mujeres; la peor desgracia era ser comprada por un hombre tan pobre que tuviera una sola esposa.

La poligamia tiene un gran valor como medio de selección natural de los hombres. Éstos eligen sus mujeres; los mas poderosos compran varias de las mejores, mientras los pobres compran sólo una de las peorcitas. Donde hay esclavos, éstos no pueden comprar ninguna. En esas condiciones tenían más probabilidades de reproducirse y proteger su prole los mejores machos, además de elegir las mejores hembras.

Dado el carácter económico de la familia poligámica se comprende que los hombres sean celosos; la esclava que dispone de su cuerpo sin consentimiento del amo, lesiona el derecho de propiedad. El hombre no es celoso como amante, sino como propietario.

Se requiere un gran esfuerzo de adaptación mental para apreciar con equidad las relaciones afectivas entre las esposas reunidas en un hogar polígamo. No solamente no hay celos entre las mujeres, sino que es frecuente su solidaridad frente al hombre, que no es el amante, sino el amo común. Trata a todas como esclavas; y si a alguna prefiere para determinados servicios, las demás resultan favorecidas por el alivio.

Los celos entre las mujeres aparecieron con la desigualdad de jerarquía de las diversas esposas, debida a condiciones de origen social más bien que a sus cualidades personales. Lo que turbó la armonía del hogar polígamo no fue la preferencia amorosa del amo por una mujer dada, sino la preeminencia contractual de una esposa sobre las demás y la condición privilegiada de sus hijos a los efectos hereditarios. Se comprende que los hombres de posición y fortuna, al legar bienes a sus hijas, tratarán de crearles una situación de privilegio en el nuevo hogar, especialmente para asegurar a sus nietos la herencia; esas hijas acabaron por entrar al matrimonio con privilegios, tomando una situación especial, que al fin fue exclusiva de la esposa legítima. Las demás concubinas, si compradas por amor, fueron las favoritas del hombre rico. De ahí los celos entre la esposa adecuada a las conveniencias sociales y las esposas escogidas por preferencia de amor.

La poligamia ha persistido entre los hombres privilegiados de todos los pueblos, a pesar de su condenación moral y su prohibición legal. La familia económica ha seguido girando en torno de una esposa contractual, madre de los únicos hijos que heredan; fuera del hogar viven las queridas, en las que el hombre revive el amor cuando lo siente extinguirse en el matrimonio monogámico indisoluble.

La monogamia fue la única forma de matrimonio accesible a los hombres, que por su condición social inferior no podían mantener más de una esclava para su servicio doméstico. La restricción religiosa y legal de la poligamia, relativamente reciente en los pueblos civilizados, fue una limitación de los privilegios de una minoría. Tuvo un resultado igualitario, pues impidiendo que los ricos acaparasen varias mujeres aseguró a los pobres la probabilidad de tener una. Pero su origen no fue democrático. La monogamia apareció como condición impuesta por los hombres privilegiados al ceder sus hijas a otro hombre en matrimonio, en defensa de sus bienes y para mantener su filiación en la herencia.

La monogamia es ventajosa para la protección social de los hijos, que se benefician del sacrificio impuesto a sus padres por el carácter exclusivo y permanente que va adquiriendo el contrato de matrimonio. Pero sus resultados son negativos para la selección sexual, implicando una nueva y formidable restricción del derecho de amar, impuesta en nombre de conveniencias familiares y sociales.

Al suprimirse la venta de las hijas, conservaron los padres el derecho de cederlas en matrimonio, estipulando ciertas condiciones con los padres del futuro marido. Para ese contrato de familia se tuvieron siempre en cuenta las conveniencias recíprocas, representadas por los bienes y la categoría; el deseo y el consentimiento de los cónyuges era un elemento secundario, desde que la sanción social y doméstica les imponía acatar la voluntad de sus padres. Esa situación persiste, de hecho, en la totalidad de los pueblos civilizados; aunque se presume legalmente que la voluntad de los contrayentes es indispensable para el matrimonio, en la práctica tiene la familia el derecho de no consentir, oponiendo la conveniencia al amor. Los padres, como transmisores de categoría y de bienes, consideran justo elegir al cónyuge que participará de la herencia. Transformado en un convenio interfamiliar de selección social, el matrimonio monogámico se ha independizado del amor y ha perdido su utilidad para la selección sexual.

La elección de cónyuges se realiza conforme a una nueva escala de valores. Lo sexual, subordinado ya a lo doméstico, es sacrificado a lo social. El valor del individuo para el matrimonio depende de su situación, de sus bienes, de su educación, pero no de sus condiciones eugénicas como reproductor y criador. El matrimonio no tiene por objeto mejorar la especie ni siquiera la familia, sin defender y aumentar la categoría o los bienes transmisibles.

Aun cuando la elección de los cónyuges es aparentemente libre de toda coerción social, la educación sigue deformando el valor de los individuos en perjuicio de la selección sexual. El valor matrimonial de un hombre depende de la situación y de la fortuna que hereda, y sólo por excepción de la inteligencia o la energía que le hayan permitido conquistarlos personalmente. El valor matrimonial de la mujer depende de lo mismo, pues siempre será excepcional que la belleza y la cultura le permitan suplir la carencia de fortuna y de categoría. Las condiciones que serían decisivas en la selección sexual tienen una función muy secundaria en la selección social.

Aunque ha elevado la situación de la mujer, por la atenuación de su esclavitud, el matrimonio monogámico contractual ha mantenido con firmeza la limitación de su derecho de amar. Se le ha concedido el señorío del hogar a precio de su castidad antes del matrimonio y de su fidelidad después, condiciones que el hombre no ha creído necesario aceptar con la misma estrictez.

Con la monogamia han aparecido los celos en la mujer. En la medida que ella cree ser esposa única, mira la infidelidad de su hombre como un robo en perjuicio de su hogar. Si el hombre, en efecto, tuviera concubina e hijos, es presumible que para mantenerlos debería gastar una parte de sus bienes, restados así al hogar.

La selección social para el matrimonio ha reducido considerablemente los resultados de la selección sexual, ya atenuados por la adaptación a la vida doméstica. La sustitución de la familia matriarcal por la patriarcal es el resultado de condiciones que hacen privar, en la protección de los hijos, la acumulación de reservas económicas sobre los cuidados personales durante la crianza. Lo social sustituye a lo maternal.

Reemplazada la propiedad doméstica femenina por la propiedad privada masculina, el hombre constituye su familia capturando, comprando o contratando mujeres que mantiene en la esclavitud; el progreso del matrimonio se ha caracterizado por un perfeccionamiento contractual que ha mitigado el cautiverio de las madres.

El matrimonio fue en su origen favorable a la selección sexual, asegurando la poligamia de los hombres superiores con las mejores mujeres y excluyendo de la lucha por la reproducción a los individuos despreciados de ambos sexos.

Pero el progresivo predominio de la fuerza y la categoría sobre las aptitudes individuales, debido a la herencia, transfirió el privilegio poligámico a hombres inferiores y atenuó los beneficios selectivos de ese régimen. La generalización de la monogamia, primitivamente propia de los hombres inferiores, representó una progresiva degradación de la selección sexual, nivelando en parte la situación de los buenos y los malos reproductores.

El amor, muy limitado ya en la familia por la domesticidad, sufrió más acentuadas limitaciones en el matrimonio por la propiedad individual del hombre. Las mujeres quedaron excluidas de elegir cónyuges según sus preferencias; esa exclusión se hizo extensiva a los hombres, aunque en escala menos rigurosa. La elección de cónyuges fue una función familiar y social, privando las conveniencias de la categoría y la fortuna sobre los caracteres eugénicos propicios a la selección sexual. La voluntad de los padres y el consentimiento de los allegados han limitado el derecho de amar. Sustituida la selección sexual por la selección social, el "matrimonio por amor" es un acto de indisciplina contra la familia y la sociedad: prohibido primitivamente con rigor, alcanzó más tarde cierta tolerancia legal, reñida con las graves sanciones morales que aún persisten en las clases ricas, en que la constitución de la familia está más directamente subordinada a la transmisión de la categoría y los bienes. Para las clases medias y pobres el perfeccionamiento contractual del matrimonio monogámico ha representado un mayor ajuste disciplinario de la domesticidad, beneficiando a los hijos proporcionalmente al sacrificio de los padres.

CAPÍTULO III

LA INMORALIDAD SOCIAL DEL AMOR

1. La moral doméstica contra el amor. - 2. La domesticación para el matrimonio. - 3. Defensa de la moral por la hipocresía. - 4. Importancia económica del honor familiar. - 5. Insurrección del amor contra la moral doméstica.

1. LA MORAL DOMÉSTICA CONTRA EL AMOR

Toda moralidad es un resultado espontáneo de la experiencia colectiva. Se renueva incesantemente, como la sociedad en que desempeña funciones normativas de la conducta individual. Es distinta en cada ambiente y variable en todo tiempo. Es experiencia actuada, sentida, vivida por los hombres, independientemente de los sistemas teológicos o racionales que pretenden fijarla en esquemas confeccionados con variable ingenio [1].

[1] La moralidad social no responde a ningún esquema lógico de principios dialécticamente demostrables una vez para siempre; es savia que llega hasta todos los individuos que forman la sociedad y por eso se aprende por la imitación, se enseña con el ejemplo. Abstraer la moralidad de la vida real es matarla. Los dogmas teológicos son como la obra de un geólogo que para estudiar el curso de un río empezara por ponerle un dique e inmovilizar a sus aguas; los dogmas racionales equivalen a la opinión de un biólogo que para comprender las funciones de la vida humana resolviera destilar un cadáver en alambique. Y los símiles son exactos. Los dogmas revelados ponen a la experiencia moral en el dique de la Revelación; los dogmas racionales pretenden extraer su hipotética quintaesencia en el alambique de la Razón.

Creo que la ética del porvenir será, en cambio, una ciencia funcional y adoptará el método genético; sólo así llegará a independizar la conciencia moral de la humanidad de todo dogmatismo teológico o racional, demostrando que la moralidad es un resultado natural de la vida en sociedad. Sometida, como toda otra experiencia, a un proceso de evolución incesante, la moral no puede fijarse en las fórmulas muertas de ningún catecismo dogmático, ni en los esquemas secos de ningún sistema apriorístico; se va haciendo, deviene de la naturaleza misma. El estudio de la experiencia moral pasada nos permite comprender la presente, como en ésta podemos entrever la del porvenir. Esa doble condición de espontaneidad y de perfectibilidad, ajena a todo fuerza ex-

Las sociedades han tenido en cada momento de su evolución diversos valores morales, que han variado conjuntamente con la experiencia social; de ella, sin cesar renovada e infinitamente perfectible, han surgido, y seguirán surgiendo, juicios de valor que califican la conducta, normas del deber y conceptos de justicia, es decir, todo lo que es obligación y sanción, relativo siempre a cada sociedad. La idea de dogmas morales absolutos, invariables y universales, puede hoy considerarse como una de las más insensatas que han perturbado a los clásicos zurcidores de metafísica y religiones [1].

En los agregados humanos la convivencia determina, en todos los individuos, la formación natural de costumbres, creencias y sentimientos similares: una mentalidad colectiva, que es su común denominador moral. Cada sociedad tiene opiniones acatadas por la mayoría, verdaderos mandamientos que reglan la conducta de los individuos; esas opiniones constituyen la moral efectiva.

La opinión de la mayoría establece el criterio inapelable de la moralidad. Aferrada a sus costumbres, natural es que sea ortodoxa en materias que pueden perturbarlas. Considera moral toda idea o conducta conforme a las costumbres

---

trínseca o sobrenatural, ilimitable por ningún precepto, pone la moralidad en la cumbre de lo humano. (**Ingenieros**: *Hacia una moral sin dogmas*).

[1] "La negación de formas límites que contengan el natural desenvolvimiento de la experiencia moral es provechosa para aumento de la moralidad efectiva entre los hombres. La vida social misma, múltiple y varia, incesantemente renovada, determina la trasmutación activa de los juicios de valor que en cada momento y lugar constituyen las normas de la moralidad real; el bien y la virtud de ayer pueden no ser el bien y la virtud de mañana. ¿Por qué limitaríamos con dogmas rígidos el devenir de nuevas formas de la moral y del derecho, sin cesar renovadas en la experiencia social? ¿Podríamos ajustar el porvenir a moldes dogmáticos constituidos sobre la experiencia del pasado? Y si otrora fueron hipótesis legítimas ¿podríamos sacrificar a ellas todas las posibilidades y las esperanzas que nacen de la experiencia actual y venidera? Nadie podría afirmar que los ideales morales han alcanzado ya sus fórmulas definitivas; nadie podría decir que la experiencia moral ha culminado en manifestaciones insuperables. ¿No puede el individuo aumentar su coeficiente medio de virtud, de dignidad, de libre iniciativa? ¿No puede en la sociedad desenvolverse más generosamente la solidaridad, la cooperación, la justicia? Es posible, decimos, mayor moralidad. Es posible; es necesaria. Y para alcanzarla no sirven ya los secos dogmas de la teología y de la razón. La experiencia social los desborda y los viola." (**Ingenieros**: *Hacia una moral sin dogmas*).

comunes, e inmoral toda idea o conducta que se aparta de la rutina colectiva, en cualquier sentido. La mayoría reputa siempre inmoral la conducta de una minoría, sin perjuicio de que los valores morales se inviertan cuando ésta logra imponer sus opiniones.

En cada sociedad la moral doméstica está representada por un conjunto de reglas coercitivas que limitan el derecho de amar. Su desenvolvimiento ha presentado dos grandes fases, correspondiente la una a la organización de la familia matriarcal y la otra a la institución del matrimonio patriarcal. A medida que variaban las condiciones de existencia de cada sociedad, se fueron transformando las opiniones colectivas sobre la moral sexual y familiar, imponiéndose ciertas reglas de conducta individual que las clases dirigentes trataron de formular como dogmas, por boca de sus teólogos o de sus filósofos. Cada sociedad, en sus diversas épocas de desenvolvimiento, ha tenido numerosas morales domésticas, aunque en cada momento ha considerado que la actual era eterna e imperfectible. Las relaciones entre los cónyuges, entre los ascendientes y los descendientes, entre los consanguíneos y colaterales, han variado tanto como las formas básicas de la familia y del matrimonio. Se comprende que la opinión de la mayoría haya sido variable a ese respecto, engendrando múltiples matices de moralidad doméstica. Y es forzoso que en medios y épocas distintas se conceptuaran morales o inmorales ciertos hechos, según su adecuación al incesante mudar de las costumbres.

La formación natural de la moralidad doméstica siguió, en sus comienzos, las variaciones de la organización familiar. Es verosímil que antes de constituirse grupos familiares estables, las primitivas relaciones sexuales engendraron costumbres adecuadas a la conquista recíproca de los mejores cónyuges, preferibles como tales en el momento oportuno para la fecundación. La norma de conducta impuesta por la naturaleza, dado que no existía opinión social, era triunfar sobre los rivales, por el combate o por la seducción. El amor regía en la lucha entre los sexos y sus resultados selectivos no eran perturbados por la domesticidad.

La variación de las condiciones de existencia impuso la

asociación de los padres para la crianza de los hijos, constituyéndose grupos sociales consanguíneos, de tipo matriarcal, en que los hombres cooperaron al sostenimiento de hogares presididos por las mujeres. Esas costumbres determinaron opiniones colectivas que asignaron más valor social a la estabilidad del grupo familiar que el amor entre los cónyuges. La moral doméstica consideró útil, justo, deseable y moral que los individuos se asociaran para la crianza de sus hijos; en cambio, consideró nocivo, injusto, indeseable e inmoral que los individuos se amaran sin contraer la obligación ulterior de criar a sus hijos. Desde que se constituyó la familia todo amor que no tuvo una ulterioridad doméstica debió considerarse inmoral.

Fue conveniente y lógico que la moral doméstica descalificara el amor en beneficio de la domesticidad; el interés social requería que los reproductores criaran a sus hijos, sin averiguar si los cónyuges seguirían amándose después del momento en que los engendraron. El derecho de amar sólo fue respetado si le acompañaba el deber de criar la prole; todo amor sin deberes domésticos fue reprobado, execrado, perseguido. Los valores morales se definieron cada vez mejor: la domesticidad fue una virtud y el amor un vicio. Y cuando las sanciones alcanzaron una expresión religiosa o jurídica, el amor no condicionado por la domesticidad, se convirtió de inmoralidad en pecado y de pecado en delito.

Cuanto más compleja se tornó la estructura del grupo social, mayores devinieron los deberes de la crianza, pues la adaptación social fue más larga y se transformó en educación. Paralelamente a esas condiciones de hecho, las opiniones colectivas se transformaron en sentido cada vez más favorable a la domesticidad y más hostil al amor. La primitiva familia matriarcal, que extendía al hombre los deberes de la crianza y los sentimientos desenvueltos sobre el Instinto Maternal, limitó la acción selectiva de los sentimientos surgidos del Instinto Sexual.

Cuando las condiciones de existencia permitieron la sustitución del matriarcado por el patriarcado, reduciendo la mujer a la esclavitud en las relaciones domésticas, una profunda modificación se operó en las opiniones y la moral se acomodó al matrimonio patriarcal, fundado en la propiedad privada masculina.

El matrimonio fue un régimen de relaciones entre un

hombre y sus mujeres. Cada sociedad tuvo opiniones sobre el matrimonio y lo sometió a su moral. No bastó ya que el hombre se domesticase, es decir, que subordinara su amor a los deberes de familia; fue necesario que aceptara esos deberes en la forma establecida por las costumbres, la sociedad, la religión o la ley.

La moral doméstica se convirtió en moral económica. Más que la protección de los hijos, interesó el cuidado del patrimonio, que incluía la propiedad sobre las mujeres y los hijos. Fue una moral de propietarios, que cuidaba los intereses del amo sobre las esclavas, fueran hijas o esposas. Esta moral fue una negación radical del derecho de amar de la mujer. La sociedad siguió imponiendo a los hombres la domesticidad, como limitación del amor; los hombres, al imponer la esclavitud a las mujeres, les cerraron toda posibilidad de amar.

La lucha social contra el amor, iniciada por la moral de la familia, fue acentuada por la moral del matrimonio.

Esta moral ha variado considerablemente a través de las múltiples formas que el matrimonio ha revestido, desde sus orígenes hasta nuestros días. El rapto, la compra, la sanción social, el reconocimiento religioso, el contrato civil, han sido acompañados por muy diversas opiniones sobre la conducta de los cónyuges. Se comprende que en pleno régimen poligámico fuera ajena a toda sanción moral la infidelidad de los hombres, al propio tiempo que era inmoral y delictuosa la infidelidad de las mujeres; y cuando ya el matrimonio era para éstas moralmente indisoluble, los hombres se reservaron el derecho de repudio. La moral de las clases privilegiadas toleró siempre la poligamia, mientras para los pobres regía ya una severa moral monogámica. Cuando la monogamia se extendió a todos los hombres, la opinión de los más acató las sanciones religiosas y jurídicas que convirtieron al matrimonio en un compromiso recíproco de fidelidad y cooperación doméstica permanente; pero, en la práctica, los hombres de condición privilegiada conservaron el derecho de una poligamia vergonzante, que les permitió la infidelidad con sus concubinas.

Siendo los hombres quienes imperaban en la sociedad, las costumbres y la moral fueron rigurosas con las esclavas. Amar antes y después del matrimonio, fue siempre una inmoralidad. Más aún, fue un delito contra la propiedad; de los padres, si solteras; de los maridos, si casadas. También se consideró inmoral a su cómplice, que robaba el amor sin casarse. Amar contra la voluntad de sus amos, se miró siempre, en la mujer, como un acto antisocial y de rebeldía.

Esa situación era absoluta cuando las esposas eran raptadas o compradas por un hombre que adquiría su propiedad exclusiva y vitalicia. La primera liberación de las mujeres fue un privilegio de casta; los hombres de posición o fortuna transfirieron sus hijas a los maridos, bajo ciertas condiciones que atenuaron su esclavitud e implicaron derechos reales. Las mujeres de calidad ocuparon una situación privilegiada en la familia poligámica, hasta que fueron las únicas esposas social y legalmente respetables, verdaderas socias en el hogar. Su principal privilegio fue la exclusividad y la indisolubilidad del matrimonio, para defenderlas contra la volubilidad y la repudiación de los maridos, que así vieron consolidarse los deberes de la domesticidad.

Esas condiciones contractuales se extendieron a la institución misma del matrimonio, recibiendo sucesivamente las sanciones religiosas y jurídicas que presentan en las sociedades cristianas. La nueva moral adecuada a esas condiciones ha seguido siendo la del hombre propietario, como padre o como esposo; sus dos pilares fueron la castidad de las solteras y la fidelidad de las casadas, que en todas las leyes penales fueron protegidas por penas contra la fuga y el adulterio. Aunque mitigada en algunas legislaciones contemporáneas, esa situación sigue privando en la moral del matrimonio monogámico actual, que condena el amor en las mujeres, fuera de las condiciones legales establecidas para el matrimonio.

El desenvolvimiento histórico de la familia y del matrimonio nos muestra una progresiva limitación moral del derecho de amar, es decir, de elegir un cónyuge individual para la reproducción; en cambio, el valor moral del sentimiento doméstico crece a medida que aumenta la estabilidad de la unión conyugal, que en el matrimonio monogámico de algunos pueblos cristianos llegó a concebirse como una unión indisoluble y exclusiva.

2. LA DOMESTICACIÓN PARA EL MATRIMONIO

La moral social prohíbe a hombres y mujeres amar fuera del matrimonio; o lo que es lo mismo, impone el deber de obligarse a constituir una familia, para siempre, con expresa prohibición de amar después.

Ese deber del matrimonio es un sacrificio del individuo singularmente exagerado por la monogamia. En una sociedad poliándrica o poligámica se miraría como un castigo ser marido o mujer única en la familia, soportando solo todo el peso de los deberes domésticos.

Esos deberes son limitados en las sociedades primitivas; reducida la vida a necesidades vegetativas, la crianza es un pasatiempo para los padres, que no tienen cosas muy graves que pensar ni que hacer, fuera de trabajar para comer y cohabitar para reproducirse. Pero cuando se civiliza la vida social y se eleva la mentalidad de los cónyuges, los deberes aumentan en una progresión desproporcionada con los beneficios de la domesticidad, convirtiéndose en una limitación de la vida espiritual y social.

Cuando el matrimonio llega a la monogamia exclusiva y perpetua, la gravedad de los deberes es tan grande que constituyen una esclavitud recíproca; es concebible que ningún individuo se casara, por muy enamorado que estuviese, ante el precio que la sociedad pone a la satisfacción de su amor. El sacrificio a la domesticidad es total; impone el deber de formar una familia hasta la muerte para satisfacer un deseo actual. No se concibe una limitación más absurda de la personalidad. Si a una mujer o un hombre que deseara comer una manzana le impusieran como condición comer exclusivamente manzanas hasta la muerte, no aceptaría hipotecar de esa manera su porvenir. Sin embargo, un contrato similar le parece aceptable tratándose de un amor, que no puede ser satisfecho moralmente sin aceptar el monstruoso contrato de matrimonio exclusivo e indisoluble. Esas condiciones no son favorables a la selección sexual y coartan al individuo su derecho de amar. Cada cónyuge queda condenado a seguir haciendo hijos con el ser elegido la primera vez, en la más inexperta de las elecciones posibles. Si el cónyuge cambia eugénicamente, el interés de la familia obliga a soportarlo; no hay derecho de rectificar el error posible, aunque se encuentre otro cónyuge que responda mejor al propio ideal.

Esas circunstancias plantean problemas terribles. ¿El

placer de engendrar un hijo con el ser preferido en un momento dado, merece el acatamiento de la esclavitud doméstica, el compromiso de no desear en el porvenir ningún otro cónyuge para engendrar otros hijos, la obligación de no amar más nunca, por haber amado ya una vez? ¿Y si el cónyuge envejece? ¿Y si es estéril? ¿Si contrae enfermedades repugnantes o transmisibles a la prole? ¿Si cambia de carácter, degenera o se enloquece? ¿Cómo aceptar que una elección de amor es infalible y sus resultados irreparables?

Es inconcebible que esas preguntas no sean formuladas a cada instante, poniendo de relieve la desproporción entre la promesa de placeres transitorios con que seduce el amor y la certeza de permanentes deberes con que ata el matrimonio.

Las sociedades continúan existiendo porque los individuos no miden las coerciones del matrimonio monogámico indisoluble y aceptan el sacrificio eterno de criar hijos en cambio de una fugaz satisfacción de amor (concediendo que éste determine el matrimonio). La sociedad presiona a los individuos para que cometan ese error, educándolos para el matrimonio, enseñándoles que fuera de él todo amor es una inmoralidad. Para la sociedad es una *mentira vital*. Para imponerla trata de aprovechar un hecho biológico instintivo, la necesidad de amar en el momento de la madurez sexual y subvierte el concepto del amor, adaptándolo a las necesidades de la familia y a las condiciones del matrimonio. Enseña que el amor ha de ser prolífico, pues de otro modo el grupo social desaparecería; y que ha de ser eterno porque conviene que la unión conyugal sea indisoluble dada la duración de la educación. Nada importa a la sociedad sacrificar la personalidad de los padres; su único interés está en la crianza de los hijos.

Si los individuos pudieran advertir que al contraer matrimonio sacrifican su personalidad individual a la sociedad, los enamorados se resistirían a formar familia por respeto recíproco; ninguno, mujer u hombre, aceptaría una prueba de amor que significase una inmolación. Limitado el derecho de amar por la exclusividad y la perpetuidad, es probable que los individuos más eugénicos se sustrajeran a la reproducción; sería natural y lógico que hombres y mujeres renunciaran a amar, para no aceptar hasta la muerte las cargas de la domesticidad. Las personas enteramente "razonables" preferirían la castidad al amor; quedaría para los aturdidos y los insensatos la tarea de soportar los penosos deberes de criar y educar hijos, que todos los padres consideran "sacrificios", aunque algunos hipócritas los llaman "encantos", para no pasar por zonzos.

Felizmente —desde su punto de vista— cada sociedad posee creencias colectivas adaptadas a sus necesidades y conveniencias, que le permiten sacrificar el interés individual al interés social. La moralidad, adecuada a las costumbres y opiniones de la mayoría, impone el deber de casarse para siempre como condición para amar en el momento de la madurez erótica, preparado en lo inconsciente por las necesidades instintivas.

Estas necesidades instintivas no requieren explicaciones. Hay edades, períodos, momentos, en que el organismo, embriagado por la sobreactividad de sus funciones sexuales, influye sobre la mente para apartarla del sereno juicio, haciendo desear con vehemencia un sacrificio que fríamente no habría aceptado jamás. Es probable que la mayoría de los individuos de ambos sexos se decida a formar familia con quien acierta a proponérselo en el momento oportuno.

Llega casi siempre ese momento propicio para que los individuos, ya domesticados por la educación, pierdan la poca lucidez de juicio que podría hacerlos resistir al gran holocausto de sí mismos. Ese eclipse de la razón basta para que los individuos se "comprometan", como dice el lenguaje vulgar con expresiva exactitud. Indefensos, quedan prisioneros de la máquina social; al llegar la madurez erótica están domesticados para amar "moralmente", es decir, para aceptar las condiciones del matrimonio como la única forma moral del amor.

De acuerdo con sus opiniones colectivas la sociedad presiona la mentalidad del individuo, asociando estrechamente los conceptos de amor y de matrimonio. Costumbres, sentimientos e ideas convergen a que la educación, desde la niñez, subordine el sentimiento individual del amor a las conveniencias de la familia.

Esa domesticación es fácil en la inmensa mayoría de los hombres y mujeres, por su carencia de personalidad individual bien caracterizada. Los más se conforman a la presión social que los moldea desde la niñez. Aceptan la familia y el matrimonio como su situación más cómoda dentro de la sociedad; acaso, en rigor, no conciben siquiera que un individuo sensato pueda pensar de otro modo. En esas condiciones el ideal de cada uno consiste en contraer matrimonio con un conyuge al gusto de los demás, es decir, que merezca la aprobación del medio social que le rodea. La mentira organizada tiene por resultado sustituir la elección de cónyuge según el propio ideal eugénico por una elección adecuada a las conveniencias sociales, el impulso de amor por el contrato de matrimonio, el ideal de amante por el ideal de creador. Pero la mentira no sería vital si la educación no consiguiera que se continuase llamando amor al deseo de matrimonio, subvirtiendo el concepto mismo del amor.

Presionados por la moralidad propia de su medio, los individuos acomodan sus valores eróticos a los valores matrimoniales, reemplazando la ilusión de amor por la ilusión doméstica. La educación les lleva a considerar que la personalidad social de los padres se agranda en la domesticidad, creciendo en proporción al número de hijos y a la duración del matrimonio; como resultado de esa sugestión se considera que el amor "verdadero", el único "moral", es el que se prueba contrayendo la obligación de criar hijos hasta la muerte. El individuo que se decide a dar esa prueba tiene su ilusión doméstica formulada así: el ser preferido como cónyuge en ese momento seguirá siendo digno de amor hasta la muerte; sus condiciones eugénicas como reproductor se conservarán para la procreación de todos los hijos futuros; sus atractivos espirituales persistirán indefinidamente a través de la vida conyugal. Si la ilusión doméstica no implicara esos tres errores ninguna persona se decidiría a aceptar el matrimonio monogámico indisoluble.

Se trata, pues, de una "mentira vital" indispensable para la prosperidad de la sociedad, pues sin ella el hombre y la mujer no afrontarían los deberes familiares que todo el mundo llama corrientemente sacrificios. Gracias a esa ilusión se atribuye un falso valor a las ventajas de poseer en matrimonio al ser amado, como si esposo permanente fuera sinónimo de amante actual. Esa ilusión hace considerar deseable la propiedad absoluta de un ser que en cierto momento representa una esperanza de dichas relativas y transitorias. Si en la hora decisiva la razón hiciera ese pequeño distingo, nadie aceptaría los deberes domésticos. La ilusión sirve, pues, para vencer el temor al sacrificio [1].

Las ventajas que el matrimonio reporta a los individuos bien domesticados son inmensas y ofrecen grandes probabilidades de un bienestar compatible con la felicidad. El sencillo labriego forma su familia con la hija del vecino, amigo de su padre, cuando los dos viejos lo resuelven; para él, como no hay amor ni ilusión, no puede haber tedio ni decepción. Se casa como un animal doméstico a quien sus amos proporcionan un cónyuge, encantado con el manjar ofrecido a su apetito. Acatado el matrimonio como un deber social, lo mismo que el pago de impuestos o el servicio militar, es compatible con la dicha de los cónyuges. Los que se unen para formar una familia y criar hijos saben que el hogar es permanente. Encaran su asunto sin más perturbación amorosa que el natural deseo encendido por la esperanza de satisfacer un hambre del organismo; el matrimonio, en efecto, responde a esa esperanza, en condiciones que reúnen el placer, la economía y la comodidad. Ante esas ventajas ostensibles se comprende que la mayoría de los hombres y de las mujeres constituya una familia; ese proceder es moral y la aprobación ajena hace más aceptables los deberes domésticos. La educación ha eliminado los últimos escrúpulos imaginativos, sugiriendo que el matrimonio es la realización del amor, de ese misterioso amor que siempre se ha oído alabar, y que por estar prohibido se sueña como la dicha suprema [2].

La constitución de una familia, de acuerdo con las normas vigentes para el matrimonio, es un acto de disciplina social, rigurosamente condicionado por las conveniencias

[1] Psicológicamente, la ilusión doméstica es una percepción errónea que induce a juzgar como un amante eugénico eterno a un individuo de sexo opuesto que la opinión de los demás permite aceptar como cónyuge familiar permanente. Se sueña con Romeo al aceptar el anillo de Tartufo; se delira con Julieta para enredarse con la Bovary.

[2] Para que el engaño de los individuos sea más perfecto, el sentimiento de domesticidad suele ser disfrazado con el equívoco nombre de "amor conyugal". Este sentimiento nada tiene que ver con el amor, lo mismo que el amor maternal, fraternal, filial, etc.; se trata de peligrosas extensiones que nublan el concepto. El "amor conyugal" es un sentimiento de solidaridad y cooperación entre los cónyuges, para el mayor beneficio de los hijos. Es la domesticidad, estrictamente, que ya hemos enseñado a distinguir del amor.

domésticas y sociales. Casarse "bien" significa someterse a la opinión de la mayoría, restringiendo extraordinariamente en cada caso el círculo de los posibles cónyuges ofrecidos a la elección individual.

Para que esa elección sea certera no es necesario que intervenga el amor; y aun podría decirse que constituye un serio elemento de perturbación. El ideal de la domesticación es el matrimonio sin amor, por clara y meditada conveniencia, un matrimonio que merezca la aprobación unánime de los demás, un contrato social en que las dos partes puedan considerarse satisfechas ante la opinión pública.

La sociedad, en fin, premia el acto de disciplina. El estado matrimonial está rodeado por un serio ambiente de respetabilidad. Los casados disfrutan de cierta consideración, que para los más importa un grado de felicidad no despreciable.

La moral social establece la pura y simple inmoralidad de todo amor que no se adapta a las condiciones generales de la domesticidad. El hombre, para amar moralmente, debe comprometerse a aceptar los deberes propios de la vida familiar; la mujer, además, tiene que aceptar la condición de esclava dentro del matrimonio. El hombre está sometido a la sociedad; la mujer, a la sociedad y a su marido.

Todo sentimiento de preferencia guiado por el instinto sexual —todo amor puro— es mirado como una indisciplina o como una rebeldía si no tiene fines domésticos y no merece la aprobación social. Amar es una inmoralidad, ante la moral que sirve las conveniencias de todos contra los sentimientos de cada uno; amar es un pecado, ante los dogmas religiosos que pretenden cimentar la moralidad en mandamientos trascendentes; amar es un delito, ante la ley que protege la propiedad de los hombres sobre sus esposas e hijas. El que ama sin acatar las normas impuestas por la opinión de la mayoría está fuera de la ley, es un *out-law*; el que ama sin el propósito de contraer matrimonio, porque no puede o porque no quiere, es un simple ladrón del propietario, que da a ese robo el nombre especial de seducción, rapto o adulterio. La adaptación a la domesticidad ha traído la descalificación social del amor indómito.

Ese riguroso criterio moral no ha impedido, sin embargo,

que algunos individuos violen las limitaciones impuestas por la sociedad al derecho de amar. Algunos aman sin constituir una familia regular; otros lo hacen fuera de la familia ya constituida. En ellos el Instinto Sexual, no anulado por el Instinto Doméstico, reaparece como una supervivencia atávica. Hay solteros "viciosos" que no están domesticados, y casados 'infieles" que violan la domesticidad, sobreponiendo al convencional fantasma de esposo su instinto ideal de amante [1].

Todos los que aman fuera del matrimonio son amantes verdaderos, las doncellas que fugan, los galanes que seducen, los cónyuges infieles; esos amores "contrariados" o "ilícitos" son actos de indisciplina contra la moralidad ambiente. Los que se casan "mal" son verdaderos enamorados que se rebelan a la domesticación. En esos temperamentos la coerción social exalta el amor y engendra las pasiones, que son siempre una lucha desesperada contra los convencionalismos de la domesticidad.

El matrimonio es una fuente de sufrimientos infinitos para los que, sin estar domesticados, lo aceptan en un momento de ceguera, sin tener presentes los deberes familiares y sociales que la moral le asocia. La aceptación de un lazo exclusivo e indisoluble es, en ellos, un acto insensato, un renunciamiento absurdo de algo irrenunciable, una promesa de cumplimiento imposible. Pronto o tarde su imaginación se reaviva al calor del instinto y quieren buscar el amor fuera de la domesticidad. Entonces la opinión de la mayoría los acosa, los bloquea, los persigue. El que acepta el matrimonio debe soportar sus consecuencias hasta la muerte. Si un deseo nace, si asoma una esperanza, si la intención osa romper las vallas de la moralidad, la vida se convierte en una tragedia de silenciosos esfuerzos para matar el sentimiento o en una desigual guerra a muerte contra la moral ambiente.

---

[1] Entiéndase bien que el sentimiento de amor es una necesidad espiritual, muy distinta de las necesidades materiales que el matrimonio permite satisfacer con regularidad; las aspiraciones sentimentales, intelectuales, estéticas, relacionadas con el ideal, son las que pueden quedar insatisfechas. El matrimonio es una organización cómoda para el equilibrio del organismo; el amor, en cambio, es una tendencia selectiva del espíritu, no satisfecho por el racionamiento cuantitativo. Los seductores y los infieles no lo son para desahogar más sus organismos, sino por el deseo de buscar cónyuge que satisfaga las tendencias actuales de su imaginación. Amar es rebelarse a la tiranía social que ha subordinado el amor a la domesticidad.

Todo verdadero amor que perturba las conveniencias sociales coloca al amante, ante la opinión social, en las mismas condiciones en que está el delincuente ante la ley penal.

3. DEFENSA DE LA MORAL POR LA HIPOCRESÍA

La experiencia parece haber demostrado que la moral doméstica será violada mientras siga habiendo personas en quienes el amor sea más fuerte que la domesticidad. Forzoso es reconocer que la inmoralidad de amar sigue perturbando las conveniencias de la familia y del matrimonio; sería imposible impedir que los solteros amaran antes del matrimonio y los casados fuera de él. Ante esa realidad, la opinión de la mayoría acepta la transacción: los desvíos son consentidos siempre que se salven las apariencias. Las buenas costumbres salen de la moral para entrar en la hipocresía. La moralidad se reduce al respeto formal de los principios e instituciones sociales; a cambio de esa obsecuencia teórica se permite la más absoluta inmoralidad práctica.

No pudiendo defender la moral, la sociedad acentúa su defensa de la hipocresía. El respeto a las apariencias se convierte en culto. Con excepción de los padres, nadie tiene derecho de preguntar a los solteros de ambos sexos lo que hacen, siempre que lo hagan en la sombra, evitando las consecuencias que puedan producir escándalo. Con excepción de su cónyuge nadie puede impedir que los casados amen fuera del matrimonio, siempre que guarden las formas. La sociedad encubre a los hipócritas; concede que el amor es un derecho, pero exige que se respete la domesticidad. Lo exige con imperio. El que se atreve a hacer visiblemente lo que sólo es tolerable en la sombra, es repudiado como un sarnoso; excluido, perseguido. Cien veces con más saña si es mujer.

¡El "cant"! El tartufismo británico ha perfeccionado la institución protectora de la hipocresía. Hay que leer a Byron y a Bernard Shaw. El "cant" es la obra maestra de la disciplina social para defender las mentiras convencionales de la domesticidad. Es el respeto supremo de los intereses creados en torno de la familia y del matrimonio. Es la policía de los principios morales, la guardia de honor de las buenas costumbres. Cuando una pareja de ilusos novicios descubre que ha caído en la trampa del matrimonio, la sociedad que le rodea le muestra los caminos de redención, la querida, el amante; pero tambien le avisa que debe salvar las apariencias, respetando los ídolos de la domesticidad. Así se llega a la situación de los cónyuges que viven separados bajo el mismo techo, sin dirigirse la palabra cuando están solos, tratándose con cariño en presencia de los demás. ¿Cuántos son? Nadie puede precisarlo, aunque todos conocen algun caso.

La defensa de las apariencias es, sin duda, eficaz. El "cant" llena su funcion social; por cada conyuge infiel que da escándalo hay cien que logran evitarlo. Es notorio que la infidelidad es frecuente en los hombres casados, cuya monogamia legal está mitigada por la poligamia practica, especialmente si son ricos; la moral no les prohibe tener queridas, con tal que no las exhiban. Las mujeres casadas tiene con frecuencia una abnegación de esclavas que las lleva a guardar fidelidad a sus maridos infieles; tan rigurosa es para ellas la sanción social, que viven intimidadas, con el consuelo de llamar virtud a su terror. Son muchas, con todo, las que logran amar fuera del matrimonio y evitar que se sepa, lo que les resulta menos difícil de lo que suponían, cuando se deciden a probarlo.

La imposición social de los deberes domésticos está completada por la descalificacion moral del celibato, considerado como una falta de "respectability". Se considera vergonzoso que un hombre no haya sentido la necesidad de elegir una mujer para constituir una familia matrimonial; y no hay mayor vergüenza para una mujer que no haber logrado capturar un hombre con ese objeto. Se presumen en el hombre desagradables deficiencias y en la mujer humillantes inferioridades. Los solterones están moralmente despreciados, como si hubiesen incurrido en delito al no cargar con su parte de sacrificios para la conservación de la sociedad.

Los que gimen bajo el peso de los deberes domésticos conspiran en mancomún contra los que no los han contraído. Hay esposas infelices que viven zurciendo noviazgos a las solteras; hay maridos engañados que prestan dinero para casarse a sus amigos célibes. La lucha contra el celibato es una de las formas subrepticias de la hipocre-

143

sía social. Los casados y los célibes constituyen dos bandos enemigos en la sociedad; no luchan a cara descubierta, sino con el antifaz de la moral. Entre los casados existe un convenio tácito, una verdadera "unión sagrada" para guardar en secreto sus sentimientos; están de acuerdo para callar los sacrificios de la vida doméstica y para centuplicar sus encantos. Los que han tenido muchos años cura de almas, como sacerdotes o como médicos, conocen pavorosos dramas íntimos que no se dejan traslucir en el mundo. Ningún casado puede opinar públicamente con sinceridad, pues teme la condena y la descalificación que le vendría al traicionar el secreto de la complicidad general.

La hipocresía organizada de los casados es muy útil para la catequización de los célibes, que por su condición misma constituyen un peligro para la tranquilidad doméstica, aunque a veces actúan como sus preciosos auxiliares. Cada casado considera más tolerable su propia sumisión trabajando por que todos se sometan, seduciendo a los insumisos. Nunca más verídico el viejo refrán que dice ser el mal de muchos consuelo de tontos; y nunca más acorde con lo moral que en tratándose de la domesticidad.

4. IMPORTANCIA ECONÓMICA DEL HONOR FAMILIAR

La moral doméstica de la familia patriarcal sancionó la "inmoralidad" de todo amor que implicara un desconocimiento de la propiedad de los hombres sobre las mujeres. Para los hombres el derecho de amar quedó limitado por el deber de la domesticidad; para las mujeres ese derecho fue anulado totalmente cuando el matrimonio las colocó en situaciones de esclavitud.

Las solteras fueron propiedad de sus padres; las casadas, de sus maridos. Propiedad sin limitaciones, como un cuchillo o una cabra. Los hombres podían vender, alquilar, prestar o ceder sus mujeres, sin que ello afectara la moral. La honra y la deshonra fueron valores morales estrictamente relacionados con la propiedad privada masculina.

La castidad de las célibes llegó a mirarse como la única garantía de respeto a la propiedad de los padres; la fidelidad de las casadas se convirtió en condición tutelar de la propiedad de los maridos. La honra de las mujeres consistió en el acatamiento del derecho de propiedad; la deshonra, en violarlo. Era deshonra para la hija disponer de un bien que pertenecía a su padre; lo era, para la esposa, disponer de su propio cuerpo sin consentimiento de su marido. Si el uso era voluntario, la deshonra representaba un verdadero robo; si meramente ocasional, implicaba una imprudencia grave.

La situación del hombre frente a la honra de las mujeres ajenas era similar. El que usaba del bien de una doncella, sin consentimiento de su padre, cometía un robo, gravísimo si cometido con violencia y fractura, atenuado si era consentido por la guardadora del bien. El que usaba del cuerpo de una casada, contra su voluntad manifiesta, era culpable de robo sin atenuante alguno; en cambio, si la depositaria de la honra consentía en perderla, el hombre era más bien cómplice que autor. Todas estas inmoralidades fueron consideradas delitos graves contra la propiedad, pues implicaban abuso de confianza; de tal gravedad que el uso autorizaba a la víctima a hacerse justicia por su propia mano, tratárase de robo intencional, de complicidad o de simple imprudencia.

Lo singular consistió en que la sanción social de la deshonra afectaba por igual a los delincuentes y a las víctimas. El padre —y aun toda la familia— quedaban más o menos deshonrados cuando una hija perdía la honra; el marido, a su vez, si la perdía su esposa. ¿Cómo explicar esta aparente injusticia? ¿Si no eran culpables de un delito ajeno, por qué la sociedad extendía sobre ellos su sanción moral castigándolos con el estigma de la deshonra?

La sociedad hizo de este asunto privado una cuestión de principios, que afectaba al derecho mismo de la propiedad privada. Desde el punto de vista de la opinión pública, los padres y maridos burlados son culpables de imprudencia; la sociedad les ha confiado la sagrada custodia de las buenas costumbres y ellos han faltado a su deber al permitir contra su propiedad privada un delito que constituye un mal ejemplo o un estímulo para que se atente a la propiedad de otros. Para la moral social un propietario burlado equivale a un centinela que se duerme en su puesto dejando pasar al enemigo, o a un agente de policía que por descuido deja saquear un banco. Justo le parece, pues, que la deshonra caiga también sobre el que por desidia o ineptitud compromete los intereses creados de toda la casta de los propietarios [1].

Al confiar la policía de la moralidad a los padres y los maridos, la sociedad les dio atribuciones preventivas y punitivas. La opinión pública y las leyes escritas estuvieron al servicio de los hombres, para custodiar la castidad y la fidelidad, convertidas por la costumbre en la virtud esencial de las mujeres, en la virtud única, por antonomasia. Todos los otros defectos, incapacidades y vicios parecieron disculpables en las mujeres que respetaban la propiedad de sus padres y maridos, a punto de bastar esa condición única para que una mujer se considerase "virtuosa" y de negarse cualquier "virtud" a la que disponía de sí misma contra la voluntad de su amo.. El matrimonio estableció los valores propios de una moral para esclavas.

Al pasar de la poligamia a la monogamia no varió, en su esencia, la moral del matrimonio. Los hombres siguieron cuidando su propiedad con igual celo; la sociedad aumentó su responsabilidad individual en la policía de las costumbres. Por otra parte, la gravedad de los delitos contra la honra fue creciendo a medida que la herencia de los bienes privados aumentó la importancia de controlar la legitimidad de la filiación.

5. INSURRECCIÓN DEL AMOR CONTRA LA MORAL DOMÉSTICA

La familia monogámica patriarcal perfecciona sus engranajes en las sociedades cristianas, alcanzando sus más rígidas formas en la Edad Media. La moral doméstica se

---

[1] La deshonra por infidelidad del cónyuge es un sentimiento de humillación análogo al de ser víctima de un robo. La sanción social del ridículo ya existía cuando era costumbre que el marido vendiera, alquilara o prestara sus esposas; se compadecía al cornudo como a un pobre diablo que dejaba escapar de su chacra un caballo o una gallina. Además, la infidelidad de la mujer demostraba falta de respeto a su amo; por eso el cornudo era considerado un hombre poco respetable. En realidad, pocos hombres se afligirían de ser cornudos si no mediara la sanción del ridículo y contados son los que se ofenderían de serlo si absolutamente no se supiera. Ello no puede sorprender si se piensa que muchos son felices aunque se sepa y bastantes viven de sus preciosos ornamentos.

acomoda rigurosamente al derecho de propiedad de los hombres sobre las mujeres. Los medios de prevención y de represión, contra el amor, se refinan, obsesionándose padres y maridos en su lucha contra el "pecado". El natural deseo de amar llega a ser interpretado como una tentación del demonio.

Los hombres inventan tules, cortinas, persianas, rejas, clausuras, torres, conventos, candados púdicos, cinturas de castidad, sin perjuicio de aceptar como policía preventiva la confesión auricular, aun con riesgo de que la intimidad del confesionario obre milagros de consuelo sobre mujeres hambrientas de amor.

El medioevo cristiano marca el apogeo de la tiranía masculina y asiste a la rebelión de las esclavas. Hijas y esposas luchan por reconquistar su derecho al amor. Las hijas luchan contra sus padres que las transfieren en propiedad a un nuevo amo, reclamando el derecho de elegir marido. Las esposas luchan contra los maridos elegidos por sus padres, reconquistando fuera del matrimonio su derecho de amar. ¡Lucha trágica y desigual! Cada amor no consentido por los propietarios tiene en su contra la opinión de la mayoría, es una simple inmoralidad.

El peligro atrae; es la leyenda del fruto prohibido. Encanta por sí mismo el amor, porque hacia él empuja el instinto no extinguido por la domesticidad; pero encanta más porque la imaginación juvenil borda en torno suyo mil quimeras e ilusiones. La rebelión se manifiesta primero como platonismo, poesía erótica, galantería cortesana, torneos, trovadores, culto del amor. Después, poco a poco, aparecen caballeros andantes que enamoran hijas contra la voluntad de sus padres y sustraen esposas a la vigilancia de sus maridos. Las esclavas sienten renacer su derecho de amar y prestan oído a los seductores que las arrullan con palabras de esperanza y promesas de redención. Contra el dogma de la castidad conspiran galanes que trepan balcones, falsean cerraduras, saltan rejas y raptan doncellas; los trovadores se van tornando más humanos y al pelear por el honor de sus damas no renuncian a la esperanza de quitárselo. Contra el dogma de la fidelidad surgen amantes apuestos y audaces, que saben exponer cien veces vida y fortuna para redimir esclavas, con tanto heroísmo como ponían los caballeros cristianos en redimir cautivas de manos de los infieles.

La lucha entre el amor y la moral, en el mundo cristiano, está reflejada en toda la literatura de los últimos seis siglos. Las obras de imaginación toman el amor como fundamento y lo presentan en lucha desesperada contra la opinión de la mayoría.

El arte encarnó en dos tipos célebres la rebelión del derecho de amar contra la moral doméstica patriarcal. Las leyendas de Romeo y de Don Juan, con ser tan distintas, son igualmente antisociales para sus épocas respectivas. Su afirmación del derecho de amar expresa, con relación a la moral reinante, una pura y simple subversión de las costumbres: la inmoralidad de amar. Difiere, sin embargo, el juicio de los moralistas a su respecto. Romeo es alabado y Don Juan execrado. La primera leyenda se considera moral y la segunda inmoral. ¿Por qué?

La leyenda de Romeo es una protesta contra las limitaciones sociales del amor, la moral patriarcal y la esclavitud de las mujeres. Ataca la tiranía de los padres, reclamando para las hijas el derecho de casarse siguiendo su sentimiento de amor. Pero Romeo quiere casarse con Julieta, acepta la domesticidad de la familia y del matrimonio. Aunque se subleva contra la moral patriarcal, acepta la moral religiosa de su tiempo; reclama para Julieta el derecho de amar, pero se somete a las condiciones que la Iglesia ha puesto al amor para que sea moral. Además, Romeo es vencido por la tiranía de las costumbres; todos lo compadecen. La moral patriarcal ha triunfado y la autoridad de los padres ha podido más que el amor de los hijos. La leyenda es "moral" porque los principios tradicionales están a salvo: nadie puede casarse contra la voluntad de sus padres. En fin, el honor no ha sido manchado; Julieta se lleva a la tumba el precioso adminículo que da fe de su castidad.

La leyenda de Don Juan, siglos después —Renacimiento de por medio— es de una rebelión moral más audaz y completa [1]. Desde su primera aparición consigue vencer

---

[1] Gendarme de Bévotte, en su excelente obra "La leyenda de Don Juan", explica muy exactamente por qué la concepción del donjuanismo no nació hasta principios del siglo XVII. Antes de esa época había mujeriegos y libertinos, con expresiones literarias. "Don Juan no es solamente un buscador de amores; es también el defensor de las leyes naturales y de los derechos individuales contra las leyes humanas y religiosas." No es un simple mujeriego: "Don Juan es también y sobre todo, el campeón del derecho de amar contra las prohibiciones religiosas y morales; sólo puede existir en las sociedades que proscriben la libertad del amor,

cien veces al dogmatismo social, burlando padres y maridos, rompiendo aquí doncelleces y plantando allá cuernos. Es el Angel Rebelde al servicio del instinto, el Diablo luchando por el amor. La leyenda, al principio se creyó obligada a condenarle, ya que concebir un Don Juan impune habría costado terribles líos con el Santo Oficio. Pero andando uno y otro siglo se fue rehabilitando por picardía, por volterianismo, hasta que los románticos del XIX hicieron de él un apóstol y un reivindicador del derecho de amar, que en manos de Byron aparece ya hereje y cínico, denunciador de toda farsa, anarquista frente a la familia y el matrimonio, despiadado contra la hipocresía social y contra el "cant". Se comprende que tal leyenda se considere menos moral que la de Romeo; ninguno de los dogmatismos que fundamentan la domesticidad es respetado por Don Juan. La propiedad de los padres y de los maridos, la subordinación del amor a la familia y al matrimonio, los principios sociales y religiosos, todo es burlado por el burlador, que al fin tiene la osadía de

que hacen de éste un acto culpable y sólo lo autorizan excepcionalmente bajo el doble contralor del sacerdote y del magistrado". "Don Juan es el hombre acicateado por el amor, en lucha contra un Dios que lo prohíbe. El día en que el cristianismo dijo al amante de la carne: amarás en espíritu; el día en que al adorador de la belleza femenina los Padres de la Iglesia le presentaron la mujer como una criatura corrompida y corruptora, el donjuanismo debía nacer como una protesta del instinto." Don Juan soportó y sufrió durante la Edad Media; con el Renacimiento, salió a correr el mundo, cuando una nueva filosofía reivindicó los derechos de la naturaleza y de la vida. "La Iglesia se inquietó: eran sus dogmas, eran los principios fundamentales de su moral los que estaban en juego. Tomó en seguida sus posiciones de combate y trabó la lucha en los países de inquisición..." "El peligro le pareció tan grande que recurrió contra el rebelde al brazo de Dios mismo. Don Juan fue objeto de un castigo sobrenatural. Sin embargo, no se dio por vencido. Entre él y sus adversarios recomenzó la lucha a través de los países y las edades y a pesar de vanos intentos de reconciliación, ella durará tanto como el catolicismo." Por eso el donjuanismo tardó tanto en aparecer. "Mientras el hombre pudo satisfacer sin frenos religiosos el instinto que lo empuja a amar, Don Juan no era más que un macho más vigoroso que los otros, que llenaba su función obedeciendo a las leyes de la especie... Fue distinguido de los demás y tomó conciencia de sí mismo, el día en que la religión, exasperando su temperamento y pretendiendo combatirlo, hizo de él un rebelde." Don Juan aparece el día en que el macho, el individuo, se emancipa de toda coerción colectiva. Simboliza el espíritu nuevo frente a la tradición. Representa la filosofía del yo, la moral independiente levantada contra la vieja regla de la sumisión" (Vol. I, Cap. I).

presentarse como arquetipo de superhombría en la lucha contra el tartufismo de los serviles y los domesticados.

El derecho de amar, en Don Juan, no acepta limitaciones, Frente a los intereses creados por la moralidad social, ese derecho es desfachatadamente "inmoral"; frente a la hipocresía organizada para domesticar a los hombres y esclavizar a las mujeres, el donjuanismo es una purísima "inmoralidad". Siendo, como es, un símbolo moral y filosófico, no sorprende que las interpretaciones de Don Juan expresen las dos opiniones corrientes del tradicionalismo y del renovatismo, de la domesticidad y de la rebeldía, del pasadismo y del futurismo [1]. Pero sea cual fuere el juicio moral que puede merecer a unos y a otros, Don Juan se presenta como el defensor de la "verdad vital" del Instinto contra la "mentira vital" de la sociedad, la verdad del amor contra la mentira de la domesticidad.

Los conceptos de "moralidad" e "inmoralidad", solo pueden concebirse en función de un ambiente social y en un momento dado. Variando las condiciones de existencia es incesante la transformación de moralidades en inmoralidades, y viceversa. La poligamia ha sido moral y es hoy inmoral, lo mismo que la poliandria, el infanticidio en masa, la desfloración profesional o la locación de la esposa. En cambio, la monogamia ha sido inmoral y hoy es moral, lo mismo que el matrimonio de las viudas, la endogamia, la higiene sexual y el divorcio.

Don Juan, como símbolo del derecho de amar, insurgente contra la domesticidad, puede tener dos destinos morales muy diversos.

Si el amor es una fuerza útil para la selección de la especie y vuelve a recobrar su imperio en la evolución humana, sobreviviendo a las formas actuales de la domesticidad, el símbolo merece ser respetado como un germen de moralidad futura, destinado a una feliz expansión

---

[1] "Para los unos, Don Juan aparece como un idealista, víctima de la chatarra de la vida y de las miserias de la realidad. Esos lo transfiguran, y subvirtiendo la moral de la antigua leyenda, justifican y exaltan las faltas y crímenes del Burlador, haciéndole terminar en apoteósis una existencia de sufrimientos y de luchas. Otros siguen viendo en Don Juan el símbolo de una fuerza maléfica, antisocial, el representante peligroso del individualismo y del egoísmo" (Bévotte, II, IX). Esta disparidad de opinión es tan natural como la diferencia de temperamentos individuales y de domesticación. Sobre estas cuestiones no coincidieron nunca los admiradores de León XIII y los de Anatole France.

cuando la presente moral doméstica sea considerada como una inmoralidad [1].

Si el amor es un residuo atávico de impulsos instintivos destinados a extinguirse en el porvenir, cuando la domesticidad reine soberana y no sea perturbada por el amor, el símbolo es una supervivencia mística del pasado, que desaparecerá a medida que el interés social logre excluir de la reproducción esos resabios de individualismo ancestral.

El problema no es sencillo. ¿La mujer se emancipará totalmente de la esclavitud patriarcal y reconquistará el derecho de amar? ¿La maternidad social redimirá a ambos cónyuges de la domesticidad y les devolverá su derecho de amar, aboliendo la exclusividad e indisolubilidad

---

[1] Bernard Shaw escribe, a propósito de la censura teatral: "Todo lo que es contrario a las costumbres y maneras establecidas, es inmoral. No es forzoso que un acto o una doctrina inmoral sea algo malo; por lo contrario, todo progreso en el dominio del pensamiento o de la conducta es, por definición, inmoral mientras no cuente a la mayoría de su lado. Por esta razón es de la mayor importancia que se proteja a la inmoralidad contra los ataques de los que tienen por norma única la costumbre y consideran todo ataque a la costumbre —es decir, a la moral— como un ataque a la sociedad, a la religión y a la virtud.

Un censor oficial como el que se quiere establecer para las obras teatrales, no es, deliberadamente, un protector de la inmoralidad. Tiende siempre a la protección de la moralidad. En efecto, la moralidad es extremadamente útil para la sociedad. Impone una conducta convencional a la gran masa de personas que son incapaces de un juicio ético original y que se extraviarían si les faltaran los andadores que han hecho para guiarlos los legisladores, los filósofos, los profetas y los poetas. Pero la moralidad no necesita de la censura para su protección. Ya la fortifican poderosamente la magistratura y todo el cuerpo de las leyes. La blasfemia, la indecencia, el libelo, el engaño, la sedición, la obscenidad, la profanación y todos los demás males que la censura está destinada a prevenir, son castigables por el magistrado civil con toda la severidad del prejuicio vehemente. La moralidad posee no sólo todos los instrumentos que los legisladores han ideado para su protección, sino también el peso enorme de la opinión pública, reforzada por el ostracismo social, que es más fuerte que todas las leyes. Un censor que pretende proteger la moralidad es como un niño que empuja los almohadones de un coche de ferrocarril, para darse la ilusión de que está haciendo correr el tren a sesenta millas por hora. Es la inmoralidad, no la moralidad, lo que necesita protección; es la moralidad, no la inmoralidad, lo que necesita freno; pues la moralidad, con todo el peso muerto de la inercia y de la superstición humana, para dejarlo caer sobre los hombros del que va adelante, del "pionner", y toda la maldad de la vulgaridad y del prejuicio para amenazarle, es culpable de muchas persecuciones y de muchos martirios."

del matrimonio? ¿El matrimonio de amor será preferido al matrimonio de conveniencia? En ese caso el amor, inmoralidad de hoy, representará la moralidad de mañana.

¿El amor desaparecerá de la tierra y los indomesticables se extinguirán por inadaptación social? ¿El matrimonio de conveniencia hará desaparecer el matrimonio de amor? ¿La organización científica de la reproducción seleccionará artificialmente los fecundadores más aptos, de acuerdo con una mejor comprensión de los intereses de la descendencia? En ese caso una domesticidad perfeccionada representará la moralidad de mañana, acentuándose el carácter inmoral y antisocial del amor.

¡Cuán diverso en ambos casos el destino moral de Don Juan! En un caso sería venerable como un apóstol y precursor de la nueva moralidad fundada sobre el amor. En el otro sería aborrecible como atávico representante de una instintividad extinguida en un medio social adecuado a la domesticidad.

CAPÍTULO IV

"EL RENACIMIENTO DEL AMOR"

1. La actual disolución de la familia patriarcal. - 2. La emancipación de la mujer. - 3. Socialización de los deberes domésticos. - 4. Dignificación de la moral familiar. - 5. La reconquista del derecho de amar. - 6. La selección natural por el amor.

1. LA ACTUAL DISOLUCIÓN DE LA FAMILIA PATRIARCAL

Asistimos a una profunda revolución de las costumbres y del derecho, encaminada a sanear los vicios morales inherentes al régimen doméstico patriarcal. Las consecuencias más funestas del matrimonio monogámico indisoluble comienzan a atenuarse en la familia contemporánea; la esclavitud de las mujeres y la servidumbre de los hombres han recibido ya robustas sacudidas, siendo verosímil presumir el advenimiento de nuevas formas de organización familiar, más respetuosas de los derechos individuales.

Donde más gravemente se acentuaba la inmoralidad de las relaciones domésticas, mal encubierta ya por la hipocresía social, se han iniciado, con feliz oportunidad, progresos morales, económicos y jurídicos. En diversa medida los observamos en todos los pueblos de razas blancas, pertenecientes al llamado mundo cristiano [1]; en conjunto expresan una modificación del régimen familiar, favorable para el hombre y para la mujer, para los padres y para los hijos, para el individuo y para la sociedad.

---

[1] El reciente Spengler, que debe su éxito sociológico al desastre bélico del imperialismo alemán, ha titulado su libro *La decadencia de Occidente* para no ofender el sentimiento cristiano de sus lectores. En realidad, estudia la decadencia de la "cultura cristiana", civilización que sólo merece llamarse de Occidente con relación al hecho histórico de la anterior caída del imperio de Oriente. Creemos ser más claros llamando al mundo cristiano por su nombre, sin recurrir a ficciones cautelosas que no engañan a las personas ilustradas.

Dos vastos movimientos convergen a un mismo fin. En los pueblos más cultos se desenvuelve aceleradamente la capacitación educacional, económica, jurídica y política de la mujer, que acabará por redimirla de su condición de esclava ante el marido y de incapaz ante la ley. Al mismo tiempo, en todas las legislaciones sociales recientes, toman cuerpo ciertas transformaciones de los deberes domésticos en deberes sociales, que emanciparán al hombre de la servidumbre familiar, cuyas cargas dificultan ya el matrimonio y conspiran contra la natalidad.

Es visible que el derecho moderno, transformando el matrimonio en un contrato puramente jurídico entre partes iguales ante la ley, tiende a la extinción progresiva del patriarcado, en beneficio de la mujer. Lo es, igualmente, que el Estado moderno, transformando la familia de interés privado en institución de conveniencia pública, favorecerá a los padres y a los hijos mediante una previsora ampliación de la solidaridad social, respetuosa de los derechos individuales.

Esas tendencias, bien definidas ya aunque exiguas todavía, se manifiestan en todos los países de civilización cristiana y en la misma medida en que se les considera civilizados. Ante el hecho que analizaremos, es conveniente estudiar el feliz influjo que podrá tener sobre las costumbres y la moral de la parte más evolucionada de la humanidad.

La actual revolución del régimen familiar, producto de nuevas condiciones de existencia, es tan legítima y necesaria como la precedente revolución que sustituyó la hegemonía maternal por la patriarcal. La primacía del hombre en la familia fue el resultado de progresos económicos y políticos que modificaron las relaciones internas y externas de la sociedad; el matriarcado desapareció cuando variaron las circunstancias determinadas de su existencia. El actual patriarcado podrá, de análoga manera, desaparecer cuando se modifiquen las condiciones que determinaron su existencia; nuevos progresos económicos y políticos podrán excluirlo del régimen familiar venidero, con beneficios biológicos, sociales y éticos muy dignos de consideración.

¿La extinción del patriarcado y la emancipación de la mujer producirán una socialización de los deberes domésticos favorable a la desaparición de la domesticidad? ¿El amor renacerá en la especie humana cuando desaparezcan las limitaciones que le han puesto la familia y el matrimonio? ¿El renacimiento del amor será favorable al porvenir eugénico de la especie humana?

2. LA EMANCIPACIÓN DE LA MUJER

Desde los orígenes de la familia patriarcal la mujer tuvo en el matrimonio una situación de esclava, de pupila o de menor. Raptada primero, fue comprada después por su marido. El padre la vendía, transfiriendo su propiedad a cambio de objetos o valores que representaban el precio de la crianza. El contrato de matrimonio era, al principio, un pacto comercial entre hombres que negociaban a una mujer. Podían comprarse varias y distribuir entre ellas las tareas domésticas.

La primera costumbre favorable a la emancipación de la mujer, dentro del matrimonio, fue la expresión de un privilegio de casta. Los hombres ricos, en vez de cobrar precio por la venta de sus hijas, las "dotaron", al transferirlas al marido, redimiéndolas así de las tareas más ingratas de la esclavitud conyugal; de igual manera, hasta hace poco tiempo, redimían por dinero, a sus hijos varones, del servicio militar. La dotación estableció una desigualdad jerárquica dentro de la poligamia y dio origen a la distinción entre la esposa y las concubinas [1], que al fin se consolidó al establecerse una monogamia legal compatible con la poligamia usual.

Aunque mejoró su situación de hecho, dentro de la familia poligámica, la esposa legítima no cambió su condición de derecho dentro del matrimonio. Siguió siendo pupila del marido, a quien debía sumisión y obediencia. Esa inferioridad fue general en las costumbres y en el derecho de los pueblos paganos, judíos y germánicos que concurrieron a la formación del mundo cristiano. La evolución familiar del nuevo conglomerado patriarcal se caracterizó por una continua restricción jurídica y religiosa de la poligamia, que nunca, sin embargo, llegó a ser ex-

---

[1] En el derecho usual griego el contrato de matrimonio era generalmente oral; el padre o tutor prometía al novio la transferencia de la hija o pupila al mismo tiempo que constituía a ésta una dote. Si no mediaba la dotación no había lugar a contrato de matrimonio. En realidad, la dote era lo único que en la práctica distinguía a la esposa legítima de la concubina.

cluida de las costumbres, a pesar de su ilegalidad e inmoralidad. En cambio, la flamante civilidad cristiana conservó en todo su rigorismo la incapacidad legal de la mujer casada y la monstruosa potestad marital derivada de las primitivas formas del matrimonio por captura o por compra [1].

La única conquista efectiva de las mujeres, con relación al matrimonio, fue la costumbre, convertida luego en derecho, de "aceptar" el marido que le elegían sus padres o tutores; derecho restringido por el sentimiento de ciega obediencia filial inculcado a los hijos desde la infancia y sostenido por la moral doméstica. Por otra parte, el rechazo del marido elegido por los padres, no significó que la hija tuviera el derecho de "elegir" otro. Durante siglos, el consentimiento paternal fue requisito indispensable para contraer matrimonio; ese criterio persiste en las leyes civiles con relación a los hijos menores de ambos sexos, pero las costumbres y la moral lo mantienen con rigor para las mujeres mayores.

Las primitivas relaciones domésticas de los pueblos cristianos eran usuales o civiles; la familia y el matrimonio eran asuntos de costumbre o de derecho. Al difundirse el cristianismo, la ceremonia religiosa pagana, que en casos especiales acompañaba al matrimonio, fue sustituida por una ceremonia cristiana que se generalizó entre los fieles [2]. En esa ceremonia, más o menos solemne según los recursos de los esposos, la Iglesia bendecía su unión. Ninguna ley eclesiástica obligaba a los cristianos a hacer

---

[1] En el derecho romano primitivo, como en muchas otras legislaciones antiguas, el marido tenía sobre la mujer un poder de tutela semejante a la potestad paternal (*manus*), que se adquiría por una especie de compra civil (*coemtio*), por una ceremonia religiosa (*confarreatio*) o por una prescripción adquisitiva (*usus*). A pesar de conocerse ya una forma religiosa de matrimonio, la legislación y la jurisdicción en esta materia, en el imperio romano, correspondía exclusivamente al poder civil. Cuando se extendió el cristianismo, la ceremonia religiosa pagana fue reemplazada por la cristiana; pero el poder civil continuó ejercitando su jurisdicción sobre la familia y el matrimonio, hasta el siglo x, en los principales Estados cristianos.

[2] La más antigua descripción de los ritos del matrimonio en la Iglesia Romana se remonta al siglo IX; el abate Duchene hace notar que ese ritual nupcial, descrito por el Papa Nicolás I, no es más que el ritual de los antiguos romanos, con la sustitución del sacrificio idolátrico por la misa.

bendecir su matrimonio; era un asunto de costumbre o de conveniencia particular, que acabó por convertirse en regla, sin que el poder civil ni el eclesiástico considerasen que dicha ceremonia era una condición para la validez del matrimonio mismo. Es sabido, además, que el pretendido carácter sacramental del matrimonio no fue sospechado siquiera por los Apóstoles y los Padres de la Iglesia; durante los primeros siglos del cristianismo no se encuentran rastros de esa opinión, sostenida después del siglo x por la Iglesia Romana para aumentar su poderío en la sociedad. El incremento de su poder disciplinario dio a la Iglesia una creciente injerencia en todos los actos privados de los creyentes; ello le permitió excluir al poder civil de la vida doméstica, suplantándolo en el ejercicio de sus derechos de legislación y de jurisdicción.

Tan extraordinario resultado, como lo fue sustituir el contrato civil de matrimonio por una ceremonia religiosa, fue obtenido por medios subrepticios. La Iglesia impuso a sus fieles la creencia de que la legitimidad del matrimonio dependía únicamente de que los contrayentes expresaran ante un sacerdote la voluntad de unirse, esta opinión era, a la vez, excluyente del poder civil y violatoria de la potestad paternal. Dio lugar a conflictos serios, por el aumento de los matrimonios clandestinos, celebrados en las iglesias sin consentimiento de los padres; por afectar intereses económicos, su validez fue constantemente disputada entre el derecho civil y el canónico. En el siglo XVI, en el Concilio de Trento, la Iglesia resolvió el asunto en su propio favor, declarando solamente válido el matrimonio religioso, pues su carácter de contrato es indivisible de su carácter sacramental. Estableció, en cambio, la necesidad de hacer público previamente el compromiso en la parroquia, para evitar los matrimonios clandestinos; con ello se conquistó la voluntad de las clases ricas, celosas de mantener la potestad paternal para controlar el destino hereditario de sus bienes.

La condición de la mujer dentro del matrimonio no fue beneficiada por el carácter sacramental del matrimonio religioso. La potestad marital no sufrió atenuaciones de consideración, a pesar de haber mejorado sensiblemente la situación de la mujer en la familia y en la sociedad. La condición de las solteras fue favorecida al principio por la Iglesia, cuando ésta desconoció el valor de la potestad paternal, negando que el consentimiento de los

padres fuese un requisito indispensable para la validez; con ella se dio alas al "derecho de amar", obteniendo en cambio que la legitimidad del matrimonio dependiera de la Iglesia y no del poder civil. Pero cuando obtuvo sus propios fines, la Iglesia se apresuró a impedir los matrimonios clandestinos, sancionando en el Concilio de Trento que sólo serían válidos los que se anunciaran previamente tres veces y fuesen celebrados por el cura de la parroquia ante dos testigos.

Las casadas quedaron sujetas a la potestad marital; las solteras, a la paternal. Las preocupaciones de carácter religioso y moral, aumentadas por el fanatismo, hicieron más rigurosa la obediencia, más refinada la esclavitud de las hijas y las esposas. Estaba en el interés de la Iglesia exagerar los sufrimientos domésticos de la mujer, ya que ellos le permitían aumentar la importancia de los consuelos que le ofrecerían sus sacerdotes. Conquistada la pobre sufriente en el confesionario, quedaban a merced de la Iglesia todos los secretos de los padres y de los maridos. La potestad visible de los hombres en el hogar quedó así compartida por los directores espirituales.

El poder civil no se rindió nunca totalmente a las imposiciones del poder eclesiástico. Desde antes del Concilio de Trento luchó con la Iglesia, para quitarle el manejo exclusivo de la vida familiar. Poco a poco, tomando pie en los efectos civiles del matrimonio, fue aumentando su jurisdicción y reclamando su derecho de legislar, arguyendo la divisibilidad del contrato y del sacramento. Poco antes de la Revolución Francesa, Luis XVI concedió el libre ejercicio de su culto a los protestantes y les permitió registrar sus matrimonios ante funcionarios civiles. La Revolución consagró ese antecedente y estableció la validez esencial del matrimonio civil, encarándolo como un contrato, independiente del sacramento religioso. En el siglo XIX esa doctrina ha prevalecido en los países cristianos más cultos y es una característica general del derecho moderno.

A través de veinte siglos de civilización cristiana la condición de la mujer sufrió variaciones en el derecho privado y en el derecho público, cuyos resultados conviene distinguir en las solteras y en las casadas, es decir, en función del matrimonio.

La condición de ambas ante el derecho privado fue siempre inferior a la del hombre. En su carácter de propietaria o de heredera, pesaron sobre la mujer ciertas desventajas, pero la tendencia general fue favorable a ellas en los últimos siglos. En la legislación moderna, la soltera y la viuda se encuentran civilmente en un pie de igualdad con el hombre. En cambio, la situación de la mujer casada no ha variado desde el derecho judío y romano hasta el siglo XIX, conservándose casi incólume la potestad marital. La mujer casada se encuentra en situación de incapacidad, desde el día que contrae matrimonio; no puede contratar ni obligarse con terceros sin autorización de su marido; aunque esté separada de bienes, es legalmente incapaz de dar, de enajenar, de hipotecar, de adquirir a título gratuito u oneroso; debe obediencia a su marido, quien le retribuye protección; sigue su domicilio; le debe fidelidad, a precio de su vida; en algunos países puede separarse de él y en muy pocos puede divorciarse, aunque siempre exponiéndose a sanciones morales tan temibles como el mal que se evita. En fin, ninguna convención matrimonial puede restituirle la capacidad que pierde al casarse, dado que su incapacidad es de orden público, como el matrimonio mismo. La diferencia entre la soltera y la casada no se ha atenuado en el derecho moderno, como si la institución del matrimonio pudiera peligrar apartándose del régimen patriarcal. La incapacidad no es ya inherente a la mujer, sino propia de la esposa; comienza con el matrimonio y termina con él, con la muerte. Lo único que la mujer casada puede hacer sin autorización del marido es testar, pues sus disposiciones tienen efecto después de la muerte, que disuelve el matrimonio.

La situación de la mujer ante el derecho público ha sido la de incapacidad habitual. Su excepción más importante y visible emana de un privilegio de casta; el derecho monárquico ha admitido a las mujeres en el gobierno de los Estados, por una extensión del derecho hereditario. En cambio, al firmarse el derecho democrático, que ha radicado la soberanía de la nación en el pueblo, la mujer ha sido excluida del pueblo mismo, negándosele el derecho de ser electora y elegida. En este terreno la soltera no ha logrado ventajas sobre la casada, siendo análoga la incapacidad política de ambas hasta fines del siglo XIX. En vano el problema de la ciudadanía de la mujer fue planteado durante un siglo en Francia, en Inglaterra, motivando los memorables alegatos de Condorcet y de Stuart Mill. Sólo en 1869, la primera legislatura del nuevo territorio de Wyoming, en los Estados

Unidos, acordó el derecho de sufragio completo a las mujeres; en 1890, al ser admitido como Estado por la Unión, el Congreso Nacional aprobó la constitución local que establecía el voto femenino, reconociendo de esa manera que el ejercicio de los derechos políticos por las mujeres no era incompatible con la Constitución de los Estados Unidos.

En los últimos treinta años se ha iniciado un cambio radical en la situación de la mujer ante el derecho privado y el derecho público. Las costumbres comenzaron a modificarse desde que la mujer fue admitida a gozar de los beneficios de la instrucción pública y del trabajo. La posibilidad de que se instruyera a la par del hombre obligó a abrirle el camino de la administración y de las profesiones. La gran guerra precipitó esa evolución ya comenzada, comprometiendo en sus cimientos los baluartes jurídicos del patriarcado, en la organización de la familia. La potestad marital, intangible todavía en los códigos, ha perdido su eficiencia en las costumbres; ya no es ciegamente acatada ni se la respeta como un dogma absoluto. La mujer que se basta a sí misma quiere ser una asociada y no una protegida; la opinión de la mayoría, que marca el tono de la moralidad, está decididamente en favor de una progresiva liberación de la mujer, considerándose inmorales los derechos coercitivos y represivos que la ley concede al marido sobre la esposa. La misma potestad paternal sufre ya importantes restricciones; la moral y la ley reconocen a los niños ciertos derechos que limitan la potestad de sus padres. La vida familiar deja de ser la esclavitud de todos bajo la tiranía paternal; cuando la conciencia colectiva reprueba a un mal padre o a un mal esposo, afirma la existencia de derechos individuales de los hijos y de la mujer, superiores a la potestad patriarcal. La jerarquía decrece en las relaciones domésticas; la educación y el trabajo elevan la capacidad de cada cónyuge o hijo, justificando la indisciplina contra toda coerción abusiva que no tenga como fundamento la superioridad real. ¿Puede el derecho privado permanecer ajeno a esas condiciones de hecho que privan ya en la sociedad? ¿La mujer casada seguirá siendo una incapaz por el solo hecho de tener marido? Nada autoriza a creerlo. En muchos países se ha iniciado ya una corriente de reformas favorables a la capacitación civil de la mujer casada; se han multiplicado los casos en que ella puede sacudir el yugo de la potestad marital y velar por los intereses propios constituidos con el producto de su trabajo. El problema puede considerarse virtualmente resuelto en favor de la mujer casada, nivelando su capacidad civil con la de la soltera, que es igual a la del hombre. Es cuestión de tiempo.

La traba legal parece formidable; tiene en su favor el interés de los hombres y el peso de la tradición sedimentada en milenios de régimen patriarcal. Pero su fuerza ha disminuido en los últimos 20 años, por la inesperada rapidez con que ha variado la situación de la mujer ante el derecho público. En el reciente derecho democrático ella ha sido admitida a participar de la soberanía popular, reservada a los hombres durante el siglo XIX. El ejemplo dado por el territorio de Wyoming fue contagioso. En el primer decenio del siglo XX la lucha por los derechos políticos de la mujer cobró contornos decisivos. La gran guerra comenzó a transformar en realidad las esperanzas más optimistas. En la actualidad las mujeres compartes la soberanía popular en la mayoría de las poblaciones cristianas. Además de electoras, son elegibles en muchas partes. En cualquier almanaque internacional se encuentra la lista de mujeres que son diputados, ministros y aun gobernadores de Estado. Se trata de hechos, no anulables con opiniones; su consagración en el derecho público se ha efectuado en grandes naciones, como Estados Unidos, Inglaterra, Alemania y Rusia, lo que excluye la probabilidad de una retroversión general a la soberanía popular exclusivamente masculina. Es probable que si llegara a limitarse el sufragio universal no sería por razones de sexo, sino por calificación fundada en la educación y la capacidad para el trabajo, respetándose el voto de las mujeres útiles y excluyéndose el de los hombres socialmente inservibles. Estas conquistas en el derecho público concurrirán, sin duda, a favorecer la rehabilitación civil de la mujer casada en el derecho privado. La potestad marital parece condenada a un fin certero en los países más cultos.

Estas nuevas condiciones económicas, morales y jurídicas determinan la decadencia del patriarcado. La familia tendrá que modificarse, admitiendo los derechos de la esposa y de los hijos. El matrimonio sólo será tolerado como un contrato civil entre partes jurídicamente iguales, asociadas con fines de bienestar y de felicidad común, con deberes y derechos equivalentes. Ninguna ventaja habría en que los cónyuges renunciaran al derecho de reparar un error posible en el momento de asociarse; siendo falibles todos los seres humanos, parece natural y justo que puedan separarse cuando la experiencia les demuestre que la asociación ha sido perjudicial.

3. SOCIALIZACIÓN DE LOS DEBERES DOMÉSTICOS

En las sociedades de tipo familiar, como el clan o la gens, toda la autoridad está resumida en el jefe de la familia. Cuando la sociedad adquiere el tipo estatal, la autoridad se divide en pública y privada; la pública pasa a ser función del Estado y la privada queda a cargo del jefe de familia. Las dos jurisdicciones son interferentes y de amplitud variable; en tiempos de guerra priva la potestad estatal y en tiempos de paz la potestad paternal. Este problema no ha sido bien estudiado hasta ahora por los etnógrafos, juristas y sociólogos. A medida que se estabiliza la estructura social se equilibran las dos potestades, privada y pública, definiéndose finalmente en reglas de derecho usual y escrito [1].

El proceso de la sociedad se acompaña de una restricción de la familia, entendida ésta como el conjunto de las personas que están bajo la potestad patriarcal. Pero, en la medida que la familia sigue siendo de jurisdicción privada, la potestad y el parentesco implican siempre ciertos deberes, que el uso y la ley consagran. A medida que la estructura social es más compleja los deberes familiares se tornan

---

[1] La primitiva familia griega era la gens, con propiedad familiar de los varones y la filiación consanguínea paternal. Cuando se desenvolvió el Estado, la potestad paternal y la familia fueron restringidas a un grupo doméstico de consanguíneos inmediatos, al mismo tiempo que la propiedad patriarcal familiar se transformó en propiedad masculina individual. La familia primitiva romana era similar, extendiéndose el concepto de familia a la gens patriarcal, con filiación masculina. El matrimonio con *manus* corresponde a la potestad masculina y a la herencia siguiendo la *agnatio*; a la potestad femenina y la herencia sigue el *cognatio*. Sólo en una fase ulterior se generalizó el parentesco por cognatio y la herencia por vía maternal, siendo desde entonces todos los matrimonios con *manus*. La herencia y la potestad fueron solidarias en su evolución, hasta que al fin del derecho civil fijó normas estables a la familia patriarcal, a la propiedad y a la herencia. La desintegración de la gens por el Estado, en el derecho primitivo, está aún por estudiarse. Su resultado general fue, sin embargo, la restricción de los derechos y deberes de familia a un área cada vez más restringida, asumiendo el Estado las funciones generales de las diversas gens refundidas al constituirlo. Esta hipótesis merecería un estudio más detenido.

más intensos. No basta criar los hijos, es necesario adaptarlos al medio, capacitándolos para la vida económica y social, mediante un aprendizaje cada vez más largo. Esa educación no es de interés privado, sino de interés público. Así surge a través de los siglos el concepto de transformar el deber educacional en una función del Estado, aliviando al padre de familia de la más enorme de sus cargas. Pero, al asumir esos deberes, el Estado sustituye en cierta medida, la potestad paternal privada por su potestad estatal pública. La socialización de los deberes familiares se presenta como una evolución natural. Parece lógico y justo que la sociedad asuma los que sirven para capacitar socialmente a los individuos [1]. De esta manera la solidaridad familiar es sustituida por la solidaridad social; la cooperación, antes limitada entre la parentela de la gens, tiende luego a extenderse entre todos los ciudadanos de un mismo Estado, que son individuos de una misma sociedad.

Sería extenso detenernos sobre tan interesante tópico doctrinario. Más breve es consignar hechos que demuestran lo mismo.

Las sociedades cristianas contemporáneas, por intermedio del Estado, toman una injerencia cada vez mayor en las relaciones domésticas; pero al suplir la potestad paternal por la potestad estatal, compensan al padre redimiéndole

[1] Hemos dicho ya que los deberes domésticos son limitados en las sociedades primitivas; reducida la vida a necesidades vegetativas, la crianza es un pasatiempo para los padres, que no tienen cosas muy graves que pensar ni que hacer, fuera de trabajar para comer y cohabitar para reproducirse. Pero cuando se civiliza la vida social y se eleva la mentalidad de los cónyuges, los deberes aumentan en una progresión desproporcionada con los beneficios de la domesticidad, convirtiéndose en una limitación de la vida espiritual y social.

Cuando el matrimonio llega a la actual monogamia exclusiva y perpetua, la gravedad de los deberes es tan grande que constituyen una esclavitud de los cónyuges; es concebible que ningún individuo se casara por muy enamorado que estuviese, ante el precio que la sociedad pone a la satisfacción de su amor. El sacrificio a la domesticidad es total. Apenas si es necesario agregar que estas consideraciones se aplican a las familias que viven del trabajo del padre y subsidiariamente del de la madre. Para los que nacen rentistas el problema no existe, pues el peso de sus deberes domésticos es soportado por los que trabajan para proporcionales sus rentas. Lo único que podrían preguntarse es si tal parasitismo puede ser eterno, pues si llegara a suprimirse el problema de los deberes familiares quedaría reducido para todos los seres humanos a un común denominador.

de los deberes domésticos más gravosos. Tres grandes grupos de reformas demuestran que la familia patriarcal está en plena evolución hacia la familia social.

1º La conciencia pública, las costumbres y la legislación reconocen ya que la maternidad y la crianza son funciones sociales. La protección de las madres y de los lactantes es un deber del Estado, que redime de él al padre y a la madre misma. La tutela de las embarazadas, de las parturientas y de los infantes es hoy una norma corriente de la asistencia social. Hacer hijos y criarlos es un trabajo para .as madres y debe ser costeado por el Estado, cuyo interés primordial está en la defensa de la natalidad.

2º La conciencia pública, las costumbres y la legislación reconocen ya que la educación y la instrucción son funciones sociales. Al hacerse cargo de ellas, garantizando su gratuidad y haciéndolas obligatorias, el Estado ha invadido la potestad de los padres en nombre de la igualdad de derecho reconocida a todos los ciudadanos; en cambio se obliga a proveerlos de útiles escolares, de vestidos y aun de alimentos, como acaba de enseñarlo el experimento realizado por Lunatcharsky en la nueva Rusia, admirable por su concepción integral y asombroso por sus resultados civiles. Es común, por otra parte, que el Estado haya puesto a cargo de la comunidad los hijos descuidados o abandonados por sus padres y que intervenga para protegerlos en caso de sevicia o de inmoralidad paternal. Los deberes de protección privada se están transformando en deberes de protección social; el Estado afirma claramente que todos los hijos son futuros ciudadanos y asume el deber de capacitarlos para la vida civil.

3º La conciencia pública, las costumbres y la legislación establecen ya que el sostenimiento de los ancianos, incapacitados y enfermos es una función social. El Estado releva de ese deber a la familia; todos los países cultos tienden a nivelarse con las instituciones y leyes establecidas desde fines del siglo pasado en Suiza. La cooperación y el seguro social han dado el carácter de derechos individuales a lo que la caridad cristiana ofreció como limosna durante veinte siglos. La protección de los incapacitados por el Estado, redime de una carga enorme a los consanguíneos que están obligados a trabajar por sí y por otros.

Esas tres grandes corrientes de reformas sociales, están transformando en derechos individuales, bajo los auspicios del Estado, todos los penosos deberes que hacen insoportable el peso de la familia patriarcal, para todos los hombres que no son herederos o rentistas.

El Estado moderno tiene relaciones con los individuos, desconociendo a la familia todo carácter jurídico. Ha reemplazado la responsabilidad familiar por la individual; ha negado el derecho de venganza a los parientes; ha suprimido la obligación de pagar las deudas de los consanguíneos. Si ha aumentado su jurisdicción sobre las relaciones domésticas, ha sido para garantizar derechos a los individuos.

Así como el matriarcado fue sustituido por el patriarcado, el Estado moderno tiende a sustituir la familia patriarcal por la familia social. La transformación de los deberes familiares en deberes sociales tendrá como consecuencia la atenuación progresiva de la domesticidad del hombre y de la mujer.

Podría argüirse que la excesiva intervención del Estado en la vida familiar importa una atenuación de los derechos del individuo. El argumento es falaz. En la familia actual el individuo es un esclavo de sus deberes, pues si no los cumple es objeto de sanciones morales pavorosas; el Estado interviene para redimirle de esos deberes y para garantizar sus derechos individuales. Lo que las nuevas leyes coartan es el privilegio y el abuso, impidiendo que en nombre de instituciones ancestrales la mujer sea víctima del marido, el hombre víctima de sus consanguíneos y los hijos víctimas de los padres [1].

---

[1] Las opiniones de Spencer, en su famoso libro *El individuo contra el Estado*, eran un resultado legítimo de su atrasada mentalidad política. Como buen conservador, especialmente en la edad madura, seguía viendo en el Estado una expresión de privilegio monárquico divino, restrictivo de los "privilegios" del individuo, concebidos como la libertad de mantenerse fuera de la ley común, frente a reyes que podían decir: "el Estado soy yo". Es evidente que tal Estado era restrictivo de todos los derechos individuales, sin excepción.

Pero cuando la soberanía radicó en la voluntad popular y fue ejercida por medio de sus representantes, el Estado se convirtió en el instrumento de los derechos individuales comunes a todos los ciudadanos, contra los "privilegios" de individuos que pretendieron seguir viviendo fuera de la ley común. Al combatir el Estado, en nombre del individuo, hizo Spencer la defensa de los privilegiados, no la de los ciudadanos.

El Estado moderno —y cada vez más el futuro, cuando un sistema representativo funcional exprese mejor los intereses del soberano y excluya a los politiqueros inmorales que falsean la representación— es, con todas sus imperfecciones, la única garantía de

No es creíble que la progresiva socialización de los deberes domésticos tenga por resultado la desaparición de las uniones permanentes; pero es seguro que el matrimonio se modificará sustancialmnte, perdiendo ciertos caracteres coercitivos cuya inmoralidad es indudable. ¿Cuáles serán los límites de esa transformación? Es difícil conjeturarlo, dado que ella será, por fuerza, diferente en las diversas sociedades humanas.

Aunque la cooperación social para la crianza y educación de sus hijos produzca una liberación recíproca de los cónyuges, no es probable que ella conduzca al régimen llamado del "amor libre"; no se advierten las ventajas de un sistema de relaciones domésticas comparable a una promiscuidad sin obligaciones ni sanciones. En las sociedades modernas no existe entre los individuos ninguna clase de relaciones "libres"; todas son condicionadas por las costumbres y las leyes de esas mismas sociedades. Mientras el hombre sea un ser social —y cada vez lo será más— la unión entre dos individuos de sexo distinto creará entre ellos relaciones de hecho o de derecho, más o menos estables, que convendrá consignar en contratos civiles cada vez menos imperfectos.

En la familia del porvenir, constituida por la unión de

los derechos individuales y el mejor terreno en que el ciudadano, de ambos sexos, puede librar sus batallas contra los privilegios amparados por el dogmatismo social.

Spencer no ha advertido que, en la sociedad moderna, la coerción estatal ha disminuido más aceleradamente que la coerción moral. El individuo es más esclavo de los prejuicios que de las leyes, particularmente en lo que se refiere a las relaciones domésticas. La ley prohíbe, la moral mata. Algunas veces, cuando la ley autoriza, como en el divorcio, la moral sigue matando. Una ley puede reformarse en un año, en un minuto; una niebla de prejuicios sólo se disipa en siglos.

La inferioridad de la mujer en el matrimonio persiste porque el Estado conserva a los hombres el privilegio de constituir el soberano con exclusión de las mujeres. Cuando se consolide la nueva situación de las mujeres en el derecho público, sus efectos serán inmediatos sobre el derecho privado. El Estado será para ellas el defensor de los derechos individuales, contra el privilegio de los hombres; pues es seguro que los perjuicios seculares estratificados en la moral patriarcal seguirán marcando a la mujer con el sello de la incapacidad.

Cuando el Estado garantice los derechos individuales de la mujer, es posible que aparezca algún spenceriano que lo combata en nombre del individuo, llamando así a los maridos que, conforme a la moral de antiguo régimen, sigan reclamando el privilegio de administrar el producto del trabajo de sus mujeres.

cónyuges asociados sobre un pie de igualdad ante el derecho privado y público, el problema de la potestad podrá sufrir modificaciones saludables. El Estado tendrá su parte de potestad sobre los hijos, en cuanto éstos son futuros ciudadanos y deben ser capacitados para la vida civil; la restante potestad privada será compartida por el padre y la madre, en diversa proporción, variable con la edad, las aptitudes, las tendencias y aun las simpatías de los hijos. Es muy posible que al disolverse el régimen patriarcal se restablezca la filiación por línea femenina, desapareciendo la distinción entre los hijos legítimos y naturales, cuya importancia radica en el derecho hereditario patriarcal, llamado a atenuarse y desaparecer.

Es lógico pensar que la transformación de los deberes familiares en funciones sociales permitirá asentar la unión conyugal sobre normas de simpatía, de justicia y de solidaridad. Emancipados el hombre y la mujer de las cargas de la domesticidad, el matrimonio electivo y disoluble podrá ser una asociación favorable a la dicha de quienes lo celebren mediante un contrato civil que no humille ni sacrifique a ninguna de las partes.

4. DIGNIFICACIÓN DE LA MORAL FAMILIAR

Es inconcebible que tales perfeccionamientos jurídicos de las relaciones domésticas, encaminados a humanizar el matrimonio y dignificar la familia, no determinen una evolución benéfica de la moralidad. La opinión de la mayoría tendrá que apartarse gradualmente del criterio ancestral que hace mirar la esposa, los hijos y el conjunto doméstico como una propiedad privada del hombre [1].

---

[1] No entramos a considerar aquí el actual reinado de la mujer en la vida mundana, pues se limita a un círculo, casta o clase en que existe una moral adaptada a condiciones privilegiadas. La tiranía de la "Dama", o de la "Señora", está ya admirablemente bosquejada, desde Schopenhauer. Nosotros nos ocupamos de la "Mujer", que existe en la proporción de mil a uno con relación a la "Dama". La preeminencia doméstica y mundana de la "Dama" es un resultado natural de sus originarios privilegios de esa clase y de la dote que suele aportar al matrimonio; para ella subsisten una especie de potestad patriarcal que la compensa de su incapacidad civil y un derecho práctico de poliandria que la libera de la esclavitud matrimonial. Por eso la "Dama" es antifeminista; su situación privilegiada de hecho, la induce a despreciar una situa-

En todo tiempo las modificaciones jurídicas del régimen familiar se han adelantado al cambio de opinión de la mayoría. La ley ha precedido a la moral corriente; ha sido dictada contemplando situaciones de hecho creadas por una minoría, cuando los intereses de ésta han sido respetables. Por ese motivo las transformaciones que se están operando en el derecho contemporáneo conservan ante la moral corriente el carácter de "inmoralidades": baste pensar que el Papa León XIII no vaciló en imponer a todos los católicos la obligación de considerar como un simple concubinato el matrimonio celebrado de acuerdo con las leyes civiles.

En todos los pueblos cristianos la gran mayoría de los hombres y mujeres está completamente domesticada y considera inmoral todo lo que tienda a atenuar la domesticidad; la opinión pública aconseja soportar en silencio los peores dramas que pueden ensombrecer la vida familiar, antes que incurrir en las sanciones morales que acompañan siempre a un escándalo. Los que osan reclamar y acogerse al nuevo derecho constituyen una audaz minoría, consciente de que la inmoralidad está en acatar costumbres contrarias al bienestar y la dicha buscadas en el matrimonio. El divorcio, la simple separación de bienes y personas, son hechos consagrados por la legislación civil, pero todavía rodean a los cónyuges de una atmósfera de desconcepto e inmoralidad, equivalente, si no superior, a la que pesa sobre una infidelidad conyugal discreta. La mayoría se escandaliza más cuando dos cónyuges se divorcian, que si viven juntos teniendo su amante y su querida respectivos. Falta agregar que la separación de los padres pesa como un estigma sobre los hijos, que viven moralmente descalificados, como los ilegítimos.

Son visibles, pues, las trabas que la moral pone a la evolución jurídica de las relaciones domésticas. Pero sería de ciegos, a la vez, negar que la moralidad, aunque con lentitud, se transforma. Las nuevas costumbres, impuestas a la mujer por la sociedad moderna y acentuada por la gran guerra, han roto la rigidez de ciertos dogmas propios de la familia patriarcal. El juicio de la mayoría no es hoy el

ción justa de derecho. Considera que no le conviene ni la necesita, lo que individualmente es exacto; no piensa, en cambio, que podrán necesitarla sus hijas, si les toca vivir en una sociedad que le reconozca derechos dignificadores, pero excluyentes de todo privilegio con la justicia social,

mismo que hace treinta años; ciertos valores éticos se han modificado. Muchas "inmoralidades" de ayer se consideran actualmente "morales"; muchas normas de conducta que se reputaban "morales" se juzgan hoy "inmorales" y aun "delictuosas". Las solteras y las casadas hablan ya libremente de ciertos derechos que hace medio siglo no podían nombrar sin que se las declarase inmorales.

Esa evolución de las costumbres, contraria al privilegio de los hombres, ha impuesto nuevos criterios a la educación moral. ¿Quién se atrevería hoy a considerar "inmoral" a una mujer que frecuenta una escuela, un instituto secundario o una Universidad? ¿Quién podrá proclamar "inmorales" las escuelas primarias mixtas, unicas posibles donde la población escolar es poco densa? A la mujer se le ha reconocido el derecho a la enseñanza, antes reservado a los varones; ninguna madre de este siglo podría pretender hoy que es "inmoral" enseñar a leer a sus hijas, como creían sus propias abuelas.

La instrucción obligatoria y gratuita por el Estado es el factor más importante de transformación de la moral doméstica; la dignificación de los individuos de ambos sexos habría sido imposible sin sustraer los niños a la embrutecedora educación doméstica. La escuela ha convertido a los niños en seres sociales, les ha enseñado que la obligación y la sanción no están limitadas a la familia, sino extendidas a la sociedad. Los hijos, además de sus clásicos deberes para con Dios y para con sus padres, han aprendido que tienen deberes para con la sociedad, deberes que engendran derechos correspondientes, de orden público y privado. De esa manera la moral se ha perfeccionado, elevándose de la mezquina categoría doméstica a la amplia categoría social.

La solidaridad social es más generosa que la doméstica. Ya no se limita a los consanguíneos de la gens o del clan; se extiende a todos los ciudadanos de la sociedad, garantizada por el Estado. Por ese camino se va andando. Será lenta la transformación de la moral doméstica propia de la familia patriarcal, pero no se conciben factores capaces de detenerla en su estado actual, ni parece posible una regresión. Los hijos del patriarca serán, cada día más, los ciudadanos de la nación. El culto familiar de los antepasados seguirá convirtiéndose en culto nacional de los grandes hombres. La extinción de la ética de la gens patriarcal será una consecuencia progresiva del desarrollo de la ética de la sociedad nacional.

5. LA RECONQUISTA DEL DERECHO DE AMAR

Poseemos ya los elementos de juicio necesarios para apreciar, en su vasto conjunto, las tendencias generales de la honda revolución que se está operando en las relaciones domésticas, en la gran mayoría de los pueblos que constituyen el llamado mundo cristiano. Algunas conclusiones parecen evidentes. La emancipación social de las mujeres y su capacitación civil dentro del matrimonio concurren a la desaparición del régimen patriarcal que aún impera en la familia. La transformación de los deberes domésticos en deberes sociales, redime a la mujer de las cargas de la maternidad y la crianza y libera al hombre de las cargas de la educación y del sostenimiento de los incapacitados. El matrimonio, convertido en una asociación exenta de coerciones, no necesita ser indisoluble. Las nuevas costumbres van transformando la opinión de la mayoría en un sentido armónico con la evolución jurídica impuesta por la situación de respetables minorías, lo que importa la elevación de la moralidad doméstica hacia una más justa moralidad social.

¿La nueva forma de asociación familiar será favorable o contraria al desarrollo del amor? ¿Se extinguirá la domesticidad y renacerá el amor en el matrimonio futuro? ¿Morirá el amor, que agoniza en el matrimonio actual, para ceder su puesto a una domesticidad técnicamente perfeccionada? Las dos hipótesis —erótica y eugénica— se presentan como posibles, aunque con diverso grado de probabilidad. Lo único inconcebible es que variando las costumbres, la moralidad y las leyes, las relaciones afectivas de los cónyuges en el matrimonio permanezcan eternamente en su estado actual, después de haber variado incesantemente en todos los tiempos y lugares.

1º La extinción de la domesticidad permite un renacimiento del amor en las relaciones conyugales. El matrimonio de amor reemplazará al matrimonio de conveniencia. La unión duradera de los cónyuges dejará de ser una imposición de la ley para convertirse en un acto consciente de los interesados, con los límites naturales de su bienestar y felicidad recíprocos. En esta hipótesis, erótica, el amor, inmoralidad de hoy, representará la moralidad de mañana.

2º La organización técnica y científica de las relaciones intersexuales, determinará un perfeccionamiento social de los sentimientos domésticos y excluirá al amor individual como peligroso para la sociedad. El matrimonio de conveniencia reemplazará al matrimonio de amor. La unión duradera será un deber social para los reproductores más aptos, a la vez que podrá limitarse la reproducción de los que engendrarían una descendencia nociva para la sociedad. En esta hipótesis eugénica, una domesticidad perfeccionada representaría la moralidad de mañana acentuándose el carácter inmoral y antisocial del amor.

Las dos hipótesis, en su expresión radical, encaran la solución de problemas distintos. La erótica se preocupa del bienestar actual de los individuos; la eugénica se interesa por el bienestar futuro de la sociedad. En su forma extrema la doctrina erótica estaría representada por el amor libre, con disolución de la familia permanente y adopción social de los hijos y los incapacitados; la eugénica, en cambio, llevaría a transformar la sociedad en un haras humano, donde las funciones de reproducción estarían reservadas a los ejemplares superiores.

Bien miradas, las dos hipótesis expresan modos generales de pensar. La erótica pone en primer plano los derechos del individuo, mientras la eugénica antepone a todo las conveniencias de las especies. Por otra parte, es visible que mientras la hipótesis eugénica concibe el perfeccionamiento biológico de la humanidad como resultado de una selección artificial inteligente, la hipótesis erótica confía el mismo resultado al restablecimiento de la selección natural instintiva que seguirá a la reconquista del derecho de amar.

La ciencia eugénica, sustentada con valiosos argumentos por sabios de todos los países cristianos, es una aplicación a la especie humana de los resultados obtenidos por los criadores mediante la selección artificial. ¿Por qué no mejorar los hombres como se mejora los caballos y las palomas, los duraznos y los crisantemos? La fácil respuesta afirmativa tropieza en la humanidad con una objeción fundamental; la imposibilidad de concordar opiniones sobre el arquetipo de hombre que conviene fijar como ideal de la selección. Aparte de las diferencias de razas, existen las de temperamento y aptitudes. Sería difícil preferir al blanco en la zona tórrida o al negro en la fría, como dar el primado a los altos, rubios o dolicocéfalos en todas las latitudes. ¿Convendría, entonces, refinar simultáneamente diversas variedades humanas, o subespecies, extremando su diferenciación y extirpando los tipos intermedios? Los eugenistas no han intentado responder a esas preguntas legítimas, ni las han enunciado siquiera, discreción que es de alabar.

En la práctica sus doctrinas son menos rigurosas. Se limitan a aplicar al matrimonio y a la reproducción ciertas normas utilísimas de higiene y profilaxis, cuyos benéficos resultados serían evidentes. Desde el punto de vista legal la eugenia puede expresar el derecho de una sociedad a restringir las funciones reproductoras de los individuos afectados por taras, constitucionales o adquiridas, transmisibles a sus descendientes. ¿Y el derecho de amar? Los eugenistas están obligados a considerar el amor como un sentimiento atávico, perjudicial a la especie, que conviene excluir totalmente de todo cálculo relativo al matrimonio y a la familia; a lo sumo, si ello fuera imposible, el Estado debería imponer, a los seres no eugénicos que todavía se enamoran, la obligación de no reproducirse. Es decir, fuera del matrimonio eugénico el derecho de amar no implicaría el derecho de procrear. Si dos degenerados cometen la locura de enamorarse, allá ellos; pero guárdense muy bien de apestar la sociedad engendrando otros degenerados.

Es forzoso reconocer que la adopción de los principios eugénicos, aun dentro del actual matrimonio monogámico patriarcal, representaría un perfeccionamiento de la domesticidad. Su innegable superioridad moral consistiría en reemplazar las ficticias conveniencias mundanas que hoy corrompen el matrimonio, por conveniencias biológicas favorables al mejoramiento de la descendencia [1]. No puede negarse, sin embargo, que sus ventajas selectivas son difícilmente compatibles con los derechos individuales consa-

---

[1] Ninguna persona ilustrada ignora que en algunos países se han constituido sociedades eugénicas, compuestas por individuos de ambos sexos, cuya admisión está sometida a un severo contralor médico, intelectual y moral. Los socios se comprometen a casarse solamente entre ellos, lo que ofrece muchas ventajas y ningún inconveniente, dado el crecido número de los asociados y su homogeneidad de estética, costumbres, ilustración, categoría y fortuna. En realidad, las sociedades eugénicas serían verdaderos clanes artificiales de individuos seleccionados que adoptan el matrimonio endogámico. Como régimen excepcional y extrasocial no se concibe nada más perfecto; su resultado, en varias generaciones, sería constituir una aristocracia natural que entraría en forzoso conflicto con la gran masa de población inferior. ¿Qué derechos podría invocar una plebe racial contra los justos privilegios de semejante aristocracia legítima?

¿Sobrevendría, a la larga, la misma degeneración observada hasta ahora en todas las aristocracias? Problemas.

grados por el derecho moderno. ¿Puede tener algún contenido real, para los hombres, una concepción abstracta de la especie humana que tenga por condición y resultado reducir a cero los derechos individuales? ¿Puede concebirse un bienestar de la especie que prescinda del bienestar de los individuos, tal como ellos lo conciben? Es probable que esas preguntas pudieran contestarse diciendo que cada generación debe sacrificarse por las que le siguen; los beneficios eugénicos, en tal caso, tendrían un sentido solamente para una minoría tan culta e intelectualista que renunciara a enamorarse de personas que no presentaran, previamente, certificados genealógicos y sanitarios en forma.

Sin reprobarla como concepción teórica, la ciencia eugénica no parece aplicable, dentro del matrimonio monogámico, con la extensión necesaria para que resultase eficaz. Su mayor obstáculo sería, precisamente, la capacidad individual de enamorarse, admitido que el derecho de amar se ve fortalecido por todas las transformaciones que se están operando en las costumbres, en la moral y en el derecho.

Parece más lógico admitir que la domesticidad se extinguirá, en vez de perfeccionarse, hasta llegar a la selección artificial mediante el matrimonio eugénico; al ser reemplazada por el amor, el matrimonio se convertirá en un instrumento eugénico de selección natural.

En la evolución futura de las relaciones domésticas se bosqueja ya una atenuación progresiva de las limitaciones impuestas al derecho de amar. Esas limitaciones pueden reducirse a cinco grupos principales, cuyo desarrollo histórico nos es bien conocido.

1º Los deberes de la domesticidad, cuando el interés de la crianza impuso a los cónyuges seguir unidos el tiempo necesario para que los hijos aprendieran a caminar y vivir, adaptándose al régimen usual en su comunidad. Esos deberes, primitivamente más graves para las mujeres, se tornaron más graves para los hombres cuando el desenvolvimiento social obligó a prolongar la crianza con la educación. Esta limitación del amor afecta a los que han contraído matrimonio y constituido familia, restringiéndoles en lo sucesivo el derecho de amar.

2º La esclavitud en el matrimonio patriarcal suprimió para los mujeres el derecho de casarse por amor y de amar después del matrimonio. Esta limitación no modificó el derecho de amar de los hombres, pues el patriarcado originario no excluyó la poligamia permanente o eventual. La limitación en las mujeres fue atenuada por el privilegio de consentir el matrimonio, conquistado al principio por las hijas de padres ricos. La moral doméstica patriarcal se ha opuesto a que las mujeres elijan marido, primero reservando esa función a los padres, después manteniendo la costumbre de que sea el hombre quien busque y elija esposa, dejando a la mujer el limitado derecho de aceptar o rechazar a los que la eligen.

3º Los intereses económicos de la familia patriarcal han reducido el matrimonio legal a la monogamia indisoluble, limitando en los hombres el derecho de amar después del matrimonio. Las transgresiones a esa norma son reprobadas por la moral y reprimidas por la ley. Esta nueva limitación no modificó la prohibición de amar para las mujeres casadas, pero ella les fue más llevadera al ser impuesta también a los hombres.

4º Las jerarquías sociales establecen para los individuos de ambos sexos limitaciones usuales al derecho de amar, conforme a las ideas de raza, casta, clase, categoría, etc.; esas limitaciones son poderosas y persisten aún cuando las leyes establecen la igualdad civil de todos los ciudadanos.

5º Las cargas crecientes de la economía familiar disminuyen la nupcialidad y condenan al celibato forzoso a una parte de los individuos de ambos sexos, cuya educación les impide amar si no es con propósito expreso de contraer matrimonio. Esta limitación, agravada en los últimos decenios, pesa más sobre la mujer.

Estos cinco grupos de limitaciones al derecho de amar parecen destinados a perder su importancia en las costumbres y leyes que caracterizan la presente evolución de las relaciones familiares. La socialización de los deberes domésticos exime de ellos a los individuos y suprime la convivencia forzosa, devolviéndoles la libertad de amar más de una vez en su vida.

La capacitación social, económica y jurídica de la mujer, le devuelve el derecho de amar y de unirse en matrimonio por amor.

La disolubilidad del matrimonio y la protección social de la prole devuelven al hombre y a la mujer el derecho de amar después de haber contraído un matrimonio, sin perjudicarse entre sí ni a sus hijos.

La democratización de los derechos públicos y privados tiende a suprimir las jerarquías sociales, restableciendo el derecho de amar entre individuos de grupos o sectores distintos de la sociedad.

La atenuación de los deberes domésticos por el aumento de la solidaridad social influirá en favor del aumento de la nupcialidad, devolviendo el derecho de amar a muchos individuos que lo subordinan al matrimonio y se apartan de éste por temor a las cargas de la economía familiar.

Todo parece, pues, favorable al renacimiento del amor en las futuras relaciones domésticas, cuando los cónyuges no estén forzados a la convivencia perpetua por las necesidades materiales, por la opinión de la mayoría, por las costumbres y por las leyes. Y, sobre todo, cuando no sean educados en la presente moral de la domesticidad, que ha anatematizado el amor como la más grave de las inmoralidades que perturban el orden social.

6. LA SELECCIÓN NATURAL POR EL AMOR

Cuando lleguen a predominar los factores favorables al renacimiento del amor, la naturaleza misma se encargará de obtener los resultados que persiguen los eugenistas. Suprimidas las trabas sociales al derecho de amar, los hombres y las mujeres recuperarían su capacidad de elegirse recíprocamente para unirse en matrimonios de amor. La selección sexual se restablecería en las sociedades humanas. Los mejores hombres y las mejores mujeres se elegirían entre sí, con el fin de reproducirse; los deficientes de ambos sexos podrían acercarse para satisfacer sus deseos instintivos, pero su menor prolificidad, y las desventajas de su prole en la lucha por la vida, determinarían la selección natural [1]. Es de presumir, por otra parte, que la extensión progresiva de la cultura inspiraría a la mayoría de los deficientes una justa reserva ante el peligro de engendrar hijos malsanos, lo que podría crearles una responsabilidad ante la sociedad solidarizada en su crianza y educación.

---

[1] Esto presupone la extinción de los privilegios sociales que subvierten actualmente la lucha por la vida, permitiendo la supervivencia de las proles deficientes o degeneradas. El predominio de los individuos más aptos sería tan inevitable en la especie humana como en las demás, si no mediaran condiciones perturbadoras, de carácter social, que determinan varias formas de "selección regresiva", demasiado notorias.

Suprimiendo las razones de conveniencia social que presiden hoy al matrimonio, el amor influiría cada vez más en la elección de los cónyuges. Eliminando la domesticidad, que tuerce las tendencias naturales del instinto de reproducción, el amor sería el único vehículo entre cónyuges no forzados a convivir, por la necesidad o por la ley. El matrimonio efectuado por amor duraría tanto como el amor.

La nueva educación moral devolvería al ideal de amor y a la ilusión de amor su primitiva significación selectiva y eugénica. Las deformaciones que el ideal y la ilusión han sufrido, al ser adecuados a la familia y al matrimonio, podrían corregirse cuando se extinguiera la domesticidad. La actual educación para el sacrificio familiar sería reemplazada por una educación para la felicidad de amar. El ideal de amante sustituiría al ideal de esposo; el matrimonio tendría un símbolo en la pareja de tórtolas que canta frente al sol animador y no en la yunta de bueyes que tira mansamente del carro familiar.

Es concebible que en un nivel superior de cultura los seres humanos pondrían más alto sus ideales. La mujer redimida de la esclavitud y el hombre emancipado de la domesticidad concebirían cada vez menos imperfecto su ideal.

Hoy mismo el ideal de cónyuge difiere mucho entre un labriego y un clubman, entre una beata y una estrella de cine; todo obliga a pensar que una nueva educación, adecuada a las futuras relaciones familiares, elevará considerablemente el ideal amoroso de los individuos, aproximándolo a las verdaderas conveniencias eugénicas. Sobre las ruinas de la selección doméstica y matrimonial renacerá nuevamente la selección sexual poderosamente fortalecida por el sentimiento electivo individual, por el amor.

La humanidad podrá superarse a sí misma cuando el derecho de amar sea restituido a su primitiva situación natural. Un nuevo prodigio selectivo podrá acelerar el mejoramiento de la especie en algún pueblo cuyos individuos sepan amar conforme a un ideal eugénico más elevado. Renacerá entonces la posibilidad de que el amor determine una nueva variación ascendente de la especie, que engendre una humanidad de seres, tan superiores al hombre actual como éste lo es a sus antepasados simioideos.

NOTA ACLARATORIA

La Parte cuarta, dedicada a la *"Psicología del amor"*, debía comenzar por uno o dos capítulos destinados a estudiar *"La personalidad sentimental"*, es decir, las relaciones entre el amor y el temperamento, entre el amor y el carácter. Nada dejó escrito Ingenieros sobre este punto, pero a través de sus notas se ve que pensaba incorporar a esta altura de su libro el artículo sobre *"Werther y Don Juan"*, publicado en la Revista de Filosofía (Año X, N° 1, enero 1924). Así se lo ubica por eso en la presente edición con la advertencia de que ese artículo sólo desarrolla, sin duda, una escasa parte del panorama que Ingenieros pensaba abarcar en el primer capítulo de esta parte de su obra.

Los demás capítulos de la parte cuarta fueron en su origen otros tantos artículos publicados en la Revista de Filosofía. De ellos, los que se titulan *"Cómo nace el amor"* y *"La pasión de amor"*, han sido reelaborados por el autor con destino a su inclusión en el presente volumen. Los otros dos —*"Los celos"*. *"La desilusión de amor"*—, están releídos y revisados por Ingenieros, pero sólo han sido objeto de pequeñas correcciones de detalle.

PARTE CUARTA
PSICOLOGÍA DEL AMOR

CAPÍTULO I
LA PERSONALIDAD SENTIMENTAL
WERTHER Y DON JUAN

1. La personalidad sentimental. - 2. Werther y el miedo de amar. - 3. Don Juan y el derecho de amar. - 4. Ni Werther ni Don Juan.

1. LA PERSONALIDAD SENTIMENTAL

Lucrecio, disertando sobre "la naturaleza de las cosas", ve en el Amor una suprema ley, noble y cruel, magnífica y temible, que pone frente al placer la melancolía de perseguir un ideal, sin alcanzarlo jamás. Ley de las leyes, sin duda. Es normal que uno o más episodios de amor compliquen toda existencia humana: cabe mirar como estéril y absurda una vida que nunca ha sido afiebrada por este sentimiento.

Acerca de él conocéis ya el vario parecer de los filósofos, desde Platón hasta Schopenhauer, y habéis leído con provecho diversos ensayos casi experimentales, género en que Ovidio y Stendhal fueron maestros. Entre las manifestaciones de la vida afectiva, pocas hay más estudiadas. Alguno ha descubierto sus raíces en las tendencias instintivas; otro ha descrito las emociones que siguen a la excitación de los sentidos; éste ha analizado la formación del sentimiento amoroso propiamente dicho; aquél, en fin, ha contado cómo elabora la imaginación humana ciertas representaciones carentes de contenido real. Pero todos, filósofos, sabios, artistas, han coincidido en señalar dos grandes temperamentos de enamorados: los que aman para su desdicha y los que aman para su felicidad.

Mirad en torno vuestro. Todos los que aman intensamente realizan, más o menos, unos de esos tipos; se es más Werther o más Don Juan. No se ama como se quiere; se ama como se puede. Sería ello incomprensible si prescindiéramos de examinar las desigualdades de temperamento que influyen sobre la formación de la personalidad sentimental. ¿Cómo y por qué el amor es en el uno aura tibia y en el otro ciclón devastador, picaresco entretenimiento o desesperante obsesión, ensueño quimérico o apetito insaciable, beatitud idílica o agitación ansiosa? Este sentimiento, en efecto, como un rayo de luz de la especie, aparece variamente disociado por cada prisma individual, en matices de policromía inifinita.

La naturaleza produce hombres tan diferentes por su capacidad sentimental como por su inteligencia. Se nace para Werther o para Don Juan; las aptitudes e inclinaciones pueden perfeccionarse si existen, pero no crearse si faltan. Todo ser humano hereda particulares tendencias instintivas: las comunes a la especie y las variaciones de raza, sociedad, familia. Su conjunto constituye *el temperamento afectivo*, que es una predisposición inicial para desenvolver de cierta manera los sentimientos individuales. Las desigualdades nativas se traducen en cada hombre por diversidades de temperamento que persisten a través de su experiencia sentimental.

Por eso suelen resultar inexactas las más ingeniosas divagaciones sobre la metafísica del "amor", si en ellas se omite considerar los heterogéneos aspectos con que el "sentimiento amoroso" se presenta en la experiencia de los amantes, cuya psicología varía de modo considerable según los temperamentos. Con mucho follaje de imaginación y poca raigambre en el instinto. Werther es víctima de su ineptitud para obrar en la hora oportuna; la demasiada rumiación mental le paraliza. Don Juan, con fuerte pujanza de instinto y exigua fronda imaginativa, triunfa siempre por su tacto y porque en todo deseo suyo hay ya un comienzo de acción. Werther diverga, Don Juan ejecuta. Han nacido diferentes y no pueden amar de igual manera. Sin entrar en sutilezas hipócritas, no parecen muy hombres los que dicen admirar el temperamento de Werther y aborrecer el de Don Juan; y toda mujer normal —no lo dudéis— prefiere ser engañada por el segundo que verse afligida por el primero.

Sobre la base del temperamento se elabora la personalidad afectiva, mediante *la educación sentimental*; ésta, en su sentido más lato, es un proceso continuo de adaptación en el curso de sucesivos episodios amorosos que se suman en la experiencia de cada individuo.

El "analfabetismo del corazón" dura poco en los seres normales. La madurez se anuncia con manifestaciones inequívocas: deseo de agradar al otro sexo, pudor defensivo en la mujer, anhelo de conquista en el hombre. Circunstancias muy especiales, y sobre todo una educación torpe, pueden impedir que algunas ráfagas de amor estremezcan la juventud; en esos casos la ignorancia persiste y si se prolonga hasta la madurez los individuos vagan por el mundo como cuerpos sin sombra, ignorando su propio destino afectivo, muriendo de no haber amado.

La formación de la personalidad amorosa implica una elaboración delicadísima; la hipocresía mundana suele dejarla librada al azar, aunque todas las ventajas estarían en pro de su cultivo racional. Una prudente educación del amor evitaría que éste fuese para muchos una simple fiesta de los sentidos esclavizados por el instinto, y que para otros llegara a ser una platónica representación independiente de su base instintiva; la sensualidad y la castidad son anomalías igualmente perniciosas, contrarias a la naturaleza: "los sentidos no conducen al amor, pero sin ellos el amor es un fantasma incorpóreo", según dijo De Hartmann.

La experiencia amorosa se adquiere empíricamente y se enriquece por sí misma, en unos más que en otros. Cada episodio de amor va dejando un rastro, una huella, que se refunde y sistematiza en una imagen sintética: el ideal. Todo amor sentido antes sirve de pauta a un sentimiento ulterior y se combina en la resultante definitiva que busca la concordancia entre el ideal y la realidad. Convergen, pues, muchos amores antiguos en la composición de un nuevo amor. El primero deja un rastro más neto, porque es el más sencillo, no complicado por experiencias anteriores; los siguientes, en igualdad de circunstancias, son cada vez menos simples, y están influenciados por los hábitos sentimentales ya adquiridos.

Estudiando cómo nacen los sentimientos, por qué se transforman, cuándo mueren, se advierte que en cada individuo, como producto de su instinto y de su educación, se forma naturalmente *la personalidad sentimental*. Puede fijarse, en términos por fuerza imprecisos, la edad en que la experiencia amorosa suele alcanzar su plenitud; Balzac parece haberlo presentido en sus divagaciones sobre "La mujer de treinta años" y no es ilógico suponer que algunos hombres pueden anticiparse a ella. Antes de esa edad son inquietas mariposas atraídas por todas las llamas, sin sospechar siquiera en cuál acabarán por quemar definitivamente sus alas.

Con un temperamento y una educación determinados, se

deviene Werther o Don Juan. La experiencia se enriquece por la sucesión de episodios de amor; los pasados constituyen una base permanente para los venideros. En cada momento de la vida humana la personalidad sentimental es la confluencia de todos los episodios que han modificado el temperamento. Por eso, al ser amado, cada amante cosecha el trabajo de los que le precedieron y siembra para los que le seguirán.

La personalidad sentimental es, en suma, un complejo producto del temperamento por la educación. Siendo distintos los temperamentos, existe entre los amantes cierta "desigualdad individual". Siendo diversa la educación, es lógica la "diferenciación individual" entre los amantes de igual temperamento. Y, siendo incesante la experiencia, en cada amante se produce una constante "variación individual". Es indudable, en fin, que a cierta edad la vida afectiva involuciona, como la memoria, el juicio, la voluntad; bórranse más pronto las experiencias recientes y reaparecen cada vez mejor perfiladas las antiguas: la imagen de los primeros amores se hace más nítida en la vejez, como el recuerdo de las primeras amistades, los primeros éxitos, los primeros versos leídos, las primeras esperanzas.

Hablando en términos sencillos, diremos que hay aptitudes amorosas, debidas al temperamento: amantes tiernos o imperativos, tibios o impetuosos. Hay diferencias de educación amorosa, según la distinta experiencia personal: torpes y refinados, tímidos y audaces. Y hay variaciones de la personalidad sentimental en un mismo amador, pues además de variar sus aptitudes y su educación, es diversamente impresionado por el objeto del amor, nunca igual en los episodios sucesivos.

Sea cual fuere la capacidad de amar, cuando las tendencias instintivas son fuertes, como en Don Juan, es segura la asociación armónica de las sensaciones a las representaciones; se ama con todo el ser y el sentimiento es hermoseado por la voluptuosidad. En cambio, cuando esas tendencias son leyes y la imaginación predomina sobre los sentidos, se ama cerebralmente, como Werther; y no es deseo de posesión lo que impulsa a amar, sino inquietud de idea fija lo que obliga a sufrir. La exclusividad de la imaginación o del instinto es contraria a los fines del amor; aunque ciertas morales presentan la castidad como una virtud y la voluptuosidad como un vicio, la naturaleza y la vida están contestes en que la exageración de esa virtud es tan funesta como el vicio mismo.

Esa diferencia de personalidad sentimental podemos tipificarla en caracteres representativos; modelos excelentes nos presentan las grandes obras de arte, cuyo valor psicológico excede al de la misma observación. ¿Podría la realidad ofrecernos un tipo más característico del amante imaginativo que Werther? ¿Dónde hallaríamos una personalidad de más fuerte instinto amoroso que Don Juan?

Antes de analizar la personalidad de Werther y la de Don Juan, conviene establecer que ambos pertenecen a la categoría de los grandes amadores, equivalentes en el orden afectivo a los que suele llamarse ingenios y talentos en el orden intelectual. Por su *capacidad de amor* descuellan sobre la masa de los enamorados comunes, compuesta por temperamentos medianos, ni insensibles ni apasionados, ni tiernos ni bruscos, ni seducidos ni seductores.

Muchos seres humanos, domesticados por el dogmatismo social, viven en plena "mediocridad sentimental", suponiendo que el amor es un simple accidente complementario del matrimonio; algunos traviesos teólogos han llegado a afirmar que después de cumplir ese deber social el amor aparece espontáneamente entre personas que se unen por conveniencia. Flaubert personificó el tipo en el infeliz Bovary. ¿Le recordáis? "Vive blandamente en una especie de continua somnolencia, vagamente satisfecho de vivir, hasta el día en que una profunda herida le iniciará en el dolor, atrozmente primero y sordamente después, y por esa herida se escurrirá gota a gota toda su vida y se inclinará hacia la tierra, gradualmente, hasta acostarse en ella como una hoja desecada..." El marido de la Madama fàmosa no es, sin embargo, un personaje despreciable; es vulgar, simplemente, como millares de maridos, como millares de mujeres, incapaces de elevar sus sentimientos hacia un amante ideal. El señor Bovary es un ser vegetativo, sin placeres ni penas intensas, sin instintos hondos, sin ternuras finas, incapaz de sensualidad ni de quimeras; y, para colmo, marido de una Manon fracasada por no haber encontrado a tiempo su caballero Des Grieux.

Debajo de esos amantes mediocres existen los "retardados sentimentales". Hay idiotas del corazón, en quienes la incapacidad de amar es absoluta; no aman, no pueden amar jamás, como si careciesen del instinto que sirve de base a la formación del sentimiento amoroso. En la imbecilidad sentimental, menos honda, el instinto existe y se manifiesta por tendencias, pero los individuos son incapaces de orientarlas hacia la constitución de sentimientos definidos si no ciegos para el amor; son miopes. Su capacidad de amar estriba en la ineducabilidad de las tendencias, en la imposibilidad de polarizarlas eficazmente. Pueden conocer el deleite de los sentidos, porque poseen emotividad; pero nunca logran tener sentimientos, porque no saben educar sus tendencias nativas.

En cambio, en un plano superior a la mediocridad, encontramos a los que poseen aptitudes excelentes y cuya capacidad de amar se refina en el curso de la experiencia. Para estos "amantes inteligentes" tiene particular importancia el problema de la educación sentimental, pues las mejores aptitudes se malogran si no son bien orientadas desde la juventud; entre ellos se destacan los excepcionales, los de verdadero talento, capaces de sentir y provocar más intensos amores.

Werther y Don Juan, cada uno en su género, están en la cumbre. Aunque se dice que existen genios afectivos, cuesta admitir que existan genios del amor. El amante extraordinario carece de función social; un amor sublime interesa a la persona amada, pero no a la sociedad. Sólo en el caso de organizarse una educación del sentimiento esos genios serían los grandes arquetipos representativos, señalados a la reflexión de los que van formando su experiencia amorosa.

2. WERTHER Y EL MIEDO DE AMAR

Quien se ha conmovido en la adolescencia leyendo la historia sentimental del infortunado amante, no puede escuchar sin emoción el nombre de Werther: tan firme es su rastro en la memoria afectiva de los que simpatizaron con su desventura. Hondamente dramática, la creación de Goethe presenta un acabado bosquejo del tipo amoroso en quien la exuberancia de imaginación llega a paralizar las tendencias instintivas que sirven de base a los sentimientos.

En Werther diríanse personificadas las angustias que han apenado a los amantes indecisos de todos los tiempos. No es Don Juan, ciertamente. Carece del tacto que salva las dificultades y pone empeño en tropezar con todos los obstáculos; para ser feliz ensaya cuantos medios conducen a la infelicidad; goza de sufrir, tiembla de querer, muere de amar.

Inexperto en su pasión, más llena de suplicio que promisoria de ventura, todo es en él martirio, languidez, abandono de sí mismo, celos, desesperanza —"Un désespoir où toujours on espere —un espérer où on se désespére"—, como definía ya Ronsard esta inquietud de amar sin la certidumbre de ser correspondido. Werther es, sobre todo, un pesimista en el cálculo de la esperanza; su miedo de no ser amado le resta eficacia en la acción, fracasa por falta de fe en sí mismo. Se enreda en los medios y olvida los fines; no sospecha que su ilusión de amar es una mentira vital que tiene por objeto impulsarle hacia la posesión efectiva.

De todos los versos de amor leídos en vuestra juventud, pocos, acaso, os dieron una impresión más justa de ese estado de espíritu que los encantadores *A Ninón*, de Alfred de Musset, aquellos que comienzan, ¿los recordáis?, "Si te je vous le disais portant, que je vous aime..."; pero calla, lo tiene en secreto y jura gozarse de amar sin esperanza. Este detalle dice toda la diferencia. Werther necesita amar; Don Juan quiere ser amado.

Su historia la conocéis. En cartas que son pequeñas baladas en prosa, refiere Werther las delicias de la vida agreste en una aldea rural, donde se ha refugiado para sanar de la fiebre urbana. Un día, sin preverlo, conoce a Carlota. Le previenen que ama a otro y está comprometida; pero él se enamora a pesar de todo y comienza entre ambos un idilio que ella fomenta con explicable complacencia. Llega el novio, Alberto, y Werther se hace su mejor amigo, naciendo una intimidad que solamente es perturbada cuando va a realizarse la boda entre Alberto y Carlota. Werther se ausenta para atenuar con la distancia la pasión que pone fuego en su sangre; vano esfuerzo. Vuelve y reanuda su idilio; empiezan ya a celarse el esposo y el amigo. La intimidad asume proporciones peligrosas; la murmuración comienza a tejer su telaraña sobre los enamorados; Alberto acaba por pedir a Carlota el alejamiento de Werther. ¿Hay nada más legítimo? Werther decide irse lejos, donde no sufra; después de una entrevista que descompagina su espíritu, Werther se suicida con una pistola que el destino le hace enviar con la propia mano de su amada.

Sorprendería la continua imprudencia de Carlota si Werther no fuera quien es. Carlota es un tipo exacto por su psicología: es una ilusa que cree en la intimidad espiritual, libre de toda complicación amorosa; a pesar de ello, si Werther fuera un poco Don Juan, Carlota habría acabado por entregarle la llave de su alcoba. No siéndolo, Werther espera de su amada lo que de ninguna es dado esperar; y como Carlota no le salta al cuello, Werther se suicida, víctima de su incapacidad para tomar lo que le pertenece desde mucho antes.

Hay un desequilibrio sentimental entre la imaginación y la voluntad, ciertamente, pero no verdadera erotomanía. Werther, sin ser Don Juan, no se parece a Don Quijote. Se enamora de una persona real y digna de encender su pasión, que —no obstante su compromiso con Alberto— fomenta de todas maneras sus sentimientos, con estímulos más expresivos que las palabras. Carlota tiene su estilo para amar: dice que no y hace que sí.

La esperanza, imprescindible para el nacimiento del amor, existe para Werther, que debiera considerarse correspondido. Carlota acepta sus atenciones, agradece su solicitud, comparte sus gustos, le dedica todas sus horas, le confía sus secretos, teje con él esa amistad equívoca que suele ser un puente hacia el amor. Acaban por amarse plenamente, sin duda. A Werther sólo le falta un gesto que complete su intención. Confiesa que ha tenido, más de cien veces, la tentación de tomarla en sus brazos, estrecharla sobre su corazón y cubrirla de besos; comprende que sería natural tomar esos encantos que se le ofrecen, pero vacila, no se atreve. Colocar a Werther entre los amantes platónicos implicaría llamar pereza al miedo, pues no hay otra cosa en su respeto de la mujer ajena. "Ella conoce, siente todo lo que yo padezco. Hoy su mirada ha penetrado profundamente en mi corazón. La encontré sola; yo no decía nada y ella me miraba fijamente. Yo no veía su hermosura seductora ni su espíritu brillante; todo había desaparecido a mis ojos. Estaba como fascinado por esa mirada sublime, llena del más vivo interés, de la más tierna compasión. ¿Por qué no me atreví a arrojarme a sus pies? ¿Por qué no osé lanzarme a sus brazos y responder a su mirada con mil besos y caricias?... Sí; ¡si yo pudiera expresar lo que en aquellos momentos experimentaba!...; no pude resistir más largo tiempo, me incliné e hice juramento. ¡Jamás osaré profanaros con un beso, ni profanar vuestros labios sobre los que juguetean espíritus celestiales! Y, sin embargo... yo quisiera... ¿Lo ves?... Ésta es una muralla que se eleva ante mi alma.... ¡Qué felicidad si...! ¡Y en seguida morir para expiar este crimen!... ¿Un crimen?"

Werther prefiere al placer el sufrimiento y un minuto de emoción feliz le seduce menos que un año de ansiedad dolorosa. Acepta todas las inquietudes, busca todas las desazones; como que las lleva dentro de sí, en su temperamento. Para comprender esas inquietudes es necesario haberlas sentido; esperar horas y días y semanas y meses la ocasión de decir a la persona amada lo que ella misma anhela escuchar, y no decírselo nunca; ignorar qué es de ella, dónde está, cómo, con quién, si comparte nuestra devastadora congoja, si piensa en nosotros como en ella pensamos, si en algún minuto nos olvida, si llora, si sufre como nosotros sufrimos y lloramos; desear cartas que no llegan; celar de nuestra propia sombra, atormentados por toda palabra y todo gesto que no nos pertenezca de manera exclusiva; y dudar, sobre todo, dudar de un sentimiento al que siempre nos consideramos inferiores, como si todo el universo se condensara en ese amor que sentimos tan grande, tan infinito e inalcanzable, que acabamos por creernos inmerecedores de tanta dicha.

Esa es la psicología del amante imaginativo, mezcla de angustias crueles, y de suaves delectaciones, de sueños y de fantasmas, aunque siempre objetivando el sentimiento en una realidad y anhelando la posesión de la persona amada.

Cuando Werther anticipa su última visita y lee con Carlota los poemas de Ossian, la tierna emoción de ambos se afiebra. La página es inolvidable. Un torrente de lágrimas brota de los ojos de Carlota; Werther suspende la lectura, arroja los poemas y la toma de una mano, que cubre de llanto, mientras ella con un pañuelo se cubre el rostro. La emoción de ambos es profunda y creen ver retratado su propio infortunio en el de los héroes de Ossian. Los labios y los ojos de Werther devoran el brazo de Carlota, que intenta en vano retirarlo, agotadas sus fuerzas por el dolor y agobiado su espíritu por la compasión. Esforzándose por tomar aliento, sofocada, ruega con voz celestial, conjura a Werther que continúe la lectura; él vuelve a leer, entre sollozos, un párrafo que le hace estremecer de nuevo, por coincidir con su estado de ánimo. Así la situación hace crisis. "En el paroxismo de su desesperación la estrechó contra sus ojos y contra su frente, y en aquel momento atravesó por el alma de Carlota un presentimiento de su horrible proyecto; sus sentidos se turbaron, le tomó de la mano, la estrechó contra su pecho y, en su dolorosa emoción, se inclinó hacia él. Sus abrasadas mejillas se tocaron y el mundo entero desapareció a sus ojos. Él la rodeó en sus brazos, la estrechó contra su corazón y cubrió de besos ardientes y apasionados sus labios trémulos y balbucientes. ¡Werther!, le decía ella con voz ahogada, ¡Werther!, y con débil mano rechaza blandamente su pecho al suyo. ¡Werther!, exclamó al fin, con tono imponente y grave que expresaba el más noble sentimiento. Él no insistió, la dejó desasirse de sus brazos y cayó a sus pies como fuera de sí e inanimado. Ella se lanzó hacia la puerta, y con la turbación más violenta, trémula de amor y de cólera, le dijo: —«Ésta es la última vez, Werther; no volveréis a verme más—. Se detuvo un momento, echó una mirada de amor sobre el desgraciado, y corrió a encerrarse en un cuarto inmediato".

Fuerza es reconocer que Werther mereció su destino; nadie tiene derecho de no tomar a una mujer que se entrega. Carlota habría perdonado cualquier violencia, cualquier injuria, todo, todo, menos la cobardía de abrir los brazos después de haberlos cerrado sobre su cuerpo. Esa es la deshonra suprema para la mujer digna: haberse entregado sin la certidumbre de ser tomada.

Leed toda la segunda parte del clásico libro. Esas páginas no son elucubraciones del caballero andante sobre las bellezas imaginarias de su Dulcinea; son horas de amor, vividas; vibra en ellas el sentimiento que anhela convertirse en acción, el sueño embellecido por la inminencia de la realidad.

Werther no lo ignora. Antes de suicidarse escribe las líneas reveladoras de su incapacidad de tomar a la que sabe suya: "¡Oh! perdona, perdóname... ¡Ayer!... ¿Por qué no ha sido ese el último momento de mi vida? ¡Criatura angelical!... Por la primera vez, sí..., por la primera vez, no puedo dudarlo, por la primera vez he sentido en todo mi ser un transporte delicioso, éxtasis celestial... ¡Me amas!... ¡Me amas!... Todavía arde en mis labios ese fuego sagrado que se desprendía de los tuyos... un nuevo delirio vuelve a apoderarse de mi alma... ¡Perdona!... ¡Perdóname!

"¡Ah! yo lo sabía, Carlota, que tú me amabas; lo he

sabido desde la primera mirada en que se reflejó tu alma; desde la primera vez que tu mano se encontró entre las mías; y sin embargo, cuando yo me separaba de ti..., volvía a sufrir el tormento de la duda, y se encendía mi sangre..."

Werther era, pues, correspondido y lo sabía. ¿Qué le detuvo, entonces, en el momento decisivo? Su cobardía, nada más. ¿Lealtad? ¿Honor? ¿Prejuicios? Imposible pensar en ellos; Werther sabe, y no lo calla, que su pasión le coloca fuera de la moral; no tiene a este respecto duda alguna y está decidido, sin escrúpulos, a pecar contra los derechos sociales consagrados por el matrimonio. "¿Y qué me importa que otro sea tu esposo? ¿Tu esposo? Pero eso no es más que para el mundo; sólo para ese mundo es un pecado amarte, querer arrancarte de sus brazos para estrecharte en los míos. ¿Pecado? Pues bien, por él me castigo a mí mismo. He saboreado este pecado en todas sus celestiales delicias; he aspirado con avidez ese bálsamo de fuerza y de vida, y he rociado con él mi corazón. Desde ese momento, ¡eres mía!... Mía... ¡Carlota!..." Minutos después escribió a Alberto, pidiéndole prestadas sus pistolas.

No es posible afirmar que en Werther callan los sentidos; lo único seguro es que no sabe dar el golpe de hombros decisivo para abrir una puerta que ya cruje sobre sus goznes. Tiene el deseo de la posesión y lo narra en palabras tumultuosas que expresan el hervor de su sangre; quiere amar de un amor integral, pero no sabe, no puede. En vano afirma su certidumbre absoluta de que es correspondido; el remedio de su enfermedad está al alcance de sus manos, lo ha tenido en ellas... Y prefiere morir, sin embargo, morir de un amor para el cual no sabe vivir...

¿Y Carlota? Lo que de ella sabemos obliga a creer que nada la separaba de Werther, cuando se vio en el percance decisivo. Su resistencia había sido la menos violenta que puede oponer una mujer honesta en el momento de renunciar a parecerlo; sin embargo, la cobardía del hombre amado habíale permitido salir de sus brazos con la cruz de una honra que pesaría eternamente sobre su conciencia. ¿Qué hubiera pretendido el necio? ¿Podía ser ella quien le desabrochase el traje al ver que él no le desataba el corpiño? Al salir humillada de la refriega, pasó la noche sin dormir; todas sus aprensiones se habían realizado, pero de la peor manera. Su sangre, tan tranquila otrora, estaba en tumultosa efervescencia; mil emociones contradictorias sobresaltaban su corazón. ¿Sentía en su pecho el fuego de las apasionadas caricias de Werther? ¿Estaba indignada por su necedad? Y ella misma ¿podría disimular ante su esposo después de lo ocurrido, habiendo sido tan sincera y tan pura hasta la hora del desastre? "Todas estas reflexiones le tenían sumida en un penoso embargo, y sus pensamientos venían a recaer siempre y de continuo sobre Werther, perdido ya para ella, pero a quien no podía abandonar, aunque era preciso dejarle abandonado a sí mismo; a ese Werther a quien nada quedaría ya en el mundo cuando la hubiese perdido enteramente".

Admitir esto último es amar; toda mujer ama ya al hombre cuando le considera perdido sin su amor. Dante, en un solo verso, escribió la psicología de esta situación sentimental. Sería poco sensato creer que Carlota hubiérase resistido a Werther para no faltar a sus deberes; ¿no había faltado ya bastante? ¿Por qué no suponer que se hartó de comprometerse por un cómplice indeciso?

Acaso más ofendida por el renunciamiento de Werther que atormentada por su amor culpable, Carlota entregó al mensajero las pistolas con que su amado se suicidaría. Ella no lo ignoraba. Su certidumbre era absoluta. Se libertó de un sufrimiento que no tenía compensación...

Don Juan, más sencillo y más humano, habría hecho feliz a Carlota. ¿La pena de ser engañada por Don Juan habría sido más grande que el remordimiento de asesinar a Werther? La pregunta parece una tontería.

Si se posee su mismo temperamento, se puede comprender a Werther y simpatizar con él; sus lágrimas conmueven, sus lamentos encuentran eco en el corazón. ¿Por qué tientan a risa, en cambio, los quiméricos devaneos sentimentales de Don Quijote? Werther ama; Don Quijote delira. No nos equivoquemos: Werther ama y desea, con toda su imaginación, pero también con sus sentidos; por eso es humano y nos interesa. Werther sueña con una realidad; Don Quijote persigue una larva. Werther habla de Carlota como Musset habla de Ninón; Don Quijote delira de Dulcinea como Santa Teresa delira de Cristo. Aquéllos son dos amantes imaginativos; éstos son dos erotómanos insanos.

Cabe una distinción, sin embargo. En la santa voluptuosa, cuya personalidad analizaron los tratadistas clásicos, el delirio erótico tenía, en verdad, una expresión sensual y fue muy distinto del casto erotismo imaginativo del hidalgo manchego; el lenguaje amoroso de Teresa no revela precisamente castidad, mientras que el de Don Quijote es de una pureza absoluta. Por eso coinciden los alienistas en diagnosticar a la santa una pasión histérica de los sentidos, mientras atribuyen al hidalgo un puro devaneo de la imaginación, el verdadero misticismo sentimental.

Werther no es, como suele decirse, un amante platónico, no padece el extravío propio de los erotómanos. El platonismo sólo es concebible como fase preliminar de un sentimiento que luego tenderá a transformarse en acción y a realizar sus fines; fuera de este caso, frecuente en la experiencia de todo amador, es uno de tantos trastornos imaginativos que obsesionan el juicio y paralizan la voluntad. Don Quijote, que vive pensando exclusivamente en Dulcinea, sin desear una sola vez la posesión real de la persona amada, realiza el binomio que riñe con la lógica y con la naturaleza: erotomanía y castidad. Pelea en honor de su dama, quiere enaltecerse para poner a sus pies una personalidad más digna; la invoca en sus horas de peligro y de heroísmo, la canta en los términos más exaltados de su retórica, pero nunca, en ninguna de sus palabras, traduce un deseo: jamás amenaza incendiar sus labios con un beso apasionado ni aspira a sentirla estremecida de amor entre sus brazos. Por eso Don Quijote es loco de imaginación, incapaz siquiera de concebir que un deseo pueda traducirse en acto, como si el ideal y la realidad se hubiesen divorciado para siempre en su espíritu constelado de quimeras.

Es el peligro que amenaza a los místicos sentimentales: confundir, sin sospecharlo acaso, lo absoluto y lo relativo, lo imaginativo y lo real, el sueño y la vida. Todos podemos tejer con nuestra imaginación una ilusión de amor; pero el sentido de lo real impide a los equilibrados caer en aberraciones que aniquilan la capacidad de amar. El misticismo del corazón implica ausencia de las tendencias instintivas. Es un fracaso del amor, antes que un refinamiento; es incapacidad y no exquisitez afectiva; no revela mejor educación, sino desvío de su finalidad legítima. Despojado de los sofismas justificativos con que suele rodeársele, se reduce esencialmente a un incompletamiento, propio de espíritus desequilibrados. Y si hemos de creer a las personas de alguna experiencia, no hay desgracia más grande que ser amado por uno de esos jóvenes pálidos que "hablan" el amor, o por una de esas lánguidas doncellas que lo "suspiran".

Nos apartamos de Werther, como veis. Y podríamos apartarnos más, en el mismo sentido, recordando las formas que asume el amor platónico en los internados, en los conventos, en las personas de edad senil, llegando a elaborar la ilusión sentimental en torno de seres inanimados. Refiere Ateneo que Ptolemón conoció a un griego violentamente enamorado de un Cupido de Praxiteles que se encontraba en Delfos; y si hemos de creer a Luciano, hubo en Cnidos un joven que se enamoró de la Venus praxitélea. Ejemplos modernos se conocen por docenas. En esos Quijotes sólo hay locura, sin restricciones; locura absurda, insensata, inhumana, como todo falso ideal que desvíe el sentimiento amoroso hacia la aberración de la castidad.

El amor de Werther, aunque incompleto, es humano; el de Don Quijote no lo es. En aquél la exaltación del sentimiento florece sobre una realidad viva y animada; en éste, la exclusividad de la imaginación lleva a la antítesis misma del amor, poniéndolo fuera de toda realidad posible y de todo ideal verosímil.

Don Quijote no habría podido morir por Dulcinea, aunque lo hubiera deseado. Werther puede morir por Carlota y toda la unidad psicológica de su carácter está en que sabe morir: "Dámelo, Carlota; yo no tiemblo al tomar el horrible cáliz en que voy a beber la embriaguez de la muerte. Tú me lo presentas, y yo no titubeo. De este modo se cumplen los deseos de mi vida. ¡He ahí en lo que vienen a parar todas nuestras esperanzas!..., ¡todas!..., ¡todas!... En venir a estrellarse contra las puertas de bronce de la muerte".

Esa es la lógica de su temperamento.

3. DON JUAN Y EL DERECHO DE AMAR

Si fuera posible interrogar a las consabidas "mil y tres", todas, todas, mostraríanse dispuestas a perdonarle su pasada liviandad, siempre que consintiera en hacer de cada una, siquiera por media hora, la "mil y cuatro" de su lista famosa. Este sentimiento que Don Juan inspira a sus cómplices, sintetiza su psicología; al día siguiente de creerse engañada, cualquiera de ellas, la novicia o la cortesana, le dice palabras en que el amor sigue siendo más fuerte que el despecho: ¡te adoro, miserable! ¿Miserable? Lo es, sin duda. Pero, sin duda también, adorado. ¿El más adorado de los hombres?

Don Juan es un símbolo: representa el imperio del instinto contra la tiranía de la sociedad. Su tipo se desenvuelve a través de leyendas que convergen a afirmar la preeminencia del "derecho de amar" sobre los dogmatismos que lo niegan. Nace en plena Edad Media como una rebelión de la sensibilidad individualista contra el dogma social que ha sacrificado el amor a los intereses de familia, subordinando los dictados del corazón al sacramento del matrimonio. Predicar el amor es conspirar contra el orden doméstico y caer en pecado; practicarlo es un delito, porque amar fuera del matrimonio es un robo. Don Juan se presenta como un ladrón; no de vagas honras, sino de bienes reales, pues las seducidas son bienes poseídos o adjudicados una vez para siempre. La posesión conyugal emana de un contrato en que la voluntad de los padres priva sobre el amor de los esposos; sólo aman las doncellas que prescinden del contrato o las demás que lo violan, hurtando la propiedad de sus padres o malversando la de sus esposos. Don Juan aparece, pues, como un bribón que usa de bienes ajenos sin contraer los gravosos deberes del padre de familia, oponiendo el "derecho de amar" al "sacramento del matrimonio", la libertad a la esclavitud. ¿Cómo defender esos bienes? Condenando el amor como el más grave de los pecados y el amante como el más aborrecible de los pecadores; igualando la seducción con el abigeato, el seductor con el bandolero. Pero eso no basta. Es indispensable que las mujeres anhelosas de amar tengan horror del mensajero demoníaco que las invita a saltar la tapia; para ello los cavilosos propietarios inventan que los seductores no aman a sus víctimas, creyendo qua así éstas repugnarán una tentación que encubre un vil engaño.

Reinando esa moral, Don Juan tiene que ser execrado por todo escritor temeroso de morir en la hoguera. Pero en vano obran contra él terribles sanciones; es venerado en secreto por mujeres cansadas de opresión que ocultan sus cartas entre las páginas de sus libros de oraciones, mirándole como el apóstol de una nueva herejía, capaz de predicar con hechos el verbo imprescriptible de la naturaleza contra la tiranía social organizada. A Don Juan no le importa que la Autoridad le persiga, la Justicia le condene y la Iglesia le cierre las puertas del cielo; sabe que las "mil y tres" le irán entreabriendo las del corazón, acogiéndole como **redentor**.

Poco a poco, a medida que la sociedad moderna rompe las cadenas de la mujer, la personalidad del seductor se va ennobleciendo en la literatura y al fin parece un rebelde que toca a rebato y juega alegremente su vida por un bello ideal. Los que han estudiado la evolución de la leyenda de Don Juan —como Gendarme de Bévotte—, han advertido la simpatía creciente que el tipo inspiró a los autores y a los públicos, al mismo tiempo que se tornaban antipáticos sus perseguidores.

Esos problemas de historia literaria merecen meditarse por los psicólogos; ayudan a comprender el temperamento del amador en quien las tendencias instintivas sirven de base poderosa a los sentimientos y defienden el amor contra los devaneos de la imaginación.

Hemos podido analizar la personalidad de Werther en la obra clásica de Goethe, que la bosqueja de manera inequívoca. No ocurre lo mismo con la de Don Juan, múltiple e incesantemente renovada, aunque al fin adquiere líneas precisas en el romanticismo. Dentro de ellas el tipo vive, con variaciones que lo alteran poco; sigue siendo el mismo en la novela y en el teatro contemporáneos.

Todo el carácter de Don Juan es la expresión natural de su temperamento. Joven, audaz y viril, tiene la alegría de la salud y la indocilidad de la fuerza; mitad bandido y mitad héroe, confía sin reservas en su éxito. Está dispuesto a la admiración, porque es generoso y optimista. Cuando admira, desea y espera; cada vez nace en su corazón un sentimiento de amor, transitorio como la ilusión y breve como la esperanza. Se hace amar porque ama y en la sinceridad está su poder de seducción; su amor es sincero en el momento oportuno, sin triviales patrañas de eternidad. No pierde el juicio y por ello sorprende su desenvoltura al tratar a sus amadas, que no es menosprecio, sino simple seguridad de conocerlas, confianza de no equivocarse. Don Juan sería, en efecto, inconcebible sin el complemento de mujeres dispuestas a que las seduzcan. El combustible está en ellas, esperando; Don Juan es la chispa. Seduce porque sus palabras y sus actos responden al ritmo de corazones sobresaltados por la necesidad de amar. Vence porque una mentira piadosa absuelve de antemano a la que se deja caer entre sus brazos: si Don Juan engaña siempre a criaturas inocentes, no tienen culpa las "engañadas" sino el "miserable"; tan benévola hipocresía permite seguir perdonando a las víctimas sin que éstas dejen de frecuentar el camino donde presumen apostado al salteador.

Se nace Don Juan como se nace Werther; es tan difícil desviarse de la tendencia inicial, como adquirir aptitudes que natura no dio. Exquisitez de los sentidos, rápida admiración, deseo firme, esperanza fácil, voluntad imperativa, son cualidades que en algunos individuos aparecen al iniciarse la experiencia sentimental; la ingenuidad dura poco en el adolescente que ha sentido el aguijón del instinto y se cree con fuerzas para satisfacer sus curiosidades. ¿La educación podría enmendar el temperamento? ¿El secreto es preferible a la revelación? Lo mejor sería, sin duda, que un amor precoz desarrollase en los jóvenes las aptitudes sentimentales, poniendo al instinto el contrapeso del ideal.

Los que han nacido con el temperamento de Werther no comprenden a Don Juan. Los maridos burlados, por su parte, han inventado que el "miserable" no ama a sus "víctimas", a las mismas que siguen adorándole. Ese vocabulario gira en torno de un falso distingo entre el deseo y el amor, como si fuese normal un amor sin deseo, o viceversa. Hay diferencias, sin duda; pero no son de calidad, sino de duración. Don Juan ama y quiere ser amado; desea conquista, no le basta poseer. El simple esclavo de los sentidos es un vicioso; basta reflexionar un minuto para comprender que por cada mil que gustan poseer, sólo hay un seductor que se compromete por conquista. Don Juan ama siempre, juega a cada instante su posición, su fortuna y su vida por el amor; cambia de ídolos con frecuencia, es verdad, pero es sincero con todas sus amadas y no cree mentir cuando dice a una "te amo". Son ellas, por egoísmo, las que le invitan a mentir, preguntándole: "¿Me amarás *siempre*?" ¿Siempre? ¿Por qué? ¿Acaso la recíproca tendría sentido?

Don Juan, aunque voluble, es un amante. Su ensueño no es convertir el mundo en un serrallo y hacer de todas las mujeres sus odaliscas; anhela ser amado por las mujeres que ama, en el momento en que las ama. Su volubilidad podría ser una forma de galantería que le impide ser descortés con todas las mujeres para completar el egoísmo de una sola...

Los moralistas hipócritas le critican mucho; en el fondo, no lo dudéis, más le envidian que le desprecian. Los románticos le han concebido como un hombre superior: por su ingenio y por su astucia, por su clase y por su fortuna, por su audacia y por su valor. Todas las cualidades llamadas vicios por los que no las poseen, están sumadas en él; de ellas depende su irresistible poder de fascinación. A pesar de las convenciones morales y de la educación simuladora, de cada cien mujeres ilustradas hay noventa y nueve que se sienten atraídas con violencia por el hombre experimentado; creen que el frágil corazón es el único culpable y miran su guía como un homenaje fervoroso a los encantos femeninos.

Muchas murmuran de Don Juan, pero ninguna hay que no le desee. Las mujeres más perspicaces viven esperándole; si hablan mal de él no es para alejarle, sino reprochándole que se entretenga en otras y difiera su llegada. Cada una desearía ser la primera, aunque más inteligente es la que prefiere ser la última. Y todas, cuando llega, le reconocen por un misterioso presentimiento de que la resistencia será inútil; defienden sin convicción lo que el pudor rehúsa, cuando el corazón lo ha entregado ya.

El optimismo de que rebosan sus actos es una de sus fuerzas de atracción. Emancipado de prejuicios, ignora el sentimiento trágico del amor que acaba en la muerte; si todo es bello y armonioso, ¿por qué afear la vida con pesimismos que violentan la naturaleza, que van contra ella? Tiene generosidad suficiente para comprometerse y es bastante atrevido para conspirar sin disfraz. Ha medido la vida, sus dichas, sus penas, conoce su valor y da por ellas lo que valen; comprende que en todo amor existe una ilusión y no espera que ésta se trueque en desencanto para abrir sus alas hacia otra corola que le atrae con el perfume de sus pétalos. En ese doble ritmo de libertad y de expansión que vibra en sus actos está el atractivo para las mujeres cansadas de esclavitud y de mojigatería.

Sin ser irresistible tiene aptitudes especiales para vencer resistencias que otros creen muy firmes. Conoce las pequeñeces que constituyen el preámbulo de cualquiera intimidad; mezcla lo sensual a lo patético, la ternura a la galantería; sus manos toman al mismo tiempo que sus labios piden. Su mayor fuerza es la confianza con que ejecuta lo que se propone, inmediatamente, sin dudar; se avergonzaría en divagaciones. Una falta de audacia pareceríale equivalente a una falta de dignidad. Jamás se perdonaría una equivocación en el procedimiento apropiado a cada caso. Pero, sobre todo, prefiere la seducción a la posesión misma, y en eso se distingue el verdadero Don Juan del vulgar "mozo de suerte", cuyas vecinas se olvidan de echar llave a las puertas, y tosen si tarda.

Seductor, pues, en el sentido más honroso del vocablo, excluyendo la idea del burlador, de engañador, de libertino. Seductor por temperamento, infatigable, cada vez más experto por el incesante aprendizaje. No seduce para hacer desgraciadas, ni concibe que la desgracia pueda seguir a la seducción; cree que da tanta felicidad como recibe y no comprende el "después" de las abandonadas. Quiere que le amen y para conseguirlo ama intensamente hasta ser amado. Eso es todo.

Se le reprocha la inconstancia, y a fe que no es Don Juan un arquetipo de fidelidad. Sus amores son sin después, sin lazos; no se resigna al hartazgo que viene con el hábito ni al disgusto que nace de la obligación. Su mariposeo es simple exceso de vida; su capacidad de amar a cien no se extingue amando a una. Da todo a cambio de ser correspondido un minuto, sin más reserva que no comprometer para siempre la libertad de su corazón. Esa es la "culpa" que no se le perdona: quiere ser un hombre libre para el amor en una sociedad de domesticados para el matrimonio.

Si cada temperamento expresara una filosofía, no puede sorprender que algunos escritores hayan intentado señalar ciertos atributos comunes a los individuos que representan más fielmente al Don Juan moderno. Afirma Hayem que los seductores son tipos llenos de vigor y de salud, más bien sanguíneos que nerviosos o biliosos; la gracia, la audacia, la elocuencia y la astucia, se suman para hacerlos irresistibles. No difieren de las precedentes las siete cualidades que les atribuye De La Hire: valor, salud, generosidad, disimulación, insensibilidad, elocuencia y sensualidad. Agrega Bevotte un rasgo común a los seductores: una elegancia nativa que se manifiesta en la insolente espiritualidad que no ofende, en el aplomo que conserva en los trances más delicados.

Entre estos arriesgados bosquejos merece lugar aparte

el de Bourget, que en su *Filosofía del amor moderno* dedica algunas páginas preciosas a estudiar el "amante verdadero" y a distinguirle del mujeriego que compra el amor como un artículo de distracción o de placer. Presenta rasgos característicos; es siempre amado, a los quince años, a los veinte, a los treinta y aun al aproximarse a la vejez. Nada le detiene cuando se trata de amar o de ser amado; siempre estará dispuesto a sacrificar sus deberes y sus intereses para seguir el llamado poderoso de su vocación... "De diez, ocho han sido más bien nerviosos que musculares, delgados y esbeltos más que vigorosos y atléticos; pero todos, en verdad, gozaban de un temperamento exteriorizado por gran vitalidad. Comían bien y digerían mejor, teniendo además esa indefinible facultad de adaptación del movimiento que se llama destreza. En virtud de esa misma agilidad corporal vestían bien, sin preocuparse de ello, porque la elegancia que distingue al amante verdadero no consiste en el corte del traje ni en la clase de tela, sino en una especie de gracia que no se aprende ni se borra con los años", debida a cierta seguridad de sí mismo. El temperamento suele traer aparejadas aptitudes para la seducción que no pueden adquirirse. Entre esos dones hay uno sin el cual todos los demás no servirían para nada; este don es el tacto, pero un tacto determinado, un tacto que en él tiene algo singularísimo; es casi un órgano psicológico al servicio del instinto, y la educación no contribuye para nada a su desarrollo. El amante verdadero comprende a primera vista la influencia que ejerce sobre una mujer; sabe que hay en el mundo una clase a la que le gustaría y otra a la que no gustaría por más que hiciese. Se dirá a sí mismo yendo solo, o en alta voz a cualquiera que le acompañe: "ésta es para mí, aquélla no...", y hablando o pensando de ese modo el verdadero amante se equivoca pocas veces.

Existiría, pues, en ciertos hombres un singular poder de percepción unido a un firme sentido de lo real, que les permitiría orientarse siguiendo las vías de menor resistencia, debidas a la afinidad; es indudable que ese don no es raro en las mujeres dotadas del mismo temperamento. Sobre este punto existe una comprensión segura, aunque intuitiva, entre los que sienten la necesidad de amar: hombres y mujeres se reconocen de inmediato, sin equivocarse nunca. Por eso la fábula de las mil y tres, aunque excepcional, es verosímil.

Algunos escritores contemporáneos, influenciados de nietzschismo, han conocido un Don Juan esteta y egoísta, que posee un arte especial de dominación y lo usa para hacerse amar de todas las mujeres. Ese alquimista de sentimientos, si existe, no es ya el héroe de Mozart o de Zorrilla, de Byron o de Musset; no es, siquiera, el formidable Lovelace de Richardson. En vano artistas eximios han descrito con maestría a esos atormentados de la carne; resultan violentos y antipáticos. Recordad ciertos personajes de Gabriel D'Annunzio, locos de voluptuosidad casi todos, delincuentes pasionales los más de ellos.

Existen, evidentemente, sujetos sensuales y repulsivos que son la caricatura de Don Juan, como Don Quijote lo es de Werther. Son anormales e inhumanos, verdaderos retardados afectivos. Quieren mucho y variado, sin apetecer lo selecto; a lo exquisito de mañana suelen preferir lo despreciable de hoy; a lo excelente difícil, lo basto fácil; la belleza suculenta a la fresca; a la ingenuidad tierna, la pericia ajada. Poco nos detendremos sobre estos instintivos puros, cuya sensualidad sin entendimiento es vecina de la locura. Es el "idiotismo sentimental" de Mesalina. Si no bastara mencionar a la siniestra voluptuosidad que busca emociones sin ser capaz de la más leve predilección sentimental, podríamos recordar las páginas admirables de Zola pintando en *La bestia humana* a Santiago Lantier, en quien se equilibran profundamente todas las depravaciones, como si su inadaptación criminal se reflejara también en las torpezas del instinto.

Don Juan muestra otra psicología. Tiene cierta elevación y nobleza que equilibran sus defectos; nadie concibe un Don Juan cobarde, tonto o interesado. Nunca le confundiremos con el *Bel Ami* de Maupassant, afortunado mujeriego que aprovecha sus éxitos para hacer carrera; ni con *Sapho*, que bebe gota a gota la dignidad de su Gaussin, el apocado "Don Inés" de la novela de Daudet.

Si el paroxismo de la imaginación puede llevar a los místicos sentimentales hacia la locura erótica, el desenfreno de los sentidos conduce a las más repulsivas formas de la degeneración moral. Werther se vuelve Don Quijote si no recibe algunas lecciones de Don Juan; y éste, si no aprende a ser un poco Werther, se desmorona al fin como un siniestro Lantier.

Un Don Juan incapaz de amar, despiadado en el engaño

y cínico en el abandono, sólo pudo ser inventado en tiempos que el amor se miró como un pecado v el matrimonio como una obligación; el rebelde que reinvindicaba el "derecho de amar" mereció los atributos que le ponían en los umbrales del infierno. Cuando el espíritu del Renacimiento penetró en las costumbres, devolviendo el ritmo de vital belleza pagana a la sociedad envilecida por la teocracia medieval, el primitivo ladrón de honras fue convirtiéndose en mago encantador de corazones. Don Juan se aparta de Tirso y de Molière. En *Clarisa Harlowe*, de Richardson, se transfigura en el memorable Lovelace, simpático ya, aunque desalmado todavía, mitad bribón y mitad caballero, con talentos nada comunes y finezas morales sobresalientes; ama a Clarisa y muere adorándola, como el Werther más tierno. Mozart, en su ópera inmortal, echa a correr mundos un Don Juan agradable y picaresco, con más de niño terrible que de malvado engañador: tiene ya sus momentos sentimentales y en su constante agudeza de ingenio y picardías resaltan como victorias ganadas sobre el dogmatismo social. Con el romanticismo se embellece. En Byron se subraya su desprecio de las hipocresías mundanas; es un hombre afiebrado por la necesidad de amar, tierno y sensual, esclavo y dominador, un Don Juan que ha hecho del amor el ideal de su vida, y que vive amando siempre, amando más, sin alcanzar nunca su anhelo de perfección. De esa familia es el Don Juan de Musset, vehemente perseguidor de un ideal insatisfecho.

Los que al hablar de Don Juan se refieren al pecador de las viejas leyendas, le juzgan con una mentalidad impregnada de supersticiones medievales y es natural que le condenen. Para los hombres modernos, que han sentido pasar la Revolución Francesa y el siglo xix, no puede haber otro Don Juan que el apasionado e idealista seductor rejuvenecido por el romanticismo, hermano de Fausto, pues el uno vive persiguiendo la quimera del amor como el otro la quimera de la sabiduría.

Ya no es Don Juan el bandolero instintivo de la leyenda primitiva, ni el amante monstruoso que inmola todo sentimiento a su afán de burlar. Conserva, es cierto, su audacia serena y confiada, unida a un poder de seducción que sorprende por su misma sencillez; emprende siempre sus conquistas con naturalidad, como esos domadores que entran sonriendo a las jaulas de las fieras. ¿Por qué no? La psicología del domador y la del seductor se parecen como dos gotas de agua; su secreto es común, ambos creen que las fieras y las mujeres son esclavas del hombre, aquéllas por temor, éstas por el amor. Y así como los domadores suelen terminar su carrera devorados por una fiera, Don Juan termina la suya enamorado de una mujer, de la última.

Después de su regeneración por los románticos, Don Juan tiene aspiraciones intelectuales, sentimientos estéticos, ideales de perfección; ya no es antisocial, sino moralmente superior a la hipocresía de su ambiente. No sorprende, pues, que esas cualidades puedan servir de base a una "ilusión de amor", cuando tropiece en su camino con un ser que teniendo algunas perfecciones se le represente como encarnando la perfección absoluta y eterna. En ese momento Don Juan olvida su geometría de la seducción y se engaña dulcemente con los sofismas comunes. Antes que se apague su incapacidad de amar, Don Juan se enamora, en la acepción más sentimental de la palabra; por eso, ante Doña Inés, vemos "todo el altivo rigor, de su corazón traidor que rendirse no creía, anhelando —como dicen los versos de Zorrilla— la esclavitud de su amor".

4. NI WERTHER NI DON JUAN

Digámoslo con perdón de Anacreonte: Don Juan y Werther son caracteres incomprensibles sin el atributo de la juventud. Si Werther no se suicidara tendría una vejez nostálgica, envenenada, maldiciente, como si la humanidad fuese culpable de su incapacidad de amar; Don Juan, si no muriese en mitad de su carrera acabaría por enamorarse de la "mil y cuatro" y dejaría de ser quien fue.

Mientras actúan son tipos representativos de dos temperamentos y expresan dos concepciones distintas del amor. El uno sufre e invita a sufrir; el otro goza e invita a gozar. La trágica melancolía de Werther esparce en el mundo el miedo de amar; contra él protesta la necesidad de amar, encarnada en el sonriente e infatigable Don Juan.

Hipocresías a un lado, acaso resulte Werther más dañino y antisocial que Don Juan; mientras éste atropella mujeres que se regocijan del asalto y se avergonzarían de no merecerlo, aquél enciende hogueras que no sabe apagar y causa tan hondo estrago en los corazones ajenos como en el propio. ¿Y los procedimientos? Don Juan canta su serenata bajo la ventana y sabe que la escuchan con gusto tras las celosías; Werther desespera con sus ayes quejumbrosos a las que desean dar lo que no se atreven a ofrecer.

Según los cánones sociales, que subordinan el amor al matrimonio, ambos obran mal; pero los numerosos pecados de Don Juan resultan simples picardías comparados con el único de Werther, que es un delito alevoso y premeditado. Sin embargo, Werther inspira compasión, porque es un vencido, mientras Don Juan despierta envidia, como todos los vencedores. Puestos a preferir entre los dos caracteres extremos, deberíamos dejar el fallo a las mujeres, jueces naturales de los hombres; ellas suelen cifrar su ideal en un dominador actuante y dan su voto por un hombre con la decisión de Don Juan. La oportunidad y las circunstancias pueden modificar las preferencias, pues si Werther es aburrido y tonto en ciertos momentos, Don Juan es en otros desesperante y cruel. Una amante famosa, Jorge Sand, puso en boca de una madre perspicaz el voto sincero de que su hija fuese la última amada de Don Juan.

¿Los hombres prefieren, acaso, una mujer con temperamento de Werther? ¿Para qué? Para el matrimonio, sin duda; pues para el amor todos desean que las mujeres de los demás tengan la volubilidad de Don Juan. El hombre que prefiere una amante wertheriana revelaría una total inexperiencia amorosa, pues no hay mayor desdicha que ser amado por desequilibradas que hacen tragedia de la felicidad. Pero, en general, los hombres opinan como maridos, es decir, como propietarios de la familia; les encanta para el matrimonio una esclava fiel y suponen que ese temperamento es una garantía de fidelidad. En rigor, cuando lo alaban para sus esposas, revelan un cinismo de negreros, una esperanza egoísta de que nadie hurtará su propiedad; y esperan que la esclava se suicidará por ellos el día que se sienta asqueada de su condición. Suicida, sí, pero no infiel. Esa malsana ética del matrimonio es completamente extraña al análisis del temperamento amoroso femenino.

Entre las mujeres, cuando la "necesidad de amar" no es violentada por la coerción social, distínguese fácilmente dos grupos. Algunas aman tierna y sensiblemente, viviendo su amor como una necesidad del espíritu; otras aman sensual y apasionadamente, desencadenando su vitalidad tumultuosa. En aquéllas predomina el sentimiento; en éstas la emotividad. Las tiernas buscan con romántico embeleso el "alma compañera", la armonía de ternura y de ensueño que les permite aceptar la fusión efectiva con el ser elegido; las pasionales, en cambio, se abandonan al agitado torbellino de su idiosincrasia personal. Pero unas y otras son amantes de buena ley, gobernadas por un mismo instinto irresistible. Sólo difieren de la manera de tratar el tema fundamental; es la misma sonata con técnica diferente. En suma, ambas llegan por distintas vías al completo homenaje de sí mismas. Tiernas o apasionadas, sencillas o tempestuosas, se acercan a la inextinguible llama y queman allí sus alas, en holocausto al instinto que es fuente y razón de la vida misma.

Alabar en las mujeres el "miedo de amar", llamándolo "amor platónico", es una picardía de hombres que se sienten maridos; es tomar anticipadamente un seguro contra la infidelidad, a precio de negarles el derecho de amar, humano, integral. Es indudable que existen amantes platónicas, pero son casi siempre fronterizas de la enfermedad. Sombras sin cuerpo, viven costeando la vida sin conocerla, como viajeros extraviados en oscuras noches, que se inquietan en largos rodeos sin sospechar que están a dos pasos del camino.

El trabajo de abstracción constante destiñe en ciertas mujeres la imagen del amor hasta convertirlas en un puro concepto, frío, desprovisto del matiz emocional que lo vivifica; suelen ser naturalezas contemplativas, de aguda inteligencia y sensibilidad extrema, cuya tendencia a la acción está trabada por un intenso análisis. Sólo conciben una forma incorpórea del amor, eco sin voz, vuelo sin alas, que aparta la complicidad de los sentidos en las efusiones del sentimiento. Proviene este incompletamiento de un desequilibrio entre las dos series que convergen al nacimiento del amor, la instintiva y la imaginativa; inhibida la primera por la segunda, sobreviene la incapacidad de amar, que no es un refinamiento sino una desventura.

Bienvenidos los romanticismos que vierten una gota de ideal en la copa que la realidad acerca a nuestros labios; pero el ideal, si es falso, paraliza la acción y esteriliza la vida. Creamos poco en los trovadores de tez pálida y rubias guedejas que no encuentran eco a sus canciones; quijotes de inverosímiles dulcineas, tributarios de la tristeza y de la melancolía. Y menos debemos creer en las doncellas de caderas estrechas y azuladas ojeras, que viven en actitudes soñadoras, esperando que llegue en el cisne simbólico su fantástico Lohengrin. Ese no es el delicioso romanticismo de las amantes tiernas; es un estado enfermizo y estos seres incompletos son, con frecuencia, víctimas de su propio desequilibrio. Los amantes platónicos son tan absurdos como los suicidas.

El amor de imaginación, que se extravía en el platonismo puro, es tan nocivo como el amor de los sentidos, que se resuelve en simple voluptuosidad. El ensueño y la posesión, aisladamente, no merecen el nombre de amor; es necesario que este sentimiento se desarrolle en torno del ensueño y tienda a convertir el deseo en posesión.

¿Existe el amante complejo en quien se complementan la melancólica ternura de Werther y la optimista hombría de Don Juan? Es raro, pero existe; el lenguaje de muchos siglos le ha bautizado en términos expresivos, al llamarle "amante de corazón", para distinguirle del imaginativo y del sensual.

Todos conocéis algún ejemplar: Alfred de Musset era un modelo viviente.

Su vida fue una complicada historia de amor, muchas veces reflejada en su obra literaria. Su psicología oscila entre los más bruscos extremos de Werther y de Don Juan. Es tierno, dulce, tímido, en sus versos *A Ninon*, cuando no osa afrontar la respuesta a la cuestión que agita sus dudas infinitas; y es masculinamente sensual cuando pone en boca de *Rolla* un llamado a la mujer que compartirá su última noche de voluptuosidad.

Y fue, alternativamente, como en sus versos. Amó como pocos, fue caballero y pirata, seductor y víctima, obsesionado y escéptico, con tal riqueza de variaciones como pocos hombres podrán narrar en sus biografías.

Vivió su obra; para escribir versos de amor que tiemblen en las páginas de un libro es necesario sentir perpetua fiebre de pasiones. Recordad sus amores con Jorge Sand, poema vivido que iguala a los más extraordinarios forjados por la imaginación humana. Supo embellecer con su ingenio todo lo que amó, como si su vasto epistolario amoroso hubiera de conservar a través de los tiempos los ritmos de su corazón, fijados en páginas que son jardines de primavera eterna.

En los versos elegíacos *A Lucie* expresó un deseo para la hora de su muerte: "Mes chers amis, quand je mourrais, —plantez un saule au cimetière—. J'aime son feuillage éploré.—la päleur m'en est douce et chère,—et son ombre sera légère—à la terre ou je dormirai". Fue la mano cariñosa de un poeta argentino, Hilario Ascasubi, la que dio cumplimiento al voto de Musset; llevó desde el Plata un sauce para que sus verdes ramas llorasen sobre la tumba del gran poeta y apasionado amante. Conservemos en nuestro cariño la memoria del cantor de Santos Vega, que tuvo el exquisito gusto de cumplir tan delicado voto sentimental.

CAPÍTULO II
CÓMO NACE EL AMOR

1. La necesidad de amar. - 2. La formación del ideal. - 3. La ilusión de amor. - 4. El flechazo. - 5. La intoxicación. - 6. La intimidad sentimental.

1. LA NECESIDAD DE AMAR

¿Por qué, chica alegre, un día de primavera amaneces triste, y tú, gárrulo joven, te apartas de tus compañeros festivos? El cielo no ha empañado su tranquilo azul, la brisa tiene su murmullo de siempre, el sol pone su beso de luz en las corolas del jardín; nada ha cambiado en torno. Sin embargo, todo lo que ayer encelaba vuestra curiosidad y vuestro interés, se ha vuelto fastidioso. Tú, tierna Eloísa, descuidas el bordado; tú, audaz Abelardo, cierras los libros. El cariño del hogar, la cháchara de los amigos, el perfume de las flores, todo os tedia y entristece, sin que oséis avanzar una explicación de vuestra melancolía. Vano fuera preguntaros el misterioso por qué; lo sentís hondamente, pero tanta es su vaguedad que no sabríais definirlo con palabras. Es fiebre de la imaginación, secreta inquietud, ansiedad indefinida en que asoman el deseo y la esperanza... Vuestra madre —sólo Ella— os leyó en las ojeras que no habéis dormido y sospecha la causa de vuestro repentino aturdimiento; también ella ha sufrido, en días lejanos, esa primera congoja del corazón inexperto, y os comprende. Calla porque sería imprudente complicar vuestro estado; si es tierna y sensible, aparta sus ojos de los vuestros para que no le veáis brillar entre las pestañas su lágrima mejor, y después, sin una pregunta, cómplice muda, acaso os besa la atormentada frente... ¡Quién comprendería como ella el momento en que la necesidad de amar alborota por vez primera vuestros corazones!

No es amor todavía, ni puede serlo. Es disposición del ánimo para admirar, deseo de desear, esperanza de esperar sin que un objeto preciso sirva de tema a la admiración y al deseo, sin que la esperanza tenga asidero en ninguna realidad. Pero si no es amor, es ya capacidad de amar. Se forma sobre las tendencias que definen el temperamento y aparece como una tensión compleja de todo el organismo, concebida por los fisiólogos como una variante de las funciones nutritivas y subordinadas a modificaciones orgánicas particulares, que influye sobre el ser, reflejándose en los centros nerviosos más evolucionados y despertando en ellos emotividades imprevistas. Esos síntomas, que todo hombre o mujer normal recuerda haber sentido, inician la representación de esa función nueva, cuyo objeto esencial es la conservación de la especie. La madurez para el amor aparece inesperadamente. Suele revelarse por una inquietud vaga, perturbadora, cuya causa no se adivina y cuya finalidad no se presiente. Provoca estados afectivos indecisos, turbaciones indefinidas, malestar, intranquilidades, poniendo cierta melancolía en los espíritus propicios al ensueño; la juventud que viene parece entristecerse por la niñez que se va. Se pierde la noción de lo real, germinan romanticismos, se busca la soledad y la penumbra, las noches se alargan por la imaginación insomne, ocurren extrañas oscilaciones del humor, del gusto y del carácter.

En su hora oportuna esos desequilibrios y sensaciones internas repercuten sobre la conciencia, traduciéndose por una emotividad especial en presencia de los individuos del sexo opuesto, que nace incomprensible y veleidosa, sin más razón aparente que su propia sin razón; después se organiza y define, impone actitudes y orienta la conducta. La necesidad de amar llega a manifestarse en el hombre como deseo de conquista y en la mujer como pudor defensivo. Voluntaria o involuntariamente, cada ser dispone sus elementos para la elección afectiva que encauzará sus nuevas funciones y se forma un ideal, tendiendo a sintetizar en él las cualidades complementarias más aptas para procurar seres biológicamente superiores.

2. LA FORMACIÓN DEL IDEAL

La necesidad de amar, aguijoneada por el instinto, pone en juego actividades subconscientes que despiertan apetitos; cada posibilidad de satisfacerlos agradablemente engendra un deseo particular; pero sólo aparece el sentimiento de amor cuando entre los deseos se da preferencia a uno determinado, es decir, cuando la inclinación hacia el género se restringe a predilección por un individuo. El instinto apetece un ser del otro sexo; el deseo es despertado por los seres que gustan; el sentimiento de amor se circunscribe a un ser elegido.

Los deseos tienen un valor selectivo y eugénico; todo juicio de preferencia se efectúa, sin duda, de acuerdo con el propio temperamento y tendiendo a mejorar la especie; las perspectivas de placer son eugénicas, pues se consideran más agradables los seres superiormente dotados para la conjugación. La experiencia de los propios deseos va definiendo en el individuo el arquetipo del ser por quien preferiría ser amado; en torno de esa imagen sintética la imaginación del individuo elabora una abstracción, el "ideal del amante". Tener un ideal amoroso significa haber definido el tipo que se desea amar.

Esa explicación, exacta si el hombre viviera en condiciones naturales, deja de serlo porque vive adaptado a una determinada sociedad. La formación del ideal no es producto simple de las tendencias instintivas ni de las preferencias naturales expresadas por los deseos; el ideal es formado por la imaginación sobre la experiencia individual, que en cada caso es un producto de adaptación a determinada experiencia social. La educación modifica el temperamento para formar la personalidad; todos los atributos de ésta pueden influir sobre el ideal amoroso, ora predominando los sentimientos estéticos o los morales, ora las supersticiones o los hábitos, ora las ideas o las pasiones. Cada cual desea amar y ser amado por un ser en cuya preferencia intervienen sus virtudes y sus vicios, sus méritos y sus defectos, sus aspiraciones y sus temores. En uno la ternura o la simpatía preside a la constitución del ideal, en otros un concepto imprevisor y romántico de la vida, en éstos la admiración por la belleza plástica, en aquéllos la misteriosa atracción de la armonía física, o el respeto por las virtudes firmes, o la admiración por la excelencia intelectual. A esos motivos de selección deben agregarse los puramente sociales, no menos imperiosos; ciertos conceptos de raza, de casta, de clase, de religión, influyen poderosamente en la formación del ideal de todos los individuos. Fácil sería demostrar que un rubio puritano de Boston no puede tener un ideal de amante que se parezca al de un negro católico de Alabama.

El ideal representa, pues, el tipo del ser del sexo opuesto a quien se desea amar y por quien se desea ser amado; el amante ideal, el cónyuge adecuado para satisfacer electivamente la necesidad de amar.

Frente al apetito que es un imperativo inconsciente del instinto, el deseo es una representación consciente de la necesidad de procrear en condiciones que, por ser eugénicas, resultan agradables y preferibles. El deseo tiene limitaciones en la especie humana, porque la prole no nace capacitada para vivir; los hijos necesitan ser criados por sus madres y para ello es necesario que los padres provean con su trabajo a la subsistencia del conjunto familiar. A través de una compleja evolución las formas de la familia se han orientado hacia el tipo corriente en la sociedad occidental, acentuándose la necesidad de que los genitores vivan juntos durante el tiempo necesario a la adaptación social de los hijos, prácticamente extendido hasta el fin de sus días. Esos deberes de la vida doméstica, consolidados por la imitación y la herencia colectivas, se transforman luego en obligación moral, en mandamiento religioso, en contrato jurídico, es decir, en matrimonio; unión permanente y obligatoria de los seres que en cierto momento de su vida se eligieron para procrear agradablemente.

Al surgir del clan matriarcal la familia monogámica apareció dentro de la propiedad común al grupo social la propiedad privada familiar, transmisible de padres a hijos; tal circunstancia influyó decididamente para que los padres intervinieran en el matrimonio de sus hijos, dando a este acto el carácter de un negocio de familia. Tal circunstancia eliminó el "ideal de amante" para sustituirlo por el "ideal de cónyuge" elegido por los padres; durante muchos siglos los matrimonios normales han sido generalmente concertados por los padres de las víctimas, sin que éstas fueran llamadas a opinar sobre su "ideal". La institución del matrimonio, tan útil para la crianza de los hijos, determinó la sustitución del deseo de los cónyuges por las conveniencias de sus familias; en mayor o menor escala el hecho persiste en ciertos pueblos contemporáneos y en algunas clases de las sociedades que suelen considerarse más civilizadas.

No es de sorprender que donde reinan esas condiciones de disciplina social el sentimiento de amor no sea la base del matrimonio. La imposición de los cónyuges por la autoridad paternal tuvo por consecuencia más probable que el amor tomara los caracteres de una rebeldía eugénica individual contra la tiranía del deber familiar; las hijas seducidas y las esposas infieles fueron un resultado natural de la exclusión del "ideal de amante" en la negociación del matrimonio. Felizmente para las buenas costumbres, de algunas décadas a esta parte ha disminuido la autoridad paternal en la elección de los cónyuges, tornándose menos raros los matrimonios por amor.

La atenuación de la presión familiar no ha producido, sin embargo, los altos resultados morales que de ella cabía esperar. El dogmatismo social, en todas sus formas de hipócrita tiranía —el *cant* de los ingleses, que tanto irritaba ayer a Byron como hoy a Bernard Shaw—, sigue presionando a los hijos mediante los innumerables instrumentos de la educación y la sugestión; contra el "ideal de amante" que surge en el individuo de sus preferencias naturales, la sociedad impone un "ideal de cónyuge" que responda acabadamente a las conveniencias sociales. El joven, presionado por la sociedad, no aplica en la elección para el matrimonio su propio "ideal de amante" sino el ajeno "ideal de cónyuge". Se trata, sin duda, de ideales muy diferentes; sobre el primero suele nacer un sentimiento de amor, mientras el segundo sólo sirve de base a la celebración de un contrato doméstico. Es seguro que pueden coexistir, aunque no sea frecuente; es ventura inmensa que coexistan. En tal caso hay la esperanza de que el amor dure ese variable período que se llama la "luna de miel", suficiente para crear entre los cónyuges la amistad que puede hermanarlos hasta la muerte.

En la oportunidad propicia para enamorarse se encuentran en muy distinta situación los que tienen formado su ideal de amante y los que no lo han definido todavía. La elección de un ser amado, entre todos los que agradan y son deseables, depende exclusivamente de su mayor poder sobre la imaginación del amador; el sentimiento amoroso nace, en efecto, como consecuencia del trabajo imaginativo que "idealiza" a un ser deseado, deformando su imagen real en beneficio de una representación ilusoria cada vez más parecida al ideal de amante.

En los que tienen ideal, nace el amor sonriente y jubiloso cada vez que la admiración y el deseo son seguidos por la esperanza de la reciprocidad; responden presurosos al llamado unísono de los sentidos y de la imaginación, guiados por la necesidad de amar. En los que carecen de ideal bastan las más fútiles circunstancias para dificultar el desarrollo de la ilusión sentimental; la ausencia de una clara noción de lo que se desearía amar torna incierto todo deseo y el imperativo del instinto es obstruido por el miedo de amar.

En suma, si hay necesidad de amar el ideal formado, la ilusión sentimental se forma rápidamente en torno del ser deseado, pues la imaginación de un ser que anhela equivocarse adapta con facilidad la persona real al ideal preexistente. Si hay miedo de amar por falta de ideal, el temor de la equivocación impide que se forme de inmediato la ilusión sentimental, pues el trabajo imaginativo no puede idealizar una realidad para la que no tiene término de comparación. En un caso se ama sin vacilar, por "flechazo"; en el otro puede nacer el amor tras un largo proceso, por "intoxicación".

Si dos personas tienen un ideal semejante y el amor nace en ellas al mismo tiempo, se produce en ellas el doble flechazo; si la una tiene ideal y la otra no, puede haber flechazo en aquélla e intoxicación en ésta, obrando la una activamente para despertar en la otra la formación del ideal que le falta. El amor, en fin, puede ir naciendo en los que carecen de ideal sobre la base de todo sentimiento común, y en muchos casos a la sordina, por simple fuerza de la costumbre, por gratitud, por complicidad en el placer. La comunión de los espíritus despierta los sentidos desde la imaginación; la comunión de los cuerpos despierta la imaginación desde los sentidos.

Hay, en fin, casos no raros en que el amor se desenvuelve a la sordina, cobijado por la amistad, la simpatía, la ternura, la admiración, insinuándose a través de la "intimidad sentimental".

3. LA ILUSIÓN DE AMOR

La necesidad de amar predispone al individuo para la admiración y el deseo; la formación del ideal orienta su preferencia entre todos los sujetos admirables y deseables. El sentimiento de amor nace cuando esa preferencia se define por un ser determinado y se circunscribe a él la esperanza de ser correspondido, presumiéndose que el ser elegido es el que más se acerca al propio ideal, es decir, al tipo que se desea amar y por quien se desearía ser amado.

Desde que se define la preferencia, todo lo que se relaciona con ella tiene un carácter afectivo; bajo la influencia del sentimiento el juicio se perturba y la lógica se torna irracional incurriendo el enamorado en las equivocaciones necesarias para que su imaginación "idealice" al ser amado, confundiendo sus atributos reales con los preexistentes en el propio ideal. Esa sustitución de valores afectivos por valores ficticios, tiene por resultado el embellecimiento del ser amado, es decir, la ilusión sentimental, único rasgo característico del sentimiento amoroso. Amar es engañarse agradablemente y el amor nace con la ilusión; cuando la lógica restablece los valores reales y disipa esa ilusión, el desengaño tiene como resultado natural la terminación del amor.

Admiración, deseo, esperanza... ¿En qué momento nace el sentimiento de amor? ¿Cómo se forma la ilusión sentimental?

Antes de absolver esas preguntas parécenos justo recordar el ingenioso análisis que del nacimiento del amor hace Stendhal, con agudeza psicológica no común, en el clásico *Del amor*. En el capítulo segundo, dedicado a estudiar sus diversos momentos, enumera la admiración, el deseo, la esperanza, la aparición del amor, el período inicial de la cristalización, la duda y la segunda cristalización. ¿Todos son momentos del amor? Los cuatro primeros constituyen un solo proceso: la admiración provoca el deseo del ser preferido y la esperanza de poseerlo engendra un estado afectivo durante el cual la imaginación elabora la ilusión sentimental. Los primeros momentos stendhalianos son preliminares del cuarto, que, a su vez, se confunde con el quinto, pues aparición del amor y cristalización inicial son dos nombres distintos de un solo proceso verdadero: la ilusión elaborada imaginativamente después del deseo, la admiración y la esperanza. Hasta allí todo puede sucederse siguiendo un curso rectilíneo si existe necesidad de amar y está formado el ideal. En cambio, los siguientes momentos stendhalianos, la duda y la segunda cristalización, presentan caracteres muy distintos si existe miedo de amar y no está formado el ideal, o si la educación entre el ideal y el ser amado presenta dificultades serias.

Sin restar mérito al análisis stendhaliano, podemos ahondarlo y precisar mejor sus términos; el proceso del enamoramiento difiere mucho, como vemos, en el "flechazo", en la "intoxicación" y en la "intimidad sentimental".

En el flechazo los períodos de duda y segunda cristalización no existen; desde que se ha formado el ideal la preferencia de amor preexiste virtualmente y sólo espera la ocasión de objetivarse convirtiéndose de virtual en real. En la intoxicación el ideal se forma después del deseo y de la esperanza, pasando por la duda y por los trabajos de la segunda cristalización. En la intimidad sentimental la admiración se transforma insensiblemente en amor, sin la complicidad del deseo y sin el contratiempo de la duda, naciendo la esperanza cuando ya se ha realizado en la subconciencia la primera y definitiva cristalización.

El flechazo es la coincidencia de las circunstancias con el ideal; la intoxicación es la formación del ideal en torno de las circunstancias; la intimidad es el descubrimiento del ideal en las circunstancias. Por esos tres caminos se llega al estado afectivo que permite la elaboración imaginativa de la ilusión sentimental.

Cerremos este paréntesis que es, también, un homenaje a Stendhal y entremos al análisis particular de la admiración, el deseo y la esperanza.

¿Por qué preferimos un ser a otro para tejer en torno suyo la ilusión sentimental? ¿Nos impulsa la admiración por su belleza o el deseo del placer que entrevemos en su posesión? Son antiguas esas preguntas; algunos filósofos pretendían resolver con ellas el enigma del amor que nace, mientras daban los poetas en cantar sus delicias y sus penas.

Plutarco, en su *Obras morales*, creyó necesario refutar las dos tesis, diciendo que el amor no nacía por la admiración ni por el deseo. Si naciera por la vista, ¿no amarían todos a la misma mujer, la más bella? Si del placer de la posesión, ¿por qué, de dos hombres que han poseído a la misma mujer, el uno la huye y el otro la adora? Apenas si necesitan comentarse esos argumentos; el problema, planteado con tal inexactitud, no admite solución.

Así como no hay amor, sino enamorados, no hay belleza ni placer, sino cosas bellas para el que las admira y placeres para el que los siente. Es lógico pensar que la semejanza de herencia y de educación puede formar en cada sociedad un concepto abstracto de la belleza y del placer, más o menos común a todos los individuos; pero sólo por accidente podría esa semejanza ser absoluta. Cada persona tiene su canon, que puede no coincidir con el de los demás. En cada hombre, en cada mujer, la admiración suele ser despertada por excitantes diversos que obran sobre desiguales inclinaciones instintivas.

El canon de belleza es una opinión personal y consideramos bello todo lo que nos causa placer. No sólo es belleza la que percibimos por la vista, sino la que entra por cualquiera de los sentidos, y era clásica, sobre su valor respectivo, la disputa renovada por Brantôme en el segundo discurso de *Las damas galantes*; pero también es belleza, y no menor, la que impresiona gratamente nuestros sentimientos o nuestra imaginación. Una dulce voz puede dar a éste más placer que un bello rostro; el otro preferirá una inteligencia aguda a una torneada cadera; y los hay más sensibles al tacto de una suave caricia, a la contemplación de una firme virtud. Cada persona siente el placer de acuerdo con sus medios de percepción; y como éstos varían, todos no ven igual belleza en las mismas cosas. Cuéntase que un día, a un tonto que negó beldad a la Helena de Zeuxis, le respondió Nicómaco: "Toma mis ojos y te parecerá una Diosa". Lo mismo podría decir el enamorado de una mujer que a los demás parezca fea.

Aparte de las cualidades morales y los méritos del ingenio, la admiración puede ser provocada por todos los sentidos, aunque la vista y el oído obran con más frecuencia que el tacto y el olfato. Bellas formas, voz seductora, manos suaves, perfumes gratos, cualquiera de esas sensaciones despierta una emoción agradable y contiene una promesa de placer; la persona impresionada juzga la cualidad impresionante como una forma de belleza. Ayudan a ello la sorpresa y la receptividad del que se enamora, circunstancias acentuadas por la edad en que despierta la necesidad de amar. Mil pequeñeces favorecen la admiración, y ésta, si es viva, estimula el deseo de la posesión y alienta la esperanza de satisfacerlo.

Primero se admira, después se desea. ¿Es forzoso, empero, que a la admiración siga el deseo? Se puede admirar sin desear, cuando lo admirado no es poseíble, como en el caso de admirar por su retrato a una artista y por sus libros a un escritor, que habiten un país lejano, sin desearlos. Pero aun en sentido más estricto, la admiración con criterio sexual puede limitarse a expresar la emoción estética; el venerable anciano que ve pasar una linda moza puede admirarla sin deseo, dada la imposibilidad de poseerla.

La admiración es un juicio de valor sobre el ser que provoca un estado emotivo agradable; el deseo tiene ya un contenido afectivo sin ser todavía un sentimiento. La admiración se pronuncia sobre el primer juicio eugénico de raigambre instintiva: "me gusta", decimos. El deseo es ya una manifestación de la voluntad: "me gusta y querría poseerlo", que es decir mucho más.

La diferencia típica entre la admiración y el deseo consiste, pues, en que la primera es un juicio y el segundo es un principio de voluntad en acción. Admirar es juzgar; desear es querer. No hay verdadero deseo sin tensión hacia el objeto deseado; la probabilidad de alcanzarlo es determinada por un juicio posterior, que corresponde al momento de la esperanza. Ese juicio es distinto del formulado en la admiración, pues no se refiere a las cualidades del objeto amado sino a las del mismo ser que ama; cuando D'Annunzio, en las *Landi*, se pregunta "¿por qué la potencia humana no es infinita como el deseo?", expresa claramente que el juicio de la esperanza se refiere al amante y no a lo amado, al revés del juicio de la admiración.

Se puede admirar a una persona que es imposible desear, pero solamente se desea a aquellas cuya posesión se conceptúa posible; el deseo implica, pues, la posibilidad de ser correspondido. La esperanza, en cambio, supone que lo posible es probable y nace en la medida misma de esa probabilidad. El deseo de la posesión adquiere un valor sentimental por la esperanza de que en el ser deseado se forme una ilusión sentimental análoga a la propia; sin esa reciprocidad afectiva la posesión de lo deseado sería un accidente agradable, una emoción de placer ajena a todo sentimiento de amor.

La esperanza podría, entonces, definirse como un cálculo subconsciente de las probabilidades de ser correspondido por la persona deseada. Con ese cálculo, no siempre breve ni sencillo, nace el amor. La imaginación se entretiene en medir las perfecciones que atribuye al ser deseado, comparándolas con los propios méritos; ¿lo merezco?, ¿no lo merezco?, son las preguntas que se formula con inquietud. Ese

es el momento más fervoroso y el más pequeño grado de
esperanza basta para el nacimiento del amor, como observó
Stendhal. No importa que la esperanza falte pocos días después; la ilusión sentimental ha comenzado ya a formarse
y cualquier tropiezo no hace más que estimular la actividad
de la imaginación, pues el deseo, que es un imperativo del
instinto, impone sus sinrazones a la ilusión lógica de la
esperanza.

En las personas que tienen necesidad de amar es fácil
el nacimiento de la esperanza, si no han tenido contrastes
que disminuyan su fe optimista. En cambio, en los incapaces de amar, es más difícil la esperanza y sólo llegan a
tenerla después de vencer las dificultades que caracterizan
al miedo de amar.

4. EL FLECHAZO

Después de la admiración y el deseo, frente a la esperanza, dos actitudes son posibles: la afirmación y la duda.
En la primera ilusión sentimental nace de inmediato y
tenemos el "flechazo"; en la segunda se presentan dificultades a su nacimiento y sólo se llega a amar por un proceso
de "intoxicación".

Se comprende que, cuando preexiste un ideal, la presencia de un ser que lo satisface puede encender de pronto
el amor. Una vez constituida su personalidad sentimental,
el hombre o la mujer están en sazón para enamorarse de
cierto modo, y de ningún otro; esa capacidad de amar, aunque a veces permanece inconsciente, se traduce con frecuencia por un optimismo emprendedor. Quien tiene un
ideal formado posee confianza en sí mismo, está seguro de
que en el momento decisivo no sentiría miedo de amar.
Una palabra, una mirada, un gesto, si provienen de una
persona que responde al propio ideal, bastarán para encender el sentimiento amoroso; el corazón favorablemente
predispuesto no opondrá resistencia a quien llega donde le
esperan. Ésta es la explicación menos improbable de ese
"amor que repentinamente se inspira o se concibe", según
define la Academia el *flechazo*; los franceses del siglo
galante le llamaban *coup de foudre*.

En una hora, en un minuto, puede jugarse el destino de
una vida. Cuando la personalidad está madura y definido
el ideal, el que llega y parece concordar con él, ha venci-

do; no queda razón para criticar sus cualidades. La necesidad de amar excluye el miedo de amar, de cuyo contraste dependería la posibilidad de la defensa. Sin ese miedo, no cabe prudencia y parece inútil defenderse; si el que llega es, precisamente, el esperado, ¿para qué resistirle? El ánimo está dispuesto a la confianza y acepta el flechazo como una dulce fatalidad. No teme el dolor ni la desilusión quien cree llevar en sí suficientes fuerzas para vencerlos.

No es forzoso que dure poco el amor que nace pronto; Manón y Mimí se enamoran en cinco minutos y siguen amando hasta la muerte. La vulgar opinión contraria, proviene de llamar amor al deseo, que puede alcanzar la posesión sin sostener la prueba de un período suficiente de esperanza; la brevedad de ésta expone a equivocaciones sobre el valor de lo que desea y puede ser causa de una pronta desilusión. En ese caso hay deseo satisfecho antes de que nazca el amor, o en el justo momento en que empezaba a nacer; la imaginación deja de elaborar la ilusión sentimental por falta de estímulos suficientes.

En el flechazo existe el trabajo imaginativo para adaptar la persona real a la imagen ideal preexistente; la esperanza nace de inmediato sobre la admiración y el deseo, dando lugar a que se forme rápidamente la ilusión. El flechazo no implica presumir la posesión inmediata, ni tiene con ella relación alguna; el flechazo tiene la certidumbre de estar frente a la persona que corresponde al propio ideal, sin saber nada sobre la reciprocidad por parte del flechador.

La posibilidad del flechazo depende especialmente de la primera impresión; toda esperanza de placer despierta una proporcional emoción de belleza. Para Don Juan, en cuyo amor predominan los sentidos, es bella a buen seguro la mujer que aliente con una sonrisa los pequeños riesgos de la conversación, que piensa en los placeres físicos y lo deja transparentar en su mirada cuando se habla de ellos. Werther, que siente el amor de imaginación encontrará más belleza en la vaga melancolía, en el pudor tímido, en la falta de plasticidad, en todo lo que desmaterializa la persona real y la esfuma hacia su ensueño.

Generalmente es necesario que la fealdad física o moral no sea mayor que la cualidad atrayente, pues la desproporción estorbaría el flechazo; pero, aun así, la cualidad única, si es excelente, puede triunfar de sus contrarias. Hay dotes morales e intelectuales que suplen con creces a la fealdad y la hacen invisible; y de las cualidades físicas no puede decirse que la belleza del rostro sea por todos la más apreciada, pues hay quien prefiere la del temperamento. Suele estimarse mucho más la expresiva sensibilidad de una Afrodita imperfecta que el mudo encanto de una helada Vestal.

El flechazo puede ser unilateral; muchas veces el enamorado no es correspondido de inmediato, porque él no satisface el ideal de la persona a quien ama, o porque ésta no conoce su propio ideal. En el primer caso es inútil luchar contra imposibles; en el segundo queda la esperanza de provocar en la persona amada una intoxicación sentimental, haciendo que surja en ella un ideal adaptado a la realidad que se le presente. El mejor "arte de hacerse amar" será siempre el expuesto en pocas páginas del clásico breviario de Ovidio, el admirable *Arte de amar*.

Cuando se encuentran dos personas que son, cada una, el ideal de la otra, se produce *el doble flechazo*. No es raro en seres de perspicaz inteligencia y de optimista espontaneidad, máxime si distinguimos el sentimiento amoroso del anhelo de contraer matrimonio, asunto ajeno a la necesidad de amar; personas hay que se casan sin tener ideal y otras que por casarse lo sacrifican. Siempre se discutirá si es más moral pertenecer a un amante a quien se adora o servir al ser desagradable que ha firmado un contrato de posesión.

El flechazo doble permite comprender el nacimiento repentino del amor en el primer acto de *La Bohéme*, cuyo libreto de ópera aventaja en emoción a las traviesas escenas originales de Murger. En la novela, Mimí aparece por accidente y no sabemos cómo se enamoran ella y Rodolfo; en la ópera, la mitad final del acto primero está dedicada a mostrarnos cómo nace el amor en dos corazones que lo esperan conforme a un mismo ideal.

Mientras Rodolfo, el poeta, escribe, llaman a su puerta. Es Mimí, su vecina; viene a pedirle luz, pues el viento helado apagó su candil en la escalera. Tose por la fatiga, palidece, un vahído la turba; Rodolfo la consuela, le ofrece calor de su fuego y cordial su copa, admirando su belleza. Ella reenciende su luz, agradece y se retira, dejando a Rodolfo impresionado... Apenas transpone la puerta, vuelve; ha perdido la llave. El viento, cómplice, apaga en tanto su luz y después la de Rodolfo, quedando a oscuras. Rodolfo cierra la puerta y los dos se ponen a buscar la llave, a tientas; él la encuentra y la oculta; siguen buscando, buscando, hasta que sus manos tropiezan como blancas mariposas ciegas.

Rodolfo la ase, un ¡ah! de sorpresa de ella, y él, sintiendo la manecilla tan fría, le pide permiso para calentarla entre las suyas. Es inútil seguir buscando en la oscuridad; suerte que es noche de luna y que la luna es vecina de quienes moran cerca de los tejados. Mientras esperan, Rodolfo le dice quién es, qué hace, cómo vive. Poeta, escribe y vive pobremente, con la riqueza de sus rimas de amor, llenando su alma de ensueños y quimeras; a veces dos ojos ladrones vienen a saquear su cofre; esta vez han entrado con Mimí, pero una dulce esperanza le consuela del robo... ¿Ella? La llaman Mimí, aunque su nombre es Lucía. Borda flores, cose, vive sola y feliz en su buhardilla, haciendo lirios y rosas. La encantan todas las cosas que tienen dulce imán, que hablan de amor, de ensueños, de quimeras, todo lo que embriaga con perfume de poesía. Al llegar la primavera que funde las nieves, allí recibe el primer sol, y cuando en abril se abre una rosa, ella aspira con ansia el aroma de sus pétalos, porque las flores que sus manos bordan no tienen perfume... ¿Qué más? Rodolfo descubre en el rostro encantador de su dulce vecina el sueño que querría siempre soñar, siente su alma turbada por suprema embriaguez y advierte que en su boca palpita ya el amor; Mimí nota que las tiernas palabras han penetrado dulcemente en su corazón, donde el amor es dueño único y sólo. Se besan; se pertenecen ya. Salen juntos del brazo; se aman; ¡amor, amor!

Muchos que tenían veinte años, al escuchar por vez primera la ópera de Puccini, no pueden volver a oírla sin que se les anude la garganta al terminar el acto tercero y sin que una lágrima turbe sus pupilas en el final del acto cuarto. Los gustos artísticos pueden variar; pero en ciertos casos es tanta la poesía del libreto, tanta la expresiva riqueza emocional de la música, que puede pronosticarse a ciertas obras el privilegio de no morir con su autor.

5. LA INTOXICACIÓN

Cuando se les presenta la oportunidad de amar, no todos los hombres se embelesan como Rodolfo, ni todas las mujeres se rinden como Mimí. Muchos no pueden sentir el flechazo porque aún no tienen ideal; les falta la vehemente expectativa de la imaginación y de los sentidos, que en la hora oportuna convierte en sentimiento la necesidad de amar. Mientras el ideal no está formado el corazón anda a tientas, no sabe lo que espera y duda si una dulce palabra apresura sus latidos; ignora de quién preferiría enamorarse, ¿de Don Juan o de Werther?, ¿de Manón o de Susana? La falta de confianza en sí mismo, impide que se manifieste con plenitud la necesidad de amar. Toda insinuación levanta resistencia en las personas que carecen de ideal; nunca saben si el que llega es el esperado y siempre es más fuerte en ellos la duda que la esperanza. Tienen miedo de amar, se defienden de lo desconocido.

La primera impresión puede engendrar el deseo; pero la esperanza, contrastada por la duda, no llega a definirse; vacila y tiembla, se apaga y renace sin cesar. ¡La duda! ¿Tiene mayor enemiga la esperanza? El corazón se inclina a juzgar hoy con pesimismo las razones que ayer le daban alas. En vano busca refugio; en nada halla consuelo.

¿Qué pasa? Ora la incapacidad de amar es debida a defecto del temperamento o a falta de educación, y se revela por una atonía de los sentidos que no permite reforzar la admiración con el deseo; ora nace de torpeza de la imaginación, que impide elaborar en torno del ser deseado la ilusión sentimental; ora, en fin, son fallas de la inteligencia y de la voluntad las que apartan de confirmar o rechazar definitivamente la esperanza.

Difícil es que nazca el amor si la necesidad de amar no enciende a tiempo el deseo; la imaginación trabaja más fecundamente con el acicate del instinto. Los amantes platónicos aman, pero su amor es incompleto; los místicos sentimentales no aman, divagan sobre el tema del amor. Constituyen dos familias del mismo género; para ellos el amor tiene la atracción del peligro y el misterio del mito. Su miedo al ser que admiran es simple exponente de la atonía de sus sentidos; no desean con ese imperio que obliga a anhelar la posesión.

El miedo de amar puede en cualquier momento dar muerte a la esperanza, que hoy progresa y mañana retrocede, siempre vacilante. Por momentos la imaginación vuela, pero los sentidos no caminan. Seres apasionados de cabeza, flaquean y se detienen cuando su victoria está más próxima; no se atreven a amar del todo después de haber principiado a amar. Les falta confianza en sí mismos, son deficientes del instinto.

En la joven tierna, se explica una cierta ineptitud de la sensibilidad por falta de experiencia; la mujer de quince años no puede amar con tan bella plenitud como la de treinta. La falta de ideal y la ausencia de criterio hacen suponer a la novicia que el primer deseo fugaz es una pasión y cree que cada festejante encarna su ideal; en ella no hay amor, sino juego. Poco a poco, a medida que los sentidos le anuncien la seriedad del juego, amará con menos prisa, pero con más fervor.

No tiene, en cambio, disculpa la atonía de los sentidos que inhibe a ciertos hombres, convirtiendo el amor en solitario deleite de la fantasía o en inocente pasatiempo de vagabundo. Las mujeres desprecian a los hombres de sangre fría y nada las humilla tanto como el recuerdo de un amor incompleto; el que hurta un beso debe jurar que no lo hará más, pero su amada le despreciará como a un miserable si cumple lo jurado. Sobre este punto hay un convenio tácito que data de siglos; hombres y mujeres están contestes en que es caballeresco violar los juramentos.

¡Guay de los miedosos, guay de los cobardes!, y decía Ovidio: "El que acepta besos y deja lo demás, no merece lo que se le ha dado; después de los besos, ¿qué falta para satisfacer el deseo? Dejarlo no es pudor, es necedad". ¡Dura es, por cierto, la palabra del poeta! Digamos, simplemente, que esta incapacidad de amar por atonía de los sentidos, es tan grave como la que en otros depende de la torpeza de imaginacón.

Supóngase que la necesidad de amar favorece la admiración y el deseo, combinándose circunstancias propicias a la esperanza de alcanzar la posesión del ser deseado. ¿Qué falta? Nada, para satisfacer el deseo; todo para amar, si por torpeza de la imaginación se carece de ideal. Cuando no se sabe en torno de qué realidad se preferiría tejer la ilusión sentimental, es posible darse sin amar y poseer sin ser amado, aún fuera del matrimonio, en que el "ideal de consorte" suele reemplazar el "ideal de amante".

Ello suele ocurrir a muchas mujeres inexpertas, compelidas al placer por los sentidos, antes que la imaginación haya formado su ideal; quedan cautivas del primer Don Juan que las aprisiona con una palabra o con un gesto. Sienten la embriaguez del deseo y creen, desdichadas, que es amor; sorpréndense a veces si su amante se harta de abastecer su voracidad, y no es raro que en ese momento empiecen a creer que son ellas las que se sacrifican. Se dan una vez y otra vez; cada caída es una desilusión.

Nunca llega al amor quien lo busca guiado por la voluptuosidad. El calavera vulgar muere mariposeando en todas las corolas sin cerrar sus alas sobre ninguna; la joven aburrida escucha al primer tentador que rompe la monotonía de su existencia. ¿Recordáis la triste víctima de Roberto Greslou, en *Le Disciple,* de Paul Bourget?

Hay quien tiene imaginación viva y sentidos exquisitos, sin decidirse a amar por temor a la propia desilusión. ¿El objeto amado concuerda con nuestro ideal? ¿Tenemos alguna manera de estar seguros de ello? ¿Dando todo creyendo amar, recobraríamos algo al desengañarnos? Esas preguntas implican analizar la ilusión sentimental y obstruir su desarrollo por el análisis mismo. Amar es equivocarse inconscientemente; todo esfuerzo consciente para no equivocarse es un obstáculo puesto al amor. El miedo de amar aparece entonces como una prudente actitud provisoria, como una defensa contra el propio error.

Esta incertidumbre no es rara. La persona que provoca el amor es admirada porque se le reconoce belleza, el deseo asoma porque su posesión no es imposible, la esperanza surge del cálculo de probabilidades; no se la ama, sin embargo, porque no hay confianza de que sea persona que debe ser amada, no se sabe si ella corresponde al propio ideal. Puede que sí, puede que no... Comienza entonces el proceso de la duda. Después que algunos signos han confirmado la esperanza, el enamorado vuelve sobre su creencia, la desmenuza, acabando por aumentar la importancia de las dificultades. Algunas mujeres, asustadas por sus primeras concesiones, resuelven oponer al avance la frialdad o la ira. ¿Es prudencia, pudor, astucia, coquetería, temor de lo desconocido? Sea cualquiera de esas causas, el resultado es que el miedo se torna más fuerte que la necesidad de amar.

Los que encaran el amor como un asunto de matrimonio, se espantan ante lo indisoluble, pues lo es ante la sanción social aun cuando las leyes permiten librarse de su yugo. En los que aman sin segundas vistas, el problema varía para el hombre y para la mujer; no basta estar seguro del propio amor, es necesario creer en el ajeno. Las pruebas que el hombre puede dar son relativas, exponerse al ridículo, comprometer su reputación; la mujer sólo dispone de una, la que al darse no deja nada por dar.

¿Cómo sorprendernos de que en ellas el amor nazca más tímido, menos expresivo? Exceptuados los casos en que se explica el flechazo, justo es que no se entreguen ciegamente a la dicha de amar; a su inicial movimiento de admiración y de deseo, deben resistir bruscamente, para detener el impulso de la primera impresión. Eso mismo es una garantía de que el sí contendrá una promesa de mayor impresión, pues será difícil apartarse de una decisión tomada reflexivamente.

El miedo de no ser amada suele aumentar en la mujer después de la prueba crucial. Muchas veces el arrepentimiento sucede a la intimidad, máxime en la que se aconsejó de sus sentidos más bien que de su corazón. Tal mujer que hasta ayer creía ciegamente en la sinceridad de su amado, hoy, cuando nada tiene que rehusarle, tiembla de él y le sospecha de falsía; su imaginación trabaja para justificar el paso de que no puede ya volver atrás; sus nervios aumentan la inquietud, esos nervios agitados por emociones saboreadas a hurtadillas; si antes pensaba diez horas en su amante, ahora pensará veinticuatro. Momento habrá en que reconstruya los instantes deliciosos, prolijamente, minuciosamente; pero en otros se planteará la duda aterradora, siempre la misma: ¿no habrá entregado su tesoro al capricho de un inconstante?

Basta suponer que ese drama se ha planteado una vez en el corazón de una mujer, para comprender que ella guarde para siempre algún miedo de amar. Pero, si amó de veras, vencerá al miedo mismo y amará otra vez, Y como el primer amor es la infancia del segundo, éste será hermoseado por la experiencia de aquél; pues cada amante tiene algo que agradecer a sus predecesores.

Si la esperanza no muere en su lucha contra el miedo de amar, la imaginación puede elaborar la ilusión sentimental, venciendo lentamente los obstáculos, eliminando la duda. Poco a poco, subrepticiamente, puede nacer el amor; ese proceso de autogestión imaginativa, comparable con los envenenamientos, justifica que se le haya dado el nombre de "intoxicación" sentimental.

El que se enamora por flechazo no debe desesperar porque no es correspondido con igual prisa; la indecisión de quien se siente amado nunca es invencible. El amador debe insistir con firmeza; piense, si ama de veras, que su larga inquietud suele ser la única gloria de la mujer. Será más amado y mejor amado, en premio a su constancia; venza con amables artes las resistencias, destruya con su fidelidad las dudas adversas, estimule en su amada la formación del ideal o tuerza en su favor el que ya existe y motiva su desventura.

El proceso de intoxicación corresponde a lo que Stendhal llamó la "segunda cristalización", consecutiva a la duda. Difiere de la primera en que corona el flechazo; no trata de elevar al ser amado hasta un ideal preexistente, sino de formar un ideal nuevo en torno de las cualidades del ser no amado todavía. Este modo de nacer el amor es habitual en las personas apáticas, prudentes, calculadoras, de edad madura; en ellas la esperanza necesita ser tan grande que resista a la duda. Ocurre lo mismo en las personas que han tenido desilusiones dolorosas; no se resuelven a amar, por falta de confianza.

Pero es también el modo de enamorarse contra la propia voluntad de no amar, de ser "seducido", en la aceptación rigurosa del término. Los que resisten, los que se desesperan, luchan contra una realidad que no concuerda con su ideal. ¿Qué importa, si esa realidad es capaz de torcer el ideal? Al que ama la belleza física llega a intoxicarlo una fea; al que ama la virtud, una vil trotera; al que ama el ingenio, una maritornes. En vano se aborrecen los grandes vicios opuestos al propio ideal; hay en la persona temida una pequeña virtud que tienta y atrae. En torno de ese núcleo puede efectuarse la cristalización de un nuevo ideal, capaz de sustituir al precedente, convirtiendo en objeto de amor lo que antes fuéralo de odio. Y, por fin, la fuerza de la costumbre; la imaginación se intoxica gradualmente, como el organismo por la morfina.

Daudet ha descrito con mano maestra la lucha contra el miedo de amar, en *Sapho*. El héroe de la novela, Juan Gaussin, siente el deseo y cae en brazos de una mujer que no estima. Comprende que nunca podrá ser su ideal esa criatura satánica, indigna de ser su compañera. Gusta de ella, pero no la ama; y como sigue deseándola después de poseerla, teme llegar a amarla, aborreciéndola en los raros momentos de reflexión serena. La ha aceptado como instrumento de placer, pero se resiste a entregarle su corazón. Poco a poco se acostumbra a necesitar su presencia, hasta considerarla indispensable; más tarde los hábitos físicos y mentales acaban por torcer definitivamente su personalidad y su carácter: la ama. En vano otros sentimientos egoístas y sociales pujan en su espíritu para vencer el hábito adquirido; en vano la desprecia y se desprecia a sí mismo, sumando cada día una nueva querella a sus motivos de angustia. La intoxicación prosigue, lenta, segura, remachando un eslabón tras otro de la cadena que al principio miró como un oprobio; poco a poco la imaginación de la víctima va construyendo un ideal, haciéndole desear lo que temía, amar lo que le horrorizaba. Él no podría ya vivir sin ella y se torna capaz de los mayores envilecimientos por tener junto a sus labios la copa que envenenará su existencia.

La victoria de Safo muestra la derrota de las personas sin ideal, expuestas primero a obedecer a sus sentidos y más tarde a intoxicar su imaginación, elevando a razón de vivir lo que antes les pareciera sello de ignominia.

6. LA INTIMIDAD SENTIMENTAL

No se puede comprender la "intimidad sentimental" sin distiguirla claramente, de la amistad y del amor. ¿En qué se les parece y en qué difiere de ellos? Alguna respuesta ensayó La Bruyère, profundo psicólogo que en sus *Caracteres* escrutó el corazón humano mucho antes de inventarse la psicología experimental. Decía: "La amistad puede existir entre dos personas de sexo diferente, libres de toda apetición de los sentidos". Pero, agregaba, con perspicacia: "Una mujer, sin embargo, mira siempre al hombre como hombre y éste mira siempre a la mujer como mujer. Su intimidad no es pasión ni amistad pura, constituye un género aparte". Tan dúctil como se quiera, este género no es amor: el mismo La Bruyère lo dice: "La amistad y el amor se excluyen". No fueron de igual parecer, sin embargo, numerosos moralistas y literatos que en todo tiempo se han confabulado para enmarañar ambas cosas, obstando en grado sumo a su diferenciación. Si Séneca enseñó que el "amor es la locura de la amistad", Byron dijo que "la amistad es un amor sin alas". Todo, en suma, parecería legitimar cierta interferencia de dos sentimientos nacidos sobre instintos independientes.

No diremos, por eso, que se trata de un hecho trivial. Sólo un pequeño número de hombres necesita de esa "intimidad femenina" y puede buscar en ella un refinamiento sentimental. Son más contadas todavía las mujeres que sienten la necesidad de una "intimidad masculina", complicando un platónico cariño con suaves satisfacciones intelectuales. En esos casos el sentimiento es indefinido; la diferencia de sexos le presta singular encanto, lo anima con el soplo de ternura y de comprensiones extrañas, favoreciendo germinaciones afectivas que la amistad corriente desconoce o amortigua.

Los elementos intelectuales son de eficacia inequívoca en la organización de la "intimidad sentimental". Los hombres y las mujeres de espíritu vulgar se contentan con pedir al sentimiento y a los sentidos la materia prima con que plasman su amor; pero cuando es mayor la cultura, cuando se sutiliza más la imaginación, se exige a la inteligencia una contribución tan valiosa como la bondad y se pide a la gracia tanto o más que a la belleza.

El problema puede plantearse en términos exactos: esa "intimidad sentimental" entre hombre y mujer ¿puede permanecer ajena al amor?

Es la *amistad* un sentimiento que arraiga en un instinto social, propio de todos los seres capaces de vivir en grupos: surge de la asociación en la lucha por la vida. En sus formas evolucionadas manifiéstase como una simpatía activa: nace de la afinidad entre los caracteres y se consolida por el hábito. Es una mutua resonancia de gustos o de inclinaciones, una armonía de sonidos morales: nada se le parece menos que la complicidad de intereses o apetitos.

En la infancia, mientras la vida es una simple actividad de juego, la amistad traduce afinidades que presuponen cierta "homogeneidad de tendencias motrices", estimulada por la imitación. En la adolescencia, desde que la vida afectiva da relieve a la personalidad, se establece por analogías de las disposiciones acentuadas en la pubertad, provocando una "homogeneidad de estados afectivos". En el adulto, cuando se ensanchan los horizontes ideológicos o prácticos, arraiga la simpatía en estimaciones morales, y toda concordancia de sentimientos tiende a cimentarse sobre una inequívoca "homogeneidad de aspiraciones y de tendencias".

Esa amistad, arquetípicamente concebida, en que el cerebro y el corazón participan por igual, es una reciprocidad de afecto sostenida por la tolerancia. Puede existir entre personas de cualquier sexo, es un exponente psicológico del instinto de asociación y su fórmula sentimental es el cariño. Puede complicarse, ser vehemente hasta la pasión, devota hasta el sacrificio. Suele mezclarse de ternura; de amor, nunca.

Para no desvirtuarse entre personas de sexo distinto, debe permanecer ajena a toda complicidad de los sentidos: la vista y el tacto son sus más grandes enemigos. Con la mirada puede insinuarse una palabra que se teme pronunciar; en la mano que se da puede ir envuelta una caricia. Hay tonos de voz que despiertan a Eros dormido; perfumes hay que turban la serenidad más inocente. El riesgo corre parejo con el despertar del instinto o la complicación del deseo, ya subrepticio o íntimo, ya sobreentendido o manifiesto. Los amigos descubren algún día, inesperadamente, que el amor ha conspirado contra la amistad.

Siendo la amistad y el amor dos sentimientos heterogéneos, nacidos de fuentes inconfundibles, diríase que la "intimidad sentimental" es un género intérlope, un injerto que no puede prender en el tronco de nuestras tendencias. A primera vista sólo parecería posible entre hombre y mujer el amor puro, con su cortejo de apetitos y deseos, o la amistad pura, como entre dos hombres o dos mujeres. Pero, en caso de coexistir, ¿correrían juntos sin mezclarse, como esas aguas que conservan su temperatura distinta no obstante andar mucho camino por el mismo cauce?

Tan arduas cuestiones se simplifican diciendo que la "intimidad sentimental" es una forma de nacimiento de amor; representa la fase de la admiración, aún no está complicada por el deseo. Sólo más tarde aparece la esperanza que si fracasa arrastra en su caída la amistad.

Afirman algunos psicólogos modernos que perdemos en sensibilidad afectiva lo que ganamos en elevación intelectual; es una afirmación antojadiza. Los hombres de mayor cultura suelen ser los más aptos para una vida afectiva intensa en todo orden: son mejores hijos, más leales amigos, más firmes amantes, padres más tiernos. Proviene el error de confundir la afectividad con las pasiones ciegas y brutales, que son —como todo lo impulsivo— patrimonio de los seres inferiores.

Muchas manifestaciones de la vida afectiva sólo pueden florecer en una mentalidad elevada. Los sentimientos intelectuales, estéticos y morales son privilegio de una selecta minoría, en cuya vida influyen de manera decisiva; en ellos reside el núcleo de toda posible "intimidad sentimental", una de cuyas características suele ser la admiración recíproca. Es más, sin duda, que la amistad pura, pues el cariño se complica con sentimientos de otra raigambre; pero es menos que el amor, pues le faltan deseos capaces de agitar la brasa tranquila con violencias de llama.

Así comprendida, la "intimidad sentimental" puede existir entre personas de sexo distinto. Pero es, siempre, un estado sentimental provisorio, *un puente hacia el amor,* sin restricciones que apaguen el legítimo reclamo de la naturaleza. Por eso suele burlar las más castas intenciones y quebrantar la ilusión quimérica de mantener indefinidamente el platonismo de la primera hora. Podría decirse, a lo sumo, que la "intimidad sentimental" es la forma de galanteo propia de las personas intelectuales.

Al terminar una representación de la *Francesca de Rimini* de Gabriel D'Annunzio, oímos poner como tema de conversación estas preguntas: ¿Era posible que esa afectuosa amistad no terminara en un amor apasionado? ¿Había sucedido lo inevitable, naturalmente, sin sombra de culpa?

Conocéis la versión más difundida de la leyenda. Francesca, hija del señor de Ravena, fue dada en matrimonio al señor de Rimini, Gianciotto Malatesta, contrahecho y de aspecto repulsivo. Ella creíase destinada a su hermano Paolo, joven apuesto y gentil; grande fue su congoja al encontrarse en brazos del otro. El tiempo reparó el agravio inferido a la naturaleza; una fervorosa intimidad floreció entre los cuñados. Francesca ponía en sus decires un vago encantamiento, hablando un lenguaje cuya elocuencia no sospechaba; Paolo sorbía el dulce filtro de sus palabras, sin acertar nunca una atinada respuesta. Un día sus manos se encontraban sin buscarse; otra vez, quedaban largo rato silenciosos. Cuando más temían mirarse, sus pupilas se cruzaban más. El roce de un terciopelo o de una seda hacía palidecer a Paolo, helándole las sienes; y si osaba excusarse, al melancólico timbre de su voz hinchábase el cuello venusino de Francesca. Sin quererlo, sin hacerlo, esquivando todo lo que pudiera complicar de amor su amistad, encendióse en ellos la pasión irresistible, como término fatal de aquella muda y recíproca seducción Después... la tragedia: sorprendió "el otro" su amoroso deliquio y pagaron con sus vidas las horas felices de amor.

El caso de Paolo y Francesca cabe en la pregunta general: ¿es posible una amistad platónica entre hombre y mujer, una intimidad intelectual, sin que el amor reclame sus derechos? Para comprender el peligro de semejante situación es necesario releer el canto famoso de la *Divina Comedia*, donde Francesca refiere a Dante cómo nació su amor por Paolo Malatesta.

Ninguna mujer aparece más totalmente humana que ella, frágil y culpable, hermosa y púdica, gentil y apasionada. Es eterna porque es toda vida y amor; no se avergüenza de su culpa ni se lamenta de su triste fin. Acepta lo ocurrido como una dulce fatalidad y lo narra al poeta en ocho versos sencillísimos: Paolo se enamoró de su bella persona, ella le correspondió con amor eterno y el amor los condujo a una misma suerte. La ingenuidad es tan grande que la culpable inspira simpatía; no se defiende ni se justifica, expone con naturalidad los derechos del amor y arranca al poeta esta cordial exclamación: ¡cuán dulces pensamientos, cuánto deseo les condujo al doloroso paso!

Dante, en ese punto, siéntese picado de justa curiosidad por conocer cómo nació el amor entre ellos, y le pregunta: "Ma dimmi: al tempo de'dolci sospiri, —a che e come concedette Amore— che conoscete i dubbiosi desiri?". O sea: en qué momento la intimidad sentimental dejó de pareceros amistad y se reveló amor; Francesca lo explica con tierno candor: "Noi leggevamo un giorno per diletto —di Lancialotto come amor lo strinse: —soli eravamo e senza alcun sospetto". Leían como dos amigos íntimos, sin que los turbara ninguna intención culpable. La lectura les hizo cruzar muchas miradas y palidecer de emoción, pues la naturaleza conspiraba en ellos, hasta que un punto del libro los venció: "Quando leggemmo il disiato riso —esser baciato da cotanto amante, questi, che mai da me non dia diviso — la bocca mi bació", con un beso que ya era de amor, emocionado, "tutto tremante"...

La intimidad sentimental es una pendiente que conduce al amor. Pronto o tarde la amiga cierra el libro, caen los brazos que la esperan y: "Quel giorno piú non vi leggemmo avante".

CAPÍTULO III
LA PASIÓN DEL AMOR

1. La inseguridad de la esperanza. - 2. La victoria del instinto. - 3. Los símbolos wagnerianos del amor. - 4. La transfiguración de Isolda. - 5. El valor moral de la pasión.

1. LA INSEGURIDAD DE LA ESPERANZA

Difícil sería encontrar equivalente artístico al admirable poema compuesto por Wagner sobre la leyenda de Tristán e Isolda, arquetipo eterno de la pasión más fuerte que la muerte, inevitable y desesperanzada a la vez, vencedora del honor en el más fiel de los hombres, triunfante de la lealtad en la más pura de las mujeres. Poema único en la expresiva paridad de la palabra y de la acción, profundo en el simbolismo de la idea, afiebrado en el ritmo del verso, tempestuoso en su melopeya lírica, arrobador en la magnificencia de la sinfonía. No basta, en efecto, escuchar la música de este poema; en sus versos, que claman delirio de amor y angustia de voluptuosidad, se trasunta un concepto filosófico que en los pasajes más conspicuos denuncia la influencia de Schopenhauer sobre el más grande genio musical de todos los siglos.

El amor de Isolda es integral. Después de la admiración y del deseo, nace como sentimiento, se encumbra en pasión, florece en voluptuosidad; así lo expresan con ritmo creciente los versos y la música. Es sentimiento en los preliminares del acto primero, antes de que el filtro obre la transmutación fatal; es pasión en el segundo, que llega al paroxismo en el inigualable dúo de amor; es voluptuosidad en las últimas escenas del tercero, cuando Isolda se transfigura ante el cadáver de Tristán y se extasía en una alucinación de placer que termina con la muerte.

El análisis del poema wagneriano nos enseñará más sobre las pasiones que el glosar las palabras escritas por Platón y Aristóteles, o las imprecisas doctrinas de Carte-

sio y Malebranche, o las reflexiones cautelosas de Spinoza
y Kant. Que en otros famosos ensayistas, Plutarco, León
Hebreo, De Hartmann, más hallamos entretenimientos que
enseñanzas.

El sentimiento amoroso se exalta e intelectualiza por las
resistencias, transformándose en pasión cuando los obstáculos tornan insegura la esperanza. Formada la ilusión
de amor, que tiende a armonizar el ser amado con el ideal
amante, toda valla erguida en el camino de su conquista
aparece como el más irreparable de los infortunios. ¿Podría seguir viviendo sin su ideal el que tiene la ilusión de
haberlo encontrado? La mente se nubla, el equilibrio de
la personalidad se altera. Un íntimo sufrimiento nace del
conflicto entre el esperar y el desesperar; todas las dificultades, pequeñas y grandes, reales o ilusorias, van tomando cuerpo en un imaginario fantasma de "lo imposible", y el miedo, incapaz de vencerlas, las agranda, las
centuplica.

La pasión es un amor contrariado que se exalta por el
anhelo de vencer las dificultades. Un sentimiento amoroso
sin trabas, de esos que suelen resolverse en matrimonio,
nunca puede rayar en pasión, por grandes que sean la
admiración, el deseo y la ilusión sentimental; la seguridad
de la esperanza excluye el temor de lo imposible, sin el
cual no hay pasión verdadera.

¡Lo imposible! Séalo realmente o lo parezca, la pasión
se presenta como una lucha por alcanzar un ideal que más
se aleja cuanto más se lo persigue, después de haber
tenido la esperanza de su posesión. Sin esa esperanza
previa no hay pasión de amor, porque no pudo haber ilusión sentimental; los que persiguen apasionadamente a
un ser que les corresponde obran por egoísmo, amor propio o vanidad, aunque para justificarse ante sí mismos se
convenzan de lo contrario.

Los obstáculos al amor correspondido son de orden
exclusivamente social; toda pasión es una resistencia del
individuo contra circunstancias exteriores que le apartan
de su ideal de amante para sacrificarle al ideal de consorte. La pasión de amor suele ser un alzamiento contra la
sociedad que impide amar fuera del matrimonio, aunque
reservándose prohibir a los solteros contraerlo por puro
amor y a los casados violarlo si se enamoran. Una moral
de conveniencias pone condiciones al matrimonio de cada

individuo y le declara "imposible" amar fuera de ellas.
¿Imposible?

Los más domésticos se resignan y renuncian; los indómitos se apasionan y juran vencer o morir. Razón les sobra a los que se inclinan a perdonar toda inconducta inspirada por una pasión; las doncellas que fugan y las esposas que engañan no son simples violadoras de la obediencia o de la fe jurada, sino verdaderas rebeldes contra la tiranía social, insurrectas contra la institución misma del matrimonio.

El poema de Isolda nos muestra la lucha sin tregua de un amor convertido en pasión por las circunstancias exteriores que convergen a hacer imposible la esperanza de alcanzar el ideal. No pueden ser más invencibles los obstáculos; todos los prejuicios, todas las conveniencias, todas las instituciones, aparecen sumadas contra el amor: la sangre del novio muerto y el juramento de vengarlo, la dignidad herida de la mujer y el honor empañado del caballero, la majestad de la realeza y la inviolabilidad del matrimonio. Ese mundo de apariencia, construido por la mentalidad social, separa a Isolda de Tristán para arrojarla en brazos del marido incógnito que más conviene a la razón de Estado; contra él se yergue el Instinto que ha encendido de amor su corazón y la empuja hacia el amante ideal exaltando su ensueño de voluptuosidad hasta la hora de la muerte.

Los antecedentes de la tragedia son conocidos. Guerreando en Cornualia contra el rey Marcos, un caballero irlandés, novio de la princesa Isolda, sir Morold, fue muerto por Tristán, leal sobrino del rey. El vencedor, obsecuente a la crueldad de la época, envió la cabeza de su víctima a la novia, que encontró en ella un fragmento de la espada homicida.

Tristán, a su vez, había recibido en el lance una herida emponzoñada, solamente curable con ciertos bálsamos que Isolda poseía. Cediendo a la única esperanza, hízose conducir disfrazado a Irlanda e imploró ayuda de la compungida princesa, que se la dispensó con cariño y generosidad. Admiración, deseo, esperanza, ilusión sentimental...

Sanaba Tristán de su herida cuando Isolda advirtió en su espada una mella que coincidía con el fragmento hallado en la cabeza de Morold. Quiso, indignada, matar allí mismo y con su propia arma al impostor, pero cuando su mirada se encontró con la de Tristán, el brazo quedó suspenso sin herir y en un segundo expresaron los ojos el tierno sentimiento que había florecido en sus corazones; si era en ambos admiración por la belleza mezclábase en Isolda de piedad y en Tristán de gratitud. Amor denunciado en una mirada sola, al mismo tiempo que el misterio descubierto tronchaba la esperanza, poniendo entre ambos, como un abismo, la sangre de Morold... Isolda perdonó al culpable, sin sospechar, acaso, que era el suyo un perdón de amor; guardó celosamente su secreto y permitió que Tristán volviera con vida a la corte del rey Marcos.

Se amaban ya, pero la admiración y el deseo no podían completarse con la esperanza; jamás Tristán se hubiera atrevido a creer que le amase la novia de su víctima, ni Isolda habría osado nunca ceñir con sus brazos al que la ultrajara enviándole la cabeza de Morold.

Lo imposible habría desvanecido en ambos la ilusión sentimental, si ésta no fuera ya más honda de lo que ellos mismos sospechaban. Isolda quedó pensando en el que se iba, con tanta insistencia que pronto olvidó su juramento de venganza; Tristán no supo contener su admiración y alabó en Cornualia la belleza y la gracia de su enfermera. Era amor todavía, amor alimentado en la sombra por los mismos obstáculos que lo presentaban como un ideal inalcanzable.

Terminada la guerra, decidióse el rey Marcos a sellar la reconciliación de los pueblos mediante su enlace con Isolda; el propio Tristán, que de otro modo habría heredado la corona real, fue enviado a ofrecérsela en lujosos bajeles que de retorno conducirían la nueva reina a la corte, conmovida por el feliz acontecimiento.

Doblemente atormentada por el amor y por el sufrimiento, Isolda accede a lo que no puede rehusar; pero sabe ya que Tristán no llevará una novia a su rey, sino un cadáver. ¿Qué hacer ante la deslealtad del ser amado que se atreve a sacrificarla a un matrimonio de conveniencia? ¿Qué pensar, al mismo tiempo, del hombre que al proceder así renuncia en su favor una corona real? ¿Tristán no la ama ya y así le expresa su gratitud? ¿Tristán la ama aún y no se atreve a esperar que la novia de Morold le corresponda?

2. LA VICTORIA DEL INSTINTO

En este punto de la leyenda comienza la acción del poema wagneriano, cuya primera escena se desarrolla en el bajel que conduce a la novia a la corte del rey Marcos. El viaje, alegre para los marinos que vuelven a sus tierras, preocupa hondamente a Isolda y a Tristán, que evitan encontrarse. Los inquieta el recuerdo de la única mirada que cruzaron a solas, cuando ella otorgó su perdón de amor. Tristán teme faltar a los deberes de lealtad para con su rey y acaso presiente que su única defensa está en evitar un encuentro con el objeto de un amor doblemente imposible; Isolda, ofendida por el retraimiento del ingrato, piensa que es preferible morir amando a vivir sin ser amada.

Cada hora, cada minuto, centuplica la angustia de su corazón. ¿No podrá traicionar la confianza de su rey, ni violar ella el juramento de vengar a Morold? Tan grandes obstáculos alimentan su pasión, agrandada al dudar de los sentimientos de Tristán. Y a medida que pasan los días, recluidos ambos en un silencio de miedo, Isolda descubre que la muerte es bálsamo y castigo a la vez, pues ofrece una certidumbre: nadie beberá en el ánfora que el destino aparta de sus labios.

La falta de esperanza puede cortar las alas a un sentimiento que nace; pero si la ilusión sentimental se ha formado ya, la desesperanza es contraproducente, descalabra el ánimo, hasta que el mal se complica y surge con imperio la voluntad de hallarle remedios extremos. Comprendiéronlo así cuantos artistas hicieron intervenir una fuerza misteriosa, capaz de alterar las leyes naturales; la creencia en un ciego destino ha nacido ante sucesos aparentemente inexplicables. ¿Por qué algunos amantes, resistiendo a las circunstancias adversas, llevan su pasión hasta inmolar sus propias vidas y las ajenas, sacrificando la realidad a la quimérica persecución de lo imposible? ¿Qué oculta potencia los mueve? ¿Un Hado sobrenatural o el Instinto de la especie?

Esta última pregunta nos parece plantearse en el acto primero del poema. Cuando Isolda comprende que su sentimiento se quiebra contra lo imposible, pide el filtro de muerte, que simboliza el Hado fatal.

Al avistarse las costas de Cornualia estalla su dolor.

¿Vencida así, muda, sin una explicación? ¿Renunciar así al amor y a la venganza? Sintiéndose sofocar, ordena a Brangania, su dama, que descorra las cortinas de la tienda; sus ojos van a posarse sobre Tristán y murmura en amargo soliloquio palabras impregnadas de fatalidad: "¡Elegido por mí, perdido para mí... Cabeza destinada a la muerte! ¡Corazón consagrado a la muerte!" A medias dice su secreto de amor: Tristán es descortés y teme su presencia, tal vez por remordimiento, tal vez por miedo de amarla, pero dispuesto a sacrificar el íntimo dictado de su corazón al cumplimiento de sus deberes de lealtad. Dilema terrible: el amor, la muerte...

La princesa envía a Brangania para que llame a Tristán; éste niégase cortésmente. Isolda se indigna y narra a su dama la historia del héroe ingrato, que así la arroja ahora en brazos de un viejo rey a quien no conoce. Brangania intenta consolarla; Isolda, mirando en el vacío y puesto en Tristán el pensamiento, envuelve en una frase la apasionada confesión: "¿Cómo soportar el suplicio de ver siempre cerca de mí, sin amor, al más cumplido de los hombres?" Brangania, creyendo que se refiere al rey Marcos, le propone servirse de los filtros de amor que su madre, la reina de Irlanda, le entregara al partir. Como en la claridad de un relámpago decide Isolda su porvenir; pide el cofre que contiene los filtros, escoge un brebaje de muerte y ordena que venga a su presencia Tristán, decidida a castigar su traición y morir con él.

La escena sexta del poema es un cuadro de magia y encantamiento. Tristán, respetuoso y sumiso, se detiene ante Isolda que agitada le reprocha su descortesía y le recuerda su antiguo juramento de vengar a Morold; tal es su emoción que Tristán no vacila en tenderle su propia espada, para que allí mismo le vengue. "¡Guarda tu espada! La blandí un día, cuando la venganza me estrujaba el pecho a tiempo que tu penetrante mirada se apoderó de mi imagen para juzgar si convenía como esposa de tu rey; no quiero esa espada. Bebamos ahora la copa de la reconciliación". Brangania vacila para alcanzar el brebaje fatal, que Isolda reclama con imperio; Tristán sospecha su propósito y consiente en beber la copa que le redimirá de toda tentación, comprendiendo que sólo la muerte podrá impedirle amar a Isolda y ser infiel a su señor. El Destino va a cumplirse. Tristán lleva a sus labios el brebaje del olvido, del único olvido, el de la muerte, mientras bebe, Isolda arranca de sus manos la copa y sorbe la otra mitad.

En un minuto, sin palabras, la música expresa maravillosamente una misteriosa transformación sentimental. El uno ante el otro, esperan la muerte con serena dignidad, abismados en su emoción interior, inmóviles, cruzando fijamente las miradas, como la primera vez que el brazo de Isolda se detuvo en la venganza; luego la expresión de sus rostros pasa de manera insensible de la resignación estoica al deseo apasionado, que la orquesta anuncia en la progresiva substitución de los temas. Tiemblan, llevan sus manos al corazón, se palpan las sienes, cruzan de nuevo sus miradas, bajan los turbados ojos y acaban por ir el uno hacia el otro, ebrios de amor: ¡Tristán, amigo cruel!, ¡Isolda, mujer divina! Y confundiendo sus voces claman juntos: "¡Mi corazón se exalta y se eleva! ¡Todos mis sentidos se estremecen de placer! ¡Floración repentina de impacientes deseos, llamarada celeste de lánguidos amores, tumultuoso delirio que desborda en mi pecho! ¡Isolda! ¡Tristán! ¡Libre del mundo te poseo, al fin te siento, voluptuosidad suprema!"

El imperativo del instinto obra por mano de Brangania que, espantada por las intenciones de Isolda, ha substituido el filtro, no sirviéndoles el de muerte sino el de amor. Pero detrás de la fortuita culpabilidad de la doncella, que más tarde se cree culpable de las funestas consecuencias de su buena intención, forzoso es ver una fuerza irresistible que ha reanimado la esperanza moribunda en dos corazones enamorados. El filtro no es el causante del amor, sino el vencedor del miedo de amar, cegando a la razón para que triunfara el instinto. Se amaban ya los dos. Tristán se había resignado a sacrificar su corazón por falta de esperanza, pues antes se creía separado de Isolda por la sangre de Morold y ahora lo estaba por la lealtad debida a su rey; Isolda creyó antes que debía ser fiel a la memoria de su novio muerto y se vio después en situación de respetar sus deberes de inminente esposa. El filtro de Brangania obró como agente de insurrección contra todos los prejuicios y dogmatismos confabulados para sacrificar el amor al matrimonio, venció el amor propio de Isolda que se creía dos veces ofendida por la conducta de su amado y disipó en Tristán los escrúpulos que le impedían amar a la prometida de su rey. El filtro es un símbolo del amor triunfante contra lo imposible.

Son impotentes contra él las fuerzas morales que la sociedad desenvuelve en el individuo, lealtad, honor, deber; y lo son también las circunstancias coercitivas más temibles, jerarquía, casta, sangre, sacramento.

Así comprendido, el amor rebelde y heroico representa una forma de voluntad vital instintiva, en el sentido metafísico que Schopenhauer daba a la "voluntad"; conjunto de tendencias y pasiones que constituyen el ser afectivo e impulsan al hombre, sumando todos los imperativos de la instintividad. Frente a la razón, que es superficialidad y apariencia, se levanta el Instinto, que es la vida en sí, la voluntad inconsciente de ser y de vivir, siempre idéntica a sí misma, indestructible, libre en el orden trascendental, superior a todos los obstáculos.

Propia de poeta, más bien que de psicólogo, es la vaguedad de esos términos; por eso influyó Schopenhauer sobre el temperamento de Wagner, precisamente en los años que corresponden a la composición de su máximo poema, inspirado, como nadie ignora, por la pasión de una Matilde que era por entonces la Carlota de sus sueños wertherianos. La pasión irresistible desencadenada por el filtro de Brangania tiene los caracteres absolutos e irracionales de una "voluntad" schopenhaueriana; movidos por ella, Tristán e Isolda huyen del Día, símbolo de la mentira social, para sumergirse en la Noche, cuya tiniebla simboliza la verdad vital.

3. LOS SÍMBOLOS WAGNERIANOS DEL AMOR

En el acto segundo del poema desarrolla Wagner su concepto filosófico de la pasión, entendida como el conflicto imperativo del instinto y el dogmatismo de la sociedad: el primero vela en lo subconsciente para defender las tendencias naturales del individuo contra las derivaciones que el segundo impone a la razón en nombre de las conveniencias sociales.

El día simboliza el mundo de la apariencia exterior, mentira convencional, interés creado, representación ficticia, inteligencia reflexiva, cabeza. La noche simboliza el mundo de la realidad interior, impulso espontáneo, fuerza instintiva, intimidad, corazón: todo lo que es atributo de la "voluntad" en el concepto de Schopenhauer.

La oposición entre el día y la noche, en el poema wagneriano, muestra el eterno duelo de la razón superficial y el instinto profundo, de la conveniencia mundana y de la inclinación eugénica, de los dogmatismos sociales y la necesidad de amar. El rey Marcos es, en efecto, el "ideal del consorte", vencido por Tristán que representa el "ideal del amante".

En la primera escena una prodigiosa expresión musical de los sentimientos nos lleva desde el tierno deseo hasta el arrebato impulsivo, a través de cuatro temas destinados a refundirse en la trama del maravilloso dúo de amor, que se prepara desde el comienzo. En una noche estrellada y magnífica, cuya serenidad turba apenas el tema musical de "el deseo", Isolda aparece en los jardines contiguos a su alcoba, anhelosa de emoción. El rey y los suyos han salido a una cacería nocturna, cuyos ecos se van debilitando en lontananza. Mientras los cuernos de caza apagan su sonido, se insinúa el tema de "el canto de amor" que embelesa la imaginación de Isolda. En vano Brangania la conjura a no apagar la antorcha que arde junto a la puerta, señal convenida por Tristán; arrastrada por una fuerza superior a todo riesgo, la apaga y mira con ansiedad en la tiniebla, mientras se desarrolla el tema agitado de "la impaciencia". Levanta en sus manos los ondulantes tules con que hace signos de llamada, cada vez más vehementes, hasta que Tristán llega impetuoso e Isolda vuela a su encuentro con un grito de dicha mientras el tema del "arrebato pasional" los pone en brazos el uno del otro.

La declaración lírica de la escena segunda, única, sin duda, en la historia de la música, es un dúo que anuda y desanuda durante media hora larga los temas musicales del arrebato, el amor, la invocación a la noche, el brebaje mortal, la felicidad, la muerte redentora, sobre una letra de poema tan exaltada como la música misma.

Desde las primeras palabras —¡Isolda, amada! ¡Tristán, amado!— la urdimbre pasional oscila entre el arrobamiento y el heroísmo; después de expresarse que no es un sueño el verse unidos, se dicen: "¡Oh dulce, augusta, invencible, soberbia y celeste voluptuosidad! ¡Voluptuosidad sin igual, sin límite, sin medida y sin término! ¡Eterna, infinita y sublime, nunca sentida ni presentida nunca! ¡Embriaguez del goce, éxtasis de la dicha, arrobamiento lejos del mundo, en las alturas del cielo! ¡Mi Tristán!

¡Isolda mía! ¡Unidos para siempre!, ¡unidos para la eternidad!" Cuán larga fue la separación, en la mortal lentitud del tiempo perezoso. Cuán lejos estaban, estando tan cerca. Él en las tinieblas, ella en la luz. Cuánto ha tardado en apagarse la antorcha; cuando el sol bajó y se fue el día, brilló en la puerta para impedir que Tristán volara hacia su amada. Y fue ésta, al fin, con sus propias manos, la que apagó la antorcha contra el prudente consejo de Brangania, pues el deseo incontenible corría candente en sus venas.

Hay un verdadero simbolismo en los versos del "anatema al día" y en la música que lo expresa con emoción; Tristán no se limita a decir que el día es enemigo de sus amores o que la luz es hostil a su dicha, como suelen afirmar los comentaristas menos complicados. Wagner sintetiza en el día y en la luz la mentida vanidad de las apariencias, el deslumbramiento de los honores, los intereses creados por la sociedad, los prejuicios, todo lo que se opone a que el corazón haga oír su voz, todo lo que impide ser sincero y espontáneo, lo que aleja de vivir conforme a la elección del Instinto. Tristán había amado a Isolda en la intimidad de su corazón y era en secreto correspondido, desde que cruzaron la primera mirada; pero ese amor era por él sacrificado a los intereses, a los honores, a las apariencias, a todo lo que es día y luz, mientras la pasión seguía atormentando su corazón en la noche y en la tiniebla, en el secreto propicio a todo amor contrariado por el mundo.

Sus palabras, más hondas al ser cantadas que simplemente dichas, como si el ritmo y el tono subrayaran su contenido, son sentencias filosóficas, imprecaciones. "¡Odio y anatema al día, al pérfido día, al día implacable y hostil! ¡Si yo pudiera apagar las luces del día para vengar los sufrimientos del amor, como Isolda ha apagado la antorcha! ¿Cuál dolor, cuál pena, no se agiganta bajo su resplandor?" Cuando ya la noche avanzaba su diáfana oscuridad, Isolda tenía la antorcha junto a su casa y tendía la luz hacia Tristán como una amenaza; pero también habría brillado, amenazadora, la luz del corazón de Tristán cuando él osó comprometer la mano de Isolda para su rey. Si antes mintiera el día en Tristán, alentándolo en su traición, ahora el día robaba a Isolda envolviéndola con sus rayos y elevándola al esplendor de los honores soberanos, para que se pareciera al sol y deslumbrara sus ojos, aplastando su corazón al hacer imposible que él la poseyera bajo los rayos esplendentes del día. Así se comprende el desesperado reproche de Isolda: "Si no podía ser tuya la que te eligio, ¿por qué mentira logró el perverso día que tú mismo traicionaras a la bien amada que debía pertenecerte?

La antítesis simbólica entre día y noche, claridad y tiniebla, apariencia e intimidad, la explica Tristán al relatar su culpa: "La aureola de la jerarquía y el poder de la gloria, que te rodeaban con augusta magnificencia, me cautivaron con su pompa ilusoria y mi corazón quedó suspendido de ti. El brillante sol diurno de los honores mundanos llenó mi cabeza del más claro resplandor, proyectando las vanas delicias de sus rayos hasta el santuario más recóndito de mi corazón". Así la conoció. Después: "Lo que en mí velaba oscuramente, encerrado en una casta noche, lo que sin saberlo y sin pensarlo yo había concebido en la sombra, una imagen que mis ojos no esperaban contemplar jamás, se me apareció radiante y sin velos ante la luz del día"; Tristán advirtió que Isolda respondía a su ideal. Descubierto por ella como asesino de Morold, llegó a creer que su amor era imposible, pero de vuelta a la corte dio libre curso a su admiración. "Esa imagen, que me pareciera tan augusta y gloriosa, la ensalcé a la faz del mundo, la alabé ante el pueblo como la más hermosa novia real de la tierra. Desafié la envidia que el día me había atraído, los celos que mi dicha provocara, el odio de los caídos en desfavorecer, pues ya todo ello comenzaba a afectar mis honores y mi gloria; y para conservar mis honores y mi gloria resolví con lealtad pasar a Irlanda". Ello, no lo olvidemos, equivalía a renunciar él mismo a la sucesión del rey Marcos en beneficio de Isolda.

Es visible que Tristán ha sacrificado los sentimientos sin esperanza que atormentaban su corazón a la conveniencia de servir a su rey; la vana apariencia mundana ha impuesto silencio a la voz del Instinto, intentando borrar la imagen formada en la intimidad. El día simbólico ha vencido a la noche simbólica. Por eso exclama Isolda: "¡Oh vano esclavo del día! Engañada a mi vez por el que te engañaba, mucho ha sufrido por ti mi amor; viéndote entre el falso brillo del día y rodeado por su engañoso resplandor, yo te odiaba en el fondo de este mismo corazón que te profesaba, a la vez, un amor apasionado. ¡Cómo sangraba la herida en el profundo abismo de este corazón! El que yo guardaba allí misteriosamente, me pareció ruin cuando se desvaneció en la luz del día, y sólo vi en él un enemigo. De esa luz del día que me mostraba en ti un traidor, quise huir y arrastrarte conmigo allá abajo, en la noche profunda, donde mi corazón me prometía el fin de la mentira, donde la ilusión del engaño se disipa; quería conmigo consagrarte a la muerte, para beber allá, en tu honor, la copa del amor eterno".

Aparece aquí netamente afirmado, el sentimiento de trágica fatalidad que impulsa a los amantes apasionados a desear la muerte como el único refugio tranquilo para su amor. Tristán no es menos explícito: "¡La dulce muerte en tu mano! Cuando reconocí que me la ofrecías, cuando la interior voz me dijo con bella certeza que estaba encubierta por reconciliación, en plena majestad comenzo a brillar en mí el suave crepúsculo de la noche, mi día estaba concluido". Aunque el filtro no fue de muerte, sino de amor, Tristán lo bendice: "Desde los umbrales de la muerte déjome asomar al afortunado imperio de la noche, que hasta entonces sólo había entrevisto en sueños; y mis ojos, viendo en la noche, han podido contemplar en toda su verdad esa imagen que estaba recóndita en mi corazón, libre de los engañosos resplandores del día".

El destino les marca dos senderos para librarse del día: la muerte y la noche. El filtro de amor les descubre la noche. Ante la queja de Isolda, por tener que vivir "el día" en la corte del rey Marcos, Tristán interpreta lo ocurrido como la victoria del Instinto. "¡Oh! Ya estábamos destinados a la noche; el día falso y dispuesto a la envidia podía separarnos con sus ardides, pero no engañarnos más con su mentira... A pesar de su imponente brillo, las mentiras del día, gloria y honor, poder o riqueza, se disipan como sutil polvo de sol ante la vista de quien descubre amorosamente el abismo de la noche y conoce su profundo misterio. Un solo deseo le queda entre las vanas ilusiones del día, la aspiración a la santa noche en que sonríe, única y eterna, la voluptuosidad de amar".

Pasión, voluptuosidad, muerte... La declamación lírica alcanza en el famoso dúo expresiones atormentadoras que giran sobre el tema principal de la "Invocación a la noche". Tristán e Isolda se sientan sobre un banco florido, estrechan de más en más sus cuerpos afiebrados, se abstraen de la realidad y dialogan su pasión en expresiones musicales de belleza infinita.

"¡Desciende, noche del amor, dame el olvido de la vida, recógeme en tu regazo, líbrame del Universo. Apaga las últimas luces; extingue con ellos lo que hemos pensado, lo que hemos creído ver, los recuerdos, las imágenes de las cosas, el augusto presentimiento de santas tinieblas, los restos de la ilusión, y redímenos del mundo. Desde que el sol nos dejó, sonrientes estrellas nos centellean su dichosa luz. Dulcemente arrobado por tu magia, fundido por el fuego suave de tus ojos, mi corazón sobre tu corazón, mi boca en un mismo aliento confundida con tu boca, apágase mi pupila cegada por la voluptuosidad, empalidece el mundo con sus fascinaciones: el mundo que el día alumbra con su brillo encantador, el mundo puesto ante mí para engañarme ilusoriamente, siendo yo mismo el mundo. Santa vida de amor, creación sublime de voluptuosidad, delicioso deseo del sueño eterno sin desilusión y sin despertar!"

Mientras yacen en pleno éxtasis, Brangania les advierte que la noche termina y les invita a despertar. Tristán expresa que desea morir y explica a Isolda que en la muerte sucumbiría lo que los separa, de manera que morirán para estar juntos, eternamente unidos, sin fin, sin despertamiento, sin temor, sin nombre, entregados a ellos mismos, viviendo solamente para el amor. El tema de esta invocación a "la muerte redentora", interrumpida por Brangania, alterna con el de "la felicidad", suave, sereno y tierno, dejando una impresión de encantamiento fatal; mecidos por ambos temas resuelven desafiar las amenazas del día, para huir definitivamente de sus engaños y quedar siempre envueltos en la noche eterna.

En ese momento claman a dos: "¡Oh dulce noche! ¡noche eterna! noche de amor, augusta y sublime. ¿Cómo podría despertar fuera de ti aquel que tú amparaste, aquel a quien sonreíste? ¡Lejos ahora los temores; muerte amiga, muerte de amor, invocada ardientemente! ¡En tus brazos, rendidos a ti, calentados por tu aliento sagrado, libres de las miserias del despertar! ¿Cómo comprenderlos? ¿Cómo rehusarse esas delicias, lejos del sol, lejos del día y de las crueles separaciones que trae consigo? ¡Dulce aspiración sin sombras vanas; suaves deseos sin temores; augusta muerte sin suspirar; desvanecerse sin languidecer; no más separaciones, no más fugas; una dulce soledad en un eterno ensimismamiento; la embriaguez de un largo sueño en espacios sin límites! ¡Ya no somos ni Tristán ni Isolda, ni tú ni yo; sin nombres que separan, nos volveremos a conocer; una llama nueva se enciende; un alma sola y un solo pensamiento por toda la eternidad; un corazón encendido en la suprema voluptuosidad del amor!"

Las transcripciones precedentes son indispensables para mostrar el aspecto filosófico generalmente inadvertidos del poema wagneriano. El día y la noche son símbolos cuyo sentido es constante a través del largo diálogo que llena el acto segundo; la mentira social de la personalidad consciente en lucha con la verdad vital de la personalidad instintiva, las conveniencias de la sociedad en lucha con las inclinaciones del individuo.

En la escena final del acto se produce la sorpresa de los amantes por el consorte. El rey Marcos no es, en ningún momento, un marido burlado por una esposa infiel, sino una víctima de la fatalidad; su actitud es digna, sus reflexiones amargas. No expresa celos, odio, ni venganza, sino consternación, pesadumbre resignada. "Míralo, el fiel entre los fieles, el amigo entre los amigos, por el más libre de sus actos ha herido mi corazón con la traición más odiosa... ¿Qué es la fidelidad, si Tristán me ha engañado? ¿Qué del honor y la lealtad, si Tristán, que era su custodio, los ha perdido? ¿Dónde estás, virtud, que tenías a Tristán por escudo?... ¿Quién puede mostrar al mundo la profundidad de este misterioso abismo lleno de insondables terrores?"

Las palabras puestas en boca del viejo rey obligan a pensar otra vez en la influencia de Schopenhauer. Su pesimismo es crudo; todo es ilusorio, la virtud, el honor, la lealtad, la pureza. Las falaces apariencias del bien son simples disfraces del mal recóndito y omnipresente, al que los hombres no pueden oponer más que un remedio: la resignación. Hacer el mal es una fatalidad, lo mismo que soportarlo. Toda lucha es inútil contra la voluntad suprema de la naturaleza humana.

Es difícil concebir que el filósofo pudiera haber hallado un intérprete más elocuente que el poeta.

4. LA TRANSFIGURACIÓN DE ISOLDA

Diríase imposible que el arte humano pudiera sobrepujar la plenitud pasional expresada por los versos y la música del acto segundo. El mismo Wagner, sin embargo, quiso y pudo rayar a más altura en el tercer acto describiendo con prolijo realismo la emoción voluptuosa, pues no se escucha otra cosa en la fascinadora Transfiguración, generalmente llamada "la muerte de Isolda".

Tristán, gravemente herido, se encuentra en Kareol, en el castillo de sus padres. Renueva en su delirio la escena más culminante de su pasión y sólo vuelve a la realidad cuando entrevé que Isolda puede venir a su lado en esa hora de agonía.

Pasando por alto su ardoroso gemir, en que se mezclan el febril deseo y la ilusión no muerta, la escena alcanza la primera cima cuando llega Isolda en busca del amado, que en un esfuerzo último tiende hacia ella brazos de moribundo. La dicha y el dolor se suman en el momento supremo; tras un grito desgarrador que le arranca la sospecha de la muerte inminente, prorrumpe Isolda en una declamación apasionada, como si el anhelo fuera capaz de obrar milagros y devolver la vida al cadáver de Tristán.

"¡Soy yo, soy yo..., mi dulce amigo! ¡Levántate! ¡Escucha mi voz una vez más! ¿No me oyes? ¡Isolda te llama, Isolda fiel, que ha venido a morir con Tristán! ¿Por qué enmudeces a mis súplicas? ¡Una hora, sólo una hora, permanece despierto para mí! ¡He velado tantos días de angustia y de deseo para vivir contigo sólo una hora! ¿Tristán privará a Isolda de este instante único, de este minuto eterno, suprema felicidad en el mundo? La herida... ¿dónde está? Déjame curarla para que sanos y salvos compartamos las santas delicias de la noche. ¡No mueras de la herida, no, no mueras! Unámonos y extíngase después, al mismo tiempo para ambos, la llama de la vida!... ¡Apagado tu mirar! ¡Inmóvil tu corazón! ¿Por qué me das, infiel Tristán, este dolor? ¿Ni un leve suspiro alientas ya? ¿La que intrépida cruzó el mar para compartir feliz tu destino, ha de quedar sollozante en tu presencia? ¡Muy tarde! ¡Demasiado tarde! ¿Así, mi cruel amado, me castigas a los rigores del destino? ¿Sin merced por mi infinito dolor, no podré decirte mis quejas? ¡Una vez, sólo una vez, escucha, Tristán. despierta, amado mío! ¡La noche!"

Niega el destino la anhelada recompensa al sacrificio de Isolda. ¿Para qué implorar en vano contra la irresistible fatalidad? ¿Acaso hay dioses compasibles para los corazones devastados por la pasión? Ante la pavorosa realidad, Isolda cae desvanecida sobre los tibios despojos de Tristán.

Parece muerta. Nada la aparta ya del ser amado; se estrecha a él, acaso anhelando transfundirle su propia vida en el hervor de un beso .Como si un letargo la poseyera, permanece ajena a lo que ocurre en torno suyo, durante la escena de tumulto provocada por el arribo del rey Marcos. Brangania ha revelado a éste el secreto del filtro, acusándose de ser la única culpable, para no tener el remordimiento de darles a beber el brebaje mortal; Marcos ha venido en persona a renunciar a la mano de Isolda, dichoso de cerciorarse que el leal Tristán no le había sido voluntariamente infiel.

En vano el bondadoso rey dirige palabras compungidas a las víctimas de la fatalidad; no escuchan su dolor, no responden a su ternura. Brangania, que ha levantado a Isolda entre sus brazos y oye latir su corazón, la invoca quejumbrosamente: "¿No me oyes? ¡Isolda! ¡Querida! ¿No escuchas a tu doncella fiel?"

Isolda no escucha. Durante el desvanecimiento se ha operado una profunda transmutación en su personalidad. Como si el terrible paroxismo hubiera agotado en ella la capacidad de sufrir, su imaginación perturbada pone alas ahora al ensueño; cuando recobra los sentidos nada comprende, hasta que fija, al fin, los ojos en su Tristán amado. Y parece otra desde ese instante, presa del delirio que la abstrae en una voluptuosa divagación.

La música no es quejumbrosa ni desgarrada; la declaración lírica de Isolda traduce las sensaciones de un ser embelesado por el éxtasis del goce, desapareciendo el dolor de la muerte ante el placer alucinatorio que invade su afiebrada carne de mujer. El valor descriptivo de la "Transfiguración" es absoluto; creemos que Wagner ha querido expresar, en sus más sentidos detalles y en su agitado desenvolvimiento, la emoción voluptuosa que invade a Isolda en la hora de entregarse para siempre a Tristán, en brazos de la muerte.

Ya no es pasión, sino éxtasis delirante acompañado por alucinaciones de todos los sentidos; Isolda se eleva sobre lo real, construye un mundo de pura representación y parece ascender transfigurada a un paraíso ilusorio, en alas del Instinto. ¡Suprema Voluptuosidad! son las últimas palabras de esta "muerte", en que se suman la más alta expresión poética y la más conmovedora elocuencia musical.

Basta releerla en los versos que traducimos del poema original —pues todas las publicadas en idioma latino son infieles— y reescucharla cada vez para advertir que el título de "muerte de amor", expresa menos fielmente su espíritu que "la Transfiguración de Isolda". De ello se trata, en efecto; y lo esencial de este desenlace psicológico de su pasión no es, como suele creerse, la muerte del amor, sino la ilusión que permite a Isolda morir en la dicha meridiana de la voluptuosidad.

Escuchémosla mientras contempla a Tristán muerto.

"¡Cuán suave y dulce su sonrisa! ¡Con cuánta gracia entreabre sus ojos!... ¡Mirad, amigos! ¿No lo véis?

"Cómo resplandece de creciente brillo! ¡Cada vez más seductor se yergue, irradiando una cintilación de estrellas!... ¡Mirad, amigos! ¿No lo véis?

"¡Cómo se hincha su corazón y brota de su seno un raudal majestuoso! ¡Cómo de sus labios mana con suavidad un deleitoso aliento! ¡Mirad, amigos! ¿No lo sentís y no lo véis?

"¿Yo sola oigo esa melodía admirable y misteriosa de expresión infinita, deliciosamente plañidera, dulcemente consoladora, que partiendo del fondo de su ser me arrebata, me embelesa y resuena en torno mío con ecos arrulladores? ¿Esos sonidos más claros que murmuran en mis oídos son suaves ondas de brisas, son oleadas vaporosas? ¡Cómo crecen y me envuelven!... ¿Debo aspirarlas? ¿Debo en ellos sumergirme, embriagarme, ahogarme dulcemente?...

"En las grandes olas del mar de delicias, en la armonía sonora de las ondas perfumadas, en el aliento del alma universal... perderse... abismarse... sin conciencia... ¡suprema voluptuosidad!..."

Recuérdese bien. La melodía se inicia suave, tierna, como si en la imaginación de Isolda se reflejara el vago escalofrío de sus sentidos, acariciados por sonrisas y perfumes y murmullos que siente irradiar del cuerpo de su amado. Poco a poco la música se torna sensual y perturbadora, llena de angustias deliciosas, a medida que las imaginarias sensaciones despiertan en su organismo la emoción. Y, al fin, el éxtasis va creciendo, cada vez más incontenible, desesperante, espasmódico, hasta "perderse... en el aliento infinito del alma universal" y hacer crisis al "abismarse... sin conciencia" en el paroxismo de la "suprema voluptuosidad"... La emoción se resuelve, al fin, en los desmayos y lánguidos compases en que el tema del Deseo reaparece, transformado por última vez, más bien exhausto que serenado, rodeando de evocaciones a Isolda, que ya está muda, meciéndola sobre las grandes olas del soñado mar de delicias, transportándola entre la sonora armonía de las ondas perfumadas...

Es tan exaltada esta página de poesía que provoca la admiración de todos los que la escuchan, aunque no suele comprenderse el voluptuoso realismo de sus versos y de su música. Las palabras, el ritmo, la melodía, el conjunto sinfónico, todo converge a aumentar su expresión adecuándose perfectamente el lenguaje musical al estado emotivo. Isolda no razona; declama la delirante dicha que embriaga sus sentidos.

Por eso emociona la "Transfiguración", cuyo poder expresivo es tan grande que estremece a todo ser humano capaz de amar apasionadamente. Los que no la comprenden, vibran lo mismo; no necesita hablar a la razón, pues encuentra resonancia en el Instinto. Las doncellas que escuchan esta página se sienten conmovidas sin saber por qué; más tarde, con su experiencia de mujeres, descifran el misterio y su admiración por la obra maestra se centuplica.

5. EL VALOR MORAL DE LA PASIÓN

El desenlace trágico de la pasión de amor, nunca más dionisíaco que en la muerte de Isolda transfigurada, invita a reabrir la clásica disputa sobre el valor ético de las pasiones. ¿Son buenas o malas, útiles o nocivas? ¿Exaltan y embellecen la vida? ¿La inhiben o afean? Esos problemas preocupan mucho a los moralistas, variando profundamente su sentencia. Los cirenaicos las consideraron regla infalible de la conducta; los primeros estoicos las condenaron sin atenuantes. La insoluble cuestión se ha perpetuado por siglos, mostrándonos en eterno contraste el inquieto espíritu dionisíaco y el sereno espíritu apolíneo, el clamor del instinto y el teorema de la razón.

Los modernos se inclinan, como hiciera Kant, a colocar las pasiones en el dominio de la patología moral; esa opinión sería indiscutida si al concepto de enfermedad se diera el sentido lato de anormalidad o desequilibrio. La experiencia de todos los tiempos, reflejada en las obras maestras del arte universal, converge a presentar en esa forma la pasión de amor; lo mismo expresan hoy, con más tecnicismo, los médicos del espíritu; desde Danville hasta De Fleury.

Es reciente, en psicología, el capítulo didáctico relativo a las pasiones; tres caracteres les son comunes y permiten a Ribot diferenciarlas de los otros estados afectivos. El primero es la existencia de una "idea fija" o predominante, que constituye su núcleo, su centro, idea que polariza los sentimientos y engendra tendencias a la acción. El segundo, la "intensidad", se manifiesta en las pasiones dinámicas como deseo activo y en las estáticas como fuerza inhibitoria. La "duración" es el tercer carácter, pues aun las más cortas persisten muchísimo más que las emociones. El análisis de la Isolda wagneriana nos ha permitido advertir la concordancia entre la intuición artística y la inducción científica, pues ambas, cuando interpretan con exactitud la vida humana, convergen a un mismo resultado y sirven de contraprueba recíproca.

Si el primer carácter de la pasión es la existencia de una idea fija, no es posible considerarla un estado normal: la idea fija perturba la función de pensar y desequilibra toda la personalidad.

La discusión, sin embargo, no se agota. ¿Por qué? Basta leer a los recientes sofistas para descubrir el capcioso cubileteo de palabras en torno del término ambiguo: "amor".

Sostienen unos que es normal, y se refieren al amor-sentimiento; los otros que es anormal, y disertan sobre el amor-pasión. ¿Cómo podrían entenderse tratando de estados afectivos diferentes? Basta diferenciarlos para conceder que la pasión de amor implica un desequilibrio intenso de la personalidad, sin que ello ocurra en el sentimiento amoroso.

Antes de pronunciar sentencia sobre el valor moral de la pasión es necesario admitir que ella se presenta como una verdadera "**enfermedad de amar**", caracterizada por tres síntomas ciertamente patológicos: la ilusión, la idea fija, la obsesión.

Aparte de la ilusión sentimental que tipifica el amor, el amante apasionado vive presa de innumerables ilusiones secundarias; el cerebro equilibrado las rectifica, el enamorado piensa a través de ellas. Toda ilusión impide asociar debidamente las sensaciones o las ideas; ver blanco lo negro y lo negro blanco, es propio de quien ama apasionadamente. El amante poetiza su objeto; poetizar significa revestir de gratas mentiras. Cualquier mujer cree que su amado tiene talento, virtudes a granel y porvenir risueño, maguer sea zote, vicioso y vagabundo. Y todo amante afirma que su adorada posee el don divino de la gracia, ojos de ebonita o de zafiro, perfil helénico y boca elocuente, aunque sea insípida, de ojos desteñidos y tenga los labios pálidos por la anemia. Fácil es advertir que esos juicios son anormales y denuncian una lógica enfermiza; la aptitud para juzgar está reducida, o poco menos.

La idea fija coloca a los amantes apasionados en el plano mental de las monomanías parciales, lúcidas, razonantes. Viven condenados a asociar todas sus sensaciones a la imagen de la persona amada. Si ven un hermoso jardín, sueñan un idilio eglógico; si oyen un rumor de alas entre las ramas, suponen que los pájaros se aman y desearían aletear como ellos; si un manjar sabe a miel, creen tener entre los propios los otros labios y morderlos como ciruelas maduras; si tocan un terciopelo, recuerdan la mano cuyo contacto frisa sus nervios con inefable calofrío; todo perfume despierta una comparación con el que emana de la persona amada. Ante el mar de índigo o de ultramarino, reconstruyen un paseo romántico en barquilla, como en un verso de Musset; mirando un retazo de cielo, creen descubrir el parpadeo de sus ojos en la titilación de las más luminosas estrellas; cruzando un bosque silencioso, suponen que en traje agreste una ninfa va a salir de entre las frondas, como en una evocación de Ovidio. Todo breve ruido recuerda un beso, toda apretura un abrazo, todo contacto una caricia. El cerebro del amante apasionado es un piano en el cual todas las teclas hacen sonar una misma nota. Sus palabras rematan siempre en un solo tema; su conversación es una interminable estrofa de versos monorrimos. Como a Dafnis en la leyenda griega, Pan le ha enseñado a frasear sus soplos en una siringa de pasión cuyas cañas gimen perpetuamente la historia de Psiquis y de Amor.

Junto con la idea fija se organiza la obsesión. El estudiante interrumpe sus estudios; la imagen de la amada le aparece en cada página del libro como una ilustración al aguafuerte; en cada línea lee su nombre. En vano vuelve las páginas y salta las líneas; todas tienen la misma ilustración y el mismo nombre. ¿Cambiar el libro? ¿Para qué? ¿Escribir? Inútil pensarlo. Tomar la pluma equivale a redactar una carta de amor, salpicada por lágrimas y entrecortada por suspiros. Una carta que generalmente no se manda, es cierto, pero una carta al fin, es decir, algo que traduce la fuerza irresistible, la idea obsesiva. ¿Trabajar? El que está encendido de pasión sólo conserva aptitudes para amar.

La imaginación vagando en lo ilusorio, el mundo sensacional conectado a una idea fija, la conducta torcida por un obsesivo querer, he ahí lo que constituye el desequilibrio de la personalidad apasionada, lo que crece con el sentimiento de lo imposible. Como si el triunfo del Instinto tuviera por precio necesario la mengua de la razón, Tristán delira en el dúo de amor e Isolda se embriaga de alucinaciones voluptuosas en la transfiguración final.

¿Quién se atrevería, sin mucha reflexión, a condenar o absolver la pasión de Isolda? Es rebeldía del Instinto contra todos los dogmatismos sociales, insurrección del Amor contra el matrimonio, revancha del Ideal íntimo contra las conveniencias exteriores; desde el punto de vista de la disciplina gregaria todo ello es condenable, pero merece admiración como defensa de los derechos de la personalidad sentimental.

El amante contrariado por la familia o por la sociedad se siente ennoblecido por su lucha contra lo imposible; tiene conciencia de estar defendiendo un derecho natural contra la hipocresía organizada. Por mucho que esa exaltación pueda desequilibrar su juicio y torcer su conducta, es indudable que despierta reservas de energía latentes en el fondo instintivo de la personalidad. Las grandes pasiones templan la emotividad estética, elevan el nivel intelectual, capacitan para obrar con heroísmo; mucho de lo humano sólo fue digno de quedar en la historia porque lo inspiró una apasionada ilusión sentimental.

Podemos creer que Petrarca amaba al rimar los sonetos

a Laura, Leonardo al pintar la Gioconda, Canova al esculpir Dafnis y Cloe, Wagner al componer el inmortal poema de Tristán e Isolda. Loada sea mil veces la llama de ilusión que al consumir sus corazones legó a la humanidad tan prodigiosas cenizas.

CAPÍTULO IV
LOS CELOS

1. La inseguridad de la posesión. - 2. Los celos de imaginación. - 3. Los celos de los sentidos. - 4. Los celos del corazón.

1. LA INSEGURIDAD DE LA POSESIÓN

Conocéis, ciertamente, la historia de *Otelo*. Si diez veces la habéis leído en el drama de Shakespeare, otras tantas, en el acto tercero, las páginas del libro han temblado entre vuestros dedos, como si la corrosiva obsesión del Moro fuera capaz de induciros a aborrecer el amor. La falta de sentido crítico le induce a prestar sus oídos a las sutiles sospechas que Yago insinúa; su imaginación transforma en barrote de acero cada hebra de la telaraña insidiosa, hasta construir la jaula en que va a quedar prisionero, como un felino rugiente. Sin más razón que la sinrazón, se adhiere de inmediato a las sugestiones infames y multiplica sus consecuencias. Todo el proceso es imaginativo; Otelo es celoso como lo fuera Werther, siendo marido de Carlota.

También conocéis aquel Tulio Hermil cuya pasión analiza D'Annunzio en *El inocente*, y acaso os ha estremecido el crimen a que le arrastra su mucho amor. Sus celos son fundados. Sabe, porque su esposa misma no lo niega, que en otros brazos ella ha sido estrechada convulsivamente; tuvo él la culpa, cien veces perjuro, empujándola a un fortuito desliz con su abandono. Y desde ese instante, amando cada día más a la pecadora, sufre con todo el ardor de sus sentidos por la miserable partícula de placer que le han usurpado, por los besos jadeantes que otra boca puso en las carnes tibias, por el fruto que el deseo ajeno engendra en las palpitantes entrañas. Su sensualidad le rebela contra el hecho irreparable, sin amenguarse por ello; sufre los celos que atormentarían a Don Juan si Diña Inés le engañara, cuando estuviese harta de soportar sus infidelidades.

El celoso de imaginación duda sin pruebas, temiendo el engaño que hiere su amor propio; el celoso de los sentidos, que supone o sabe, duda de la exclusiva posesión en el porvenir y sufre de no poder olvidar lo que ha perdido. Frente a ellos, mejores, son los celos del corazón, los que perdonan y siguen amando. A cada temperamento sentimental corresponde un tipo distinto de celos.

Dentro de sus caracteres comunes, los celos difieren en cada individuo, puesto que nunca son idénticos el temperamento y la experiencia. El que ama como Werther no puede tener celos iguales a los del que ama como Don Juan; el tonto y el astuto, el vanidoso y el digno, el viejo y el joven, celan de diverso modo. Cada celoso tiene los celos que corresponden a su manera de amar.

Son los celos una pasión que nace en quien supone comprometida la exclusividad de la posesión. La duda es su rasgo esencial; duda retrospectiva, presente o futura, según los casos, relativa a un bien perdido o perdible cuya posesión se desea retener. Los celos no implican amor, ni lo excluyen; los sentimientos egoístas que les sirven de base pueden coexistir con la ilusión sentimental o ser consecutivos a la desilusión. Así como se puede amar sin celos y seguir amando cuando ellos desaparecen, es posible celar sin amar y después de haber amado. Los celos excluyen la indiferencia, pero no son siempre prueba de amor.

Difieren profundamente los del amante y los del cónyuge, pues son muy distintos los egoísmos exaltados en ellos por la seguridad de la posesión. En el amante suele obrar el amor propio, mientras priva en el cónyuge el sentimiento de propiedad. Si bien se observa, la infidelidad revela al amante el nacimiento de otro amor y le humilla admitir la desilusión amorosa del ser que aún sigue siendo objeto de su propia ilusión; en cambio, para el cónyuge la infidelidad representa un robo en perjuicio de la posesión exclusiva y perenne pactada en un solemne contrato de matrimonio. En el primer caso la nueva preferencia importa faltar a juramentos de valor sentimental; en el segundo, hay violación de un derecho garantizado por la sociedad.

Pero es difícil definirlos; sus formas son variadas y no es posible englobar a todos los celosos en una categoría común. Lo mismo que la envidia y la emulación, con los que podría confundirlos un observador superficial, germinan los celos sobre tendencias egoístas; pero poseen caracteres que permiten diferenciarlos de esas pasiones. Se envidia lo que otros ya tienen y se desearía tener, sintiendo que el propio es un deseo sin esperanza; se cela lo que ya se posee y se teme perder; se emula en pos de algo que otros también anhelan, teniendo la posibilidad de alcanzarlo.

La actitud mental no es la misma en los tres casos. Envidiamos la mujer que el prójimo posee y nosotros deseamos, cuando sentimos la imposibilidad de disputársela. Celamos la mujer que nos pertenece cuando juzgamos insegura su posesión y tememos que otro pueda compartirla o quitárnosla. Competimos sus favores en noble emulación, cuando vemos la posibilidad de conseguirlos en igualdad de condiciones con otro que a ellos aspira. La envidia nace, pues, del sentimiento de inferioridad respecto de su objeto; los celos derivan del sentimiento de posesión comprometido; la emulación surge del sentimiento de potencia que acompaña a toda noble afirmación de personalidad.

Conviene distinguir los celos de otras pasiones que le son afines. Así como en el lenguaje usual suele denominarse "amor" a varios sentimientos que tienen raíces instintivas diferentes y no presentan homogéneo contenido afectivo, con la misma imprecisión se llama "celos" a varias formas de egoísmo o de envidia. Se dice que los niños celan a sus hermanos cuando los creen preteridos; que los padres se celan entre sí cuando se disputan el cariño de los hijos; que los amigos, cuando se concede a otros confianzas que cada uno desearía les estuviesen reservadas. Modos de decir. Es en el amor propiamente dicho, en la afección entre personas de sexos distintos, donde los celos tienen su típica expresión, pasional y desequilibrada casi siempre, a menudo dramática y conmovedora.

En el último capítulo de *Los mártires* sentencia Chateubriand que los celos son inseparables del amor. Lo dice, en verdad, oportunamente; recuérdese el episodio terrible, en el circo. Las uñas de las fieras destrozan los vestidos de la encantadora Cimodocea y entregan a los ojos curiosos del pueblo las líneas purísimas de su cuerpo venusino; en ese momento, Eudoro, su amante, palidece de celos terribles, viendo clavadas mil pupilas sobre los túrgidos senos, como si desearan excitarlos con miradas febriles, y sobre la ondulante cadera, temblorosa al pudor como a las más doctas caricias... Son legítimos los celos de Eudoro; y, parece evidente, en su caso, que celar es sinónimo de amar. Hombres hay que interpretan los celos de sus amantes como inequívoco testimonio de amor; muchas mujeres se creerían infelices si no se mostrara celoso el hombre que aman.

¿Es justo generalizar, afirmando que no hay amor completo sin celos? ¿Serán otros sentimientos, asociados al amoroso, los que determinan los celos? Suele decirse que no son las infidelidades de la mujer las que enseñan a dudar de ella, sino la propia incapacidad de serle fiel; el celoso temería engaños de que él mismo se supone capaz, como el ingenuo cree en la ingenuidad ajena, como el falso vive sospechando de falsedad a los demás. Sólo sería celoso el que puede ser infiel; la propia inseguridad le impediría tener confianza en la fidelidad ajena. La duda previa, que atormenta la imaginación, constituye el núcleo verdadero de los celos más terribles: la inquietud, el temor al engaño, los celos de Werther convertido en Otelo. Los otros, en que privan los sentidos, nunca son trágicos y son posteriores a la infidelidad misma: Don Juan transformado en Tulio no duda ni mata; su angustia es terrible porque teme perder lo que aún desea seguir amando.

En su reflexión sobre la incertidumbre en los celos bosquejó La Rochefoucauld, en las *Máximas,* algunas líneas fundamentales de la psicología del celoso. "Cuanto más se discurre sobre los propios celos, más se multiplican los aspectos de las cosas que nos mortifican; las menores circunstancias permiten siempre descubrir nuevas causas de duda y vuelven a planteárnos, en forma distinta, cuestiones que se creían agotadas. En vano se procura llegar a una opinión estable; todo lo que es contradictorio y confuso se presenta simultáneamente; se quiere odiar y se quiere amar, pero todavía se ama mientras se odia y cuando se ama no se ha dejado de odiar. Se cree todo y se duda de todo; se tiene vergüenza y despecho por haber creído y por haber dudado; se lucha sin descanso por llegar a una creencia decisiva..., pero en vano se desea alcanzarla; algunas veces renace la esperanza, pero no se satisface nunca. No se es bastante feliz para atreverse a creer lo que se desea, ni siquiera para estar seguro de lo que más se teme; se vive en una perpetua incertidumbre, entre bienes y males que huyen alternativamente de nosotros". Por eso ha podido pensarse que los celos se alimentan de la duda, constituyendo una pasión desgarradora que busca sin cesar nuevos motivos de inquietud y de tormento.

La verdadera causa de los celos de imaginación no está en la conducta de la persona celada, sino en el temperamento desequilibrado de la celosa. Hay mujeres engañadas que llegan hasta envanecerse de tener un amante infiel, como si ello demostrara que son amadas a prueba de tentaciones; otras, en cambio, envenenan la vida a cónyuges fidelísimos, tejiendo y destejiendo sospechas sin fundamento. Ciertos hombres matan por una duda y otros medran de la infidelidad que no ignoran; algunos soportan la publicidad de su deshonra o la lloran en secreto sin sentir celos de la infiel que ya no aman y teniendo la esperanza de consolarse enamorándose otra vez.

Celoso es el que duda, con o sin fundamento; el que no tiene ya plena confianza ni se atreve todavía a perderla; el que vive atormentándose a sí mismo y a los demás, buscando en cualquiera circunstancia una astilla que alimente la hoguera en que consume su felicidad; el que es incapaz de reposar su espíritu un solo momento en el regazo de una creencia definitiva.

Son conocidos los resortes de esa duda y las condiciones que favorecen su desarrollo. En nada se parece a aquella duda provisional que Descartes aconseja en su *Discurso del Método,* cuerda actitud del que anhela aproximarse a la verdad, compatible con la crítica serena, indispensable para el sabio. La duda de los celos, siempre involuntaria y obsesiva, es muy distinta; balancea eternamente el celoso entre creencias contradictorias que solicitan su adhesión; es una forma de inestabilidad mental. El celoso suele ser un neurasténico o un abatido. Cualquiera no es celoso; el que lo es, no consigue serlo en todo momento y de la misma manera. La agudeza de esta pasión oscila siguiendo el ritmo de ciertas funciones orgánicas; se ha observado que los cambios bruscos de temperatura y las variaciones higrométricas, la intoxicación por las bebidas o el tabaco, las grandes opresiones, consecutivas a comidas copiosas, el insomnio, las pesadillas, los sueños, ciertas horas del día y especialmente la del crepúsculo, la fatiga física, la pobreza y otras mil causas ocasionales, son propicias a las crisis de celos. Algunos hombres tórnanse más celosos cuando abusan del amor, como si el hartazgo estimulara su gula; muchas mujeres sólo demuestran serlo en ciertos días, cuando están más avivados sus apetitos.

Hay seres, en fin, que no pueden sentir celos, aunque los engañen, por incapacidad de dudar. Algunos, crédulos por sencillez de espíritu, son rebeldes a la sospecha y prefieren creer lo que siempre han creído, por hábito y por comodidad; son seres felices, hombres y mujeres que idolatran al que vive engañándolos sin descanso. Otros, en cambio, son incapaces de tener celos por una vanidad exagerada, que les impide concebir que pueda preferírseles ninguna otra persona; es el caso de no pocas mujeres pagadas de su hermosura y de bastante hombres que viven admirando sus propios talentos.

Son pocos los sujetos equilibrados que no dudan sin fundamento y que saben ponderar toda presunción. Son los amantes más dignos; hacen rápidamente su composición de lugar en cada circunstancia, juzgando el propio caso como si fuera ajeno. No se inquietan sin motivo ni molestan sin necesidad; si tienen elementos para dudar, dudan metódicamente hasta que una convicción reemplaza a la duda misma, obrando en consecuencia. Comprenden que la dignidad es incompatible con los celos; nadie está obligado a amar y nadie tiene el derecho de engañar. La fidelidad no puede discutirse; el que engaña no merece ser amado, simplemente.

Raro es ese equilibrio, pues suele el amor complicarse de otros sentimientos; los predominantes en la personalidad de cada celoso se combinan y contribuyen a formar variado tipos.

Los celos conyugales, en que predomina el sentimiento de propiedad, se sufren como por el robo de algo que se supone de pertenencia exclusiva; parece a estos celosos que les quitan un objeto y su concepción de la infidelidad encuadraría, por decirlo así, dentro de los delitos comunes. Juristas hay que confirman este sentir, opinando que el adulterio se identifica con el robo y que las penas vigentes contra el cónyuge infiel presumen la violación de un derecho, implícito en el amor monogámico. Algunos alienistas incluyen el delirio celoso entre las anomalías del sentimiento de propiedad.

En otros casos predomina en los celos el amor propio. El celoso no sufre por la infidelidad misma, sino porque otro le ha vencido o podría vencerle; sus celos no son relativos a la persona amada, sino al deseo de imponer la propia voluntad. Stendhal decía que esta clase de amor, y de celos, puede extinguirse de pronto; relata el caso de una joven, hija de ricos burgueses sevillanos, cuyos padres contrariaron su amor por un oficial de cepa humilde; él emigró muy lejos, pero mantuvieron una correspondencia ardorosa que daba a sospechar en ambos una pasión violenta. Un día se anunció la muerte del oficial en una tertulia mundana; la madre se estremeció, a pesar de su orgullo; el padre se retiró, no pudiendo ocultar su regocijo; solamente la joven continuó la conversación sin inmutarse, después de un simple: "¡Qué lástima, tan joven!", en términos de frío convencionalismo. ¿Su pasión había sido simple amor propio? Dos años más tarde requebróla otro joven, con igual oposición; una lucha pertinaz se entabló entre padres e hija. Las resistencias fueron crueles, hasta que ella entró a mayor edad y pudo disponer de sí misma; al concertar la boda, pasados seis años, el joven rehusó contraer el vínculo supremo y, con general sorpresa, la novia tenaz se mostró consolada al día siguiente. ¿Sólo había amado por puntillo o era una gran alma que desdeñaba dar su dolor en espectáculo al mundo? En ciertos celos ocurre lo mismo y el caso es frecuente en las coquetas; son celosas porque su amor propio no aguanta que pueda preferírseles otra mujer, pero dejan de amar cuando desaparece la emulación.

Se le parecen los celos en que interviene la vanidad, tan frecuentes. La infidelidad es considerada como un vejamen ante el público que la conoce; el celoso desearía que nadie pudiera serle preferido, como si él poseyera un talismán que esclavizara corazones ajenos. Suelen creerse humillados por un único abandono sentimental, los mismos que no renunciarían a practicarlo frecuentemente y con ostentación. Una casquivana que ha despedido diez novios, cree necesario envenenarse el día en que el undécimo la deja con la ropa hecha; un galanteador que se jacta de haber engañado a cien incautas, no vacila en tener un duelo con otro que sale a hurtadillas de casa de su última preferida.

El más grande encanto de los amores que evolucionan en secreto, consiste en que excluyen los celos por vanidad, por el "qué dirán"; las infidelidades a un amor oculto no desprestigian ante el mundo. La herida puede ser dolorosa, pero no avergüenza, como esas enfermedades de la piel que desesperan si están en la cara y apenas mortifican si el traje puede sustraerlas a la vista ajena. Cabe, sí, el amor propio, que es distinto, y aun la misma dignidad. Un hombre delicado nunca abandona a su novia o a su amante; prefiere ofrecerle una oportunidad para que ella abandone, pues las mujeres lo agradecen mucho, aunque sospechen el juego. El amor propio les hace preferir el papel de verdugo al de víctima. Una mujer burlada en dos citas, da siempre una tercera con el propósito de no acudir, para tener el gusto de ser ella la que planta a su amante; éste debe ser puntual la tercera vez, con la esperanza de no encontrarla, pues así le evitará una mortificación ya inútil.

Así como por vanidad una novia abandonada se envenena, una querida se consuela pronto por puntillo y busca otro amor, violando su nuevo secreto con una sola persona: su antiguo amante. Muchas veces se apresura a comunicarle su naciente pasión antes de que sea efectiva, para despertar sus celos; si él es celoso por amor propio volverá para no ser sustituido, aunque ya sea tarde. En caso contrario, la abandonada salvará solamente la negra honrilla.

Algunas veces los celos están acompañados por un profundo sentimiento de humildad, lo que es común cuando hay desproporción entre los amantes. Sentirse inferior a la persona amada, inclina a dudar constantemente de ella. ¿Por qué nos sería fiel, si no creemos merecerla? En vano será ejemplar su conducta y su amor irreprochable; lo que miramos como un favor excluye nuestro derecho a la reciprocidad. La chica amante de un hombre que no es su igual, nunca olvida que pronto o tarde su felicidad será tronchada; y en la dicha presente tiembla de celos, pensando en el porvenir. La fea, la más fea, si tiene un amor secreto, presiente que un día podrá apercibirse de ello su amante y sobrevenir la desilusión sentimental, aunque muchas veces, por una sabia compensación de la naturaleza, tiene encantos que la hacen adorar como a ninguna otra; sus celos duran tanto como su felicidad y cuando otra le es preferida no sufre, aunque siga amando, pues se resigna a una fatalidad prevista.

En fin, casos hay en que el amor ha creado una tan grande solidaridad afectiva entre las partes, que éstas llegan a considerarse una sola personalidad sentimental. Entonces los celos pueden nacer del temor al incompletamiento, como si al desunirse la pareja quedara el celoso sin la mitad de sí mismo.

Otras combinaciones de sentimientos pueden calificar los celos; muchos son debidos a la distinta condición de los sexos en la familia y en la sociedad. Se dice que las mujeres son más celosas que los hombres y parece lógico que lo sean. Ellas no pueden perseguir los honores, las riquezas y otros éxitos reservados al sexo viril; se comprende que pongan lo más altivo de su orgullo en ser amadas como aman, polarizando hacia ese ideal único la parte más intensa de su vida. Siendo en ellas más fuerte el peligro de que las traicionen, se inclinan fácilmente a sospechar del corazón que han elegido como altar de su única ofrenda.

Es seguro que para la generalidad de las mujeres resulta exacto que el amor es inseparable de los celos. Son contados los temperamentos femeninos, sanos de verdad, bien educados, que puedan amar infinitamente sin dudar nunca de las personas que aman. No perturban el hogar con vanas exhibiciones pasionales, no lo mancillan con injuriosas sospechas; aparentan amar menos porque aman mejor, sumergiendo discretamente en la profundidad de su ternura lo que otras ostentan sin descanso en la superficie instable. Su equilibrio moral las garantiza contra peligros imaginarios, pues saben dónde han puesto su confianza; son, en cambio, más severas con la infidelidad. Es justo que lo sean. No mediando vanidades ni egoísmos, la culpa del infiel se reduce al engaño; el que traiciona su confianza no despierta celos, sino desprecio. Por eso entre amantes que se merecen y no se celan, la infidelidad tiene por consecuencia única la desilusión sentimental, la muerte del amor.

2. LOS CELOS DE IMAGINACIÓN

La imaginación forja los celos más trágicos. Así como el niño miedoso puebla la obscuridad de amenazadores fantasmas, el celoso imaginativo construye las absurdas quimeras que le obsesionan: interroga a una esfinge que no le oye y deduce las peores consecuencias del inevitable silencio. No teme lo que sabe, sino lo que ignora. El amor propio llega a sobreponerse al amor; hay quien tolera que otro comparta a diario las caricias de su amante y se subleva ante la hipótesis de que le engañe sin saberlo. ¿Cuántos Werther no tienen celos del marido de su Carlota y entran en frenesí cuando un tercero ocupa su sitio? ¿Alguna amante de un hombre casado sufre de que éste comparta diariamente el lecho de su esposa? ¿Y cuál no le arranca los ojos si husmea en su traje un perfume nuevo? La certidumbre de la infidelidad puede soportarse; lo intolerable es la duda.

Cuando nacen sobre temperamentos perversos, los celos de imaginación conviértense en insaciable afán de hacer sufrir, en verdadero sadismo sentimental; en la *Philosophie dans le boudoir*, del marqués de Sade, figura un personaje —Dolmancé—, especie de Nerón filósofo que ha inventado torturas morales tan horribles como las del cuerpo. Felizmente no suele llegar tan lejos el celoso maligno; sólo quiere hacer llorar, como si las ajenas lágrimas pudieran apagar el fuego interior que le consume. ¿Goza de que otros sufran por él? Celoso hay que al abandonar a su amante se enoja porque ella no se suicida, ¡la muy ingrata, que puede vivir sin él! ¡Y con qué descaro se resigna!, ¡y tiene la insolencia de consolarse!

No presenta esos caracteres el celoso ingenuo, capaz de morir por su amor infortunado. Examinemos la personalidad sentimental del clásico, del representativo: verdadero Prometeo encadenado por su propia imaginación para que la duda le devore las entrañas.

Tal como Shakespeare concibió a Otelo —pues de él nada nos dice la historia— era de oscura tez y vivió sus primeros años en Mauritania. Decía descender de regia estirpe y había pasado su juventud en sonadas aventuras, mostrando un valor sin par. Sencillo y leal, llegó a ser capitán de Venecia y se hizo cristiano, según lo demuestran sus palabras y sentimientos. Encontrándose ocioso, contrajo amistad con el senador Brabancio, que gustaba sobremanera de escuchar el relato de sus proezas. Casi fascinada solía oírle Desdémona, doncella de rara belleza y única hija del senador; tal era su admiración, que al fin pidió al Moro que le refiriese su historia entera. Escuchándole, enterneciéndose, llorando, la bella se encontró enamorada del valiente; y como Otelo sospechara las dificultades que el noble señor opondría a su matrimonio, decidió raptarla y desposarse ocultamente.

Brabancio puso el grito en el cielo, creyendo que solo con sortilegios o filtros mágicos habría podido Otelo inflamar el corazón de la niña que hasta entonces rehusara la mana de los más nobles jóvenes venecianos. Repugnábale admitir que el amor se sobrepusiera alas diferencias de raza, olvidando que Otelo poseía cualidades que podían caldear la imaginación de una mujer; su propia hija le desengañó, al fin, probándole que la ilusión sentimental había tenido por núcleo la admiración despertada por las aventuras del exótico guerrero.

Puesto que se amaban apasionadamente. Brabancio se resigno: "¡Cuídala bien, Moro, si tienes ojos para ver; ha engañado a sus padres y es posible que te engañe" Como Otelo debía partir a Chipre, en guerra contra los turcos, Desdémona pidió que no la privasen del placer de acompañarle.

Allí está Yago. Odia a Otelo porque éste ha preferido a Casio, nombrándole su lugarteniente. Solo piensa en vengarse de ambos. "Reflexionemos, Esperar algún tiempo y luego sugerirle que su esposa tiene demasiadas familiaridades con Casio. Este es un bello galán, y sus maneras corteses pueden hacerle sospechoso; parece cortado para tentar mujeres infieles. El Moro tiene un temperamento franco y sencillo; cree honestos a todos, por poco que lo parezcan. Se dejará engañar..." Los preparativos de Yago son pavorosos; la personalidad de este hipócrita, arquetipo de la mediocridad moral —incapaz de matar de frente, pero sin escrúpulos para conspirar en la sombra— es la obra maestra psicológica del drama shakespeariano.

Después que, por su propia instigación, Desdémona promete defender a Casio, caído en desgracia por una intriga, en la escena tercera del tercer acto, Yago deja caer su primera gota de hiel:

—"Esto no me gusta". —"¿Que quieres decir'?"— "Nada, señor... O sí... Yo no sé qué..." —"¿No es Casio quien acaba de conversar con mi esposa?"

Desdémona, inocente, defiende a Casio y obtiene su perdón. Yago continúa su obra, a solas con el Moro. Explica que en el hombre y en la mujer la buena reputación es todo. El que roba la bolsa comete un delito insignificante, pues ha sido y podría ser de muchos; pero el que rota la reputación no se enriquece con el bien quitado a otro. Otelo se inquieta de oír palabras vagas... Yago le aconseja que no se fie de los celos, pues son un monstruo de ojos verdes que se alimenta por sí mismo. El engañado es feliz cuando no ama a la que le ultraja; pero su vida es un martirio si, al dudar está herido de amor... El pobre satisfecho es bastante rico, pero el rico insaciable teme siempre volverse pobre...

—"¿Por qué?: ¿por qué todo esto? ¿Crees que yo querría tejerme una vida de celos, seguir las variantes de la luna, presa de sospechas sin cesar renovadas? No. Una vez en la duda, eso me bastaría para tomar una resolución. Necio fuera si me preocupase de vanas conjeturas, como las que acabas de describir. No me pondré celoso porque oiga decir que mi mujer es bonita, coqueta, sociable, suelta de palabras, que canta, juega y danza bien. Donde hay virtud, todo es virtud. Mis atractivos pueden ser escasos, sin que por eso me aflija: ella tenía ojos cuando me ha elegido. No. Yago, antes de sospechar, yo necesitaría pruebas: y en teniéndolas, adiós amor, adiós celos, obraría derechamente".

Fingiéndose alentado por esta declaración, Yago habla. Es su deber, no puede todavía dar pruebas: pero recomienda observar la actitud de Desdémona para Casio, sin ser celoso ni muy confiado. No es bueno ser víctima de la propia generosidad: las costumbres ya no son puras entre las venecianas; éstas dejan que el cielo vea lo que esconden a sus esposos; y no empeñan su conciencia en luchar contra el pecado, sino en ocultarlo". Otelo comienza a turbarse: el hipócrita finge rectificar sus palabras, afirmando que sólo se trata de una sospecha." Ella ha engañado antes a su padre... Todo podria ser...

Otelo está perdido. Lamenta la hora en que se casó. Supone que Yago sabe más de lo que ha osado referirle. Su imaginación construye lo demás; empieza a dudar, oscila absurdamente entre la sospecha y la creencia: —"Acaso se aleja de mí porque soy moro, porque no tengo el arte de la conversación cortesana, porque declino en el valle de los años. Estoy engañado, y mi consuelo único debe ser despreciarla. ¡Oh, maldición del matrimonio! Poder decir que esas gráciles criaturas nos pertenecen y no ser dueños de sus apetitos! ¡Sería preferible que fuéramos alimaña y vivir en la humedad de una crujía, antes de que otros usen una partícula de lo que amamos! Es un destino inevitable, como la muerte; punzante flagelo que nos está destinado desde el nacimiento..."

Ya no necesita pruebas; si las hay, ellas podrán reforzar su creencia; si faltan, no lograrán rectificarla. Yago sabe que la peligrosa imaginación del Moro no resistirá su veneno sutil; ni la amapola, ni la mandrágora, ni todos los licores soporíferos del mundo podrán devolverle el sueño perdido para siempre. Otelo ruge y jura que es preferible saberse engañado a concebir la más leve duda: "¿Qué pena me causaban las horas que ella me ha robado para satisfacer su lujuria? Lo ignoraba y no pensaba en ello, no sufría. La última noche he dormido bien, libre y feliz. No he tropezado con los besos de Casio sobre sus labios. Cuando el hombre no necesita lo que le han robado, ¡dejadle en la ignorancia y no le han robado!... Yo habría sido feliz si todo el campamento, hasta el último pillete, hubiera probado su cuerpo, con tal de no saberlo! ¡Ahora digo adiós para siempre a la tranquilidad de mi espíritu! ¡Adiós mi dicha! ¡Adiós a mi dicha! ¡Adiós a mi ambición y a mi gloria!" En vano tiene un minuto de reacción y coge a Yago por el cuello, para exigirle una prueba de sus sospechas. ¿Prueba? ¿De qué? Todo es prueba para el celoso, aunque nunca sea definitiva. Otelo cree que su mujer es fiel y que no lo es; lo mismo cree de la sinceridad de Yago. Éste no puede mostrarle los culpables en la culpa misma, aunque ellos sean ardientes como gorilas y lúbricos como lobos en celo; le ofrece lo que puede, presunciones, algunas de esas circunstancias de peso que conducen hasta el dintel de la verdad, y que tal vez pueden dar una certidumbre... Y le refiere que ha oído a Casio narrar, entre sueños, sus amores ocultos con Desdémona... y le agrega que ha visto en su poder el pañuelo famoso...

¿Para qué más? "¡Oh, si la miserable tuviera mil vidas! ¡No basta una sola para satisfacer mi venganza! ¡Es cierto, sí! ¡Arrojo a la faz del cielo mi amor insensato! ¡Siniestra venganza, sal de tu hórrida caverna! ¡Salga mi amor del corazón en que reinaba y entregue su corona a la tiranía del odio! ¡Hínchese mi pecho, en que se agitan mil áspides!" Yago simula quererle aplacar. "Sangre, Yago, sangre!..." El Moro no cambiará nunca de opinión; como corren al mar los ríos, así correrán hacia la venganza sus ideas sanguinarias, sin detenerse nunca, sin volver atrás. Yago ofrece matar a Casio y le incita a perdonar a Desdémona: le habla de eso para asegurarse de que no la perdonará.

¿Y las pruebas? El celoso de imaginación no piensa en ellas; estos celos nada tienen que ver con la fidelidad de la celada, sino con el temperamento del celador. Ante la inocencia de la esposa, cree en una refinada disimulación; en vez de calmarse, se irrita. Y Yago, después de insistir sobre la intriga del pañuelo, osa decir a Otelo que Casio ha contado... ¿qué?... que había... ¿cómo? yacido... ¿dónde?... ¡en el lecho!... ¿con ella?... ¡sobre ella!... Y el Moro cruje de furor; su imaginación se representa, una a una, todas las familiaridades que pudieron pasar entre los culpables, entre sus manos, entre sus bocas, entre sus cuerpos anudados en la voluptuosidad. Ya no quiere pruebas, exige confesiones. Sí. Confiesen antes, mueran después; mueran antes si no confiesan, después de muertos confesarán... La dama de compañía le jura que su esposa es la más pura de las mujeres; tiempo perdido; ¿qué otra cosa podría decirle una astuta celestina, una ramera sutil, cofre que custodia los más repulsivos secretos? Desdémona le implora de hinojos y le jura que es su esposa fidelísima; él la rechaza, la veja, la injuria, la cubre de pavorosos calificativos. No quiere saber la verdad; necesita que le confirmen su temor, que le confiesen lo que no es cierto. ¿Y si se lo confesaran? Tampoco lo creería. Seguiría dudando. Su imaginación necesitaría dudar, siempre, indefinidamente, porque Otelo ama todavía, porque nunca ha amado más.

Rehagamos su historia sentimental antes de asistir al desenlace. Justo fue que Otelo se enamorase violentamente; debió mirar como una ventura inesperada el que una dama gentil como Desdémona llegara a amarle, después de haberle admirado. Hombre sencillo, sin experiencia amorosa, esa primera ilusión sentimental carecía de los frenos naturales que en cada individuo organizan las ilusiones precedentes; de tierras cálidas había venido a un medio social refinado, sabiendo que el color de su tez y las maneras simples de su educacion no serían eficaces ganzúas para abrir corazones. El amor de una blanca debió parecerle una quimera inalcanzable; y si dudara de ello, probaráselo la indignación de Brabancio ante el Senado. Su sangre mauritana y su inexperiencia le hacían incapaz de amor sereno; sumábanse las resistencias, para que sufriese un amor apasionado, más hondo por ser primero y tardío. Logrado su objeto con el rapto y el matrimonio, no había mediado entre él y su amada ese íntimo conocimiento que asegura cierta estabilidad al amor; lo que nace de pronto y a flor de tierra, aunque sea frondoso, suele durar muy poco por falta de raíces. La misma independencia con que Desdémona engañó a su padre, debió convertirse en motivo de recelo en el momento oportuno; esa fue, en verdad, su culpa única, justificada por su mucho amor. Habrían podido ser felices si no estuviera a su lado el florentino perverso, Yago, hombre de mundo, fácil de palabra, conocedor del corazón humano y, simulador habilísimo. Tenía agravios que vengar: ¿por qué el Moro no le había nombrado lugarteniente? ¿Era verdad que siendo él su alférez, había Otelo violado su lecho conyugal?...

Otelo es un hombre incompleto. Al revés de Hamlet, en quien la razón excesiva no está equilibrada por una firme voluntad, Otelo se ha ejercitado en ciertas fases de la vida práctica, descuidando las sutilezas del razonamiento. Sóbrale a cada uno lo que al otro le falta. El príncipe loco razona demasiado, se enreda en su propio exceso de crítica, yerra con abundancia de lógica. El celoso moro tiene un alma infantil, es crédulo como un primitivo, no hace distingas, acepta las sugestiones extrañas sin asomo de reflexión. Es supersticioso, además. En su tiempo muchos creían en la magia y en los encantamientos; el daba un significado particular a aquel pañuelo que recibiera su madre de una bruja egipcia, tejido con misteriosos hilos por alguna sibila en trance de profecías; no dudaba que su madre había sido feliz porque lo conservó hasta la muerte y debió temblar el día que Desdémona lo dejó pasar a manos extrañas. Este ánimo simple impidióle comprender que Yago tenía motivos para odiar a Casio, a él mismo; la oficiosidad del hipócrita ¿no debió ponerle en sospechas? Sin olvidar que Yago es perfecto en su género, fácilmente se advierte que Otelo se entrega sin resistencias. La que pudiera oponerle se disipa cuando cree que se jacta y ríe de Desdémona el propio Casio, y cuando ve en manos de su barragana el pañuelo fatídico. El momento es terrible; tiene ímpetus de matar esa misma noche y pide un veneno a Yago, que le aconseja ahogue a su esposa con sus propias manos y en su mismo lecho de adúltera.

Su decisión homicida es necesaria; Desdémona era todo para él, ante sí mismo y ante los demás. Vivir sin su amor le es tan imposible como soportar su imaginaria infidelidad; bien lo dice el cantar del pueblo, verídico aunque vulgar: "Ni contigo ni sin ti —mis males tienen remedio—; contigo porque me matas —y sin ti porque me muero". La muerte de la presunta adúltera esta precedida por los diálogos culminantes del drama. El Moro entra en la habitación donde ella duerme. No se atreve: "¡Yo no quiero verter su sangre, ni tocar con mis manos su piel más blanca que la nieve y más serena que un monumento de alabastro!" Desenvaina de pronto su espada: "Sin embargo, es necesario que ella muera. De otra manera engañaría a otros hombres". Se acerca. ¿Cuándo la ha amado más? La besa como a una flor condenada a marchitarse por siempre. "Quiero aspirar su perfume sobre el tallo. ¡Oh, embalsamado aliento, que casi convence a la justicia para que rompa su espada! ¡Más! ¡Más! ¡Sé así cuando estés muerta, y te mataré para amarte después! ¡Más! ¡Por última vez! ¡Nunca una criatura tan dulce fue más fatal! ¡Lloro lágrimas crueles! ¡Este dolor es divino, hiere donde ama!..." Desdémona despierta: pide explicaciones, las ofrece, se espanta, se resigna. El Moro la injuria y la invita a meditar sobre sus pecados. Después... ¡muera la meretriz! Sus manos se cierran convulsivamente sobre el cuello grácil; un estertor; una sacudida... Llaman desde fuera. —"¿Qué es este ruido?... ¡No esta muerta! ¡No ha muerto aún! ¡Por grande que sea mi crueldad, quiero ser compasivo! ¡No deseo prolongarte el sufrimiento! ¡Así! ¡Así!" Y las manos se estrechan más y más sobre la garganta muda. Cuando la deja, agonizante, acuden todos y se descubre la intriga. Otelo se clava un puñal en el corazón y se arroja sobre el cadáver de Desdémona para besarla: "Te he besado antes de matarte... ¡Solo me quedaba un camino, matarme y morir con mi último beso!..."

Huelga todo comentario para comprender la psicología de este celoso imaginativo, falto de experiencia amorosa y de sentido crítico. El sentimiento de humildad y el amor propio herido, agigantan a sus ojos la deshonra ante un público que de antemano supone dispuesto a despreciarle por su mancha étnica. Mata y muere. Todo lo suyo se extingue con él, definitivamente.

Delito pasional, dice Ferri en su conocido volumen sobre los delincuentes en el arte; epiléptico, agregan otros, repitiendo el diagnóstico que en la escena formula el propio Yago. Loco, loco de amor, dirán todos los que creen compatible la pasión con la cordura. Distingamos.

La pasión es un desequilibrio más o menos transitorio; pero el celoso pasional difiere del celoso delirante. Existe, en efecto, el delirio de los celos, desgraciadamente muy común en los degenerados mentales y en los intoxicados crónicos; poco se parece a la pasión y ningún alienista se atrevería a confundirlos, pues hace medio siglo que Trélat lo describió en su clásico ensayo sobre *La locura lúcida*. Los celos delirantes se emparientan, más bien con el imaginario devaneo de Don Quijote que con la humana pasión de Werther.

El delirante ve crecer por grados su enfermedad y tórnase incapaz de seguir en sus tareas habituales; fastidia sin cesar con sus quejas; no tiene reposo ni lo deja a los demás; el sueño le abandona y pasa las noches espiando a la culpable, a sus cómplices imaginarios. Si es hombre abusa de su potestad para atormentar a su víctima; amenaza, ultraja, persigue, golpea; mata a veces. Si mujer, llora, grita, detiene la correspondencia, pesquisa los bolsillos, siembra la ansiedad y el disgusto, llega a la violencia. Todo lo interpretan de la peor manera; desnaturalizan los hechos, falsean las intenciones, complican a los ausentes, no disfrutan de tranquilidad ni la consienten a los otros.

Muchos delitos ilógicos se deben a esta clase de celos enfermizos; es común que al delirio central se asocien otros en forma no menos peligrosos, como el de las persecuciones. Y se explica. En ambas formas delirantes están afectadas tendencias propias del instinto de conservación; en los celos tórnase patológico el sentimiento de propiedad, en las persecuciones el de integridad personal.

Cuando faltan las alucinaciones, el delirio es puramente interpretativo y evoluciona en el curso de muchos años. El celoso vigila constantemente a la sospechada, viendo en cada mancha de sus ropas un rastro de culpas. Un mueble que cruje, una silla que cambia de lugar, un gesto sin causa, una frase trunca, son interpretados como pruebas que confirman su creencia. Reconoce un amante disfrazado en cada proveedor que entra a su casa y si oye ruidos supone que un infame salta por los balcones que la infiel dejó abiertos; todo transeúnte le parece un burlador o un espía; muchas veces acaba creyendo que los hijos son cómplices de la madre que los deshonra.

Mientras el hogar se convierte en infierno, la conducta del loco puede seguir pareciendo cuerda a los extraños. Conserva perfecta lucidez y fuera de su tema razona admirablemente; en vano las víctimas imploran ante los médicos y ante la justicia. Aquél justifica sus interpretaciones con una asombrosa habilidad dialéctica; el profano acaba por creer que miente la víctima.

Los hechos más contradictorios tienen igual valor demostrativo para el celoso delirante. Una mujer cree que la engaña su marido si entra ágil y contento, pero cree lo mismo si vuelve fatigado y triste; una mirada, una tos, parécenle señas convencionales; una risa o una lágrima son igualmente reveladoras. Un hombre supone que los demás se burlan de él con alusiones a su infortunio, señalándole como incauto o complaciente, descubre que los pasos de su esposa son signos de inteligencia con invisibles enemigos de su honor y pierde noches enteras en rehacer el misterioso alfabeto tipológico que le dará la clave de los pasos que ha clasificado con minuciosidad. Guay si estos celosos eligen el presunto cómplice entre las personas más inmediatas, una vecina, un hermano; peor todavía si llegan a contagiar su delirio a toda su familia, a los propios hijos.

Son extraordinarios sus procedimientos de previsión y vigilancia; a su lado resultan infantiles los que aconsejó Balzac en la segunda parte de su *Fisiología del matrimonio*. Inspeccionan las alcobas antes de salir a la calle, ponen contralores en puertas y ventanas, revisan los muebles y los vestidos, o bien siguen a la víctima, señalan el recorrido de sus salidas, marcan la correspondencia, cierran y ocultan las llaves. Momento llega en que esta policía conyugal tórnase humillante, máxime si el celoso se convierte en perseguidor. Un día obliga a jurar fidelidad revólver en mano y otro lleva la víctima al cementerio para que repita el juramento sobre la tumba de sus abuelos. Los hay que exigen por escrito un relato detallado de las culpas imaginarias; otros intentan hipnotizar a la infiel, para arrancarle una confesión. Todos, pronto o tarde, ruedan al manicomio, aunque generalmente muy tarde; antes pasan por la cárcel, acusados de algún delito motivado por su misma locura.

Cuando el delirio celoso parte de alucinaciones, los sujetos no falsean la realidad, la inventan: oyen diálogos obscenos, ven al ladrón de la honra, husmean su perfume en las ropas de la infiel. Es común en los alcoholistas crónicos, mezclado casi siempre con ideas de persecución. Hace algunos años fue detenido un militar por disparo de armas a altas horas de la noche; tenía alucinaciones y permanecía despierto injuriando a su esposa, creyendo oír voces masculinas que la llamaban desde la azotea. Por muchas noches consecutivas creyó escuchar que el cómplice descendía al patio, arrancaba dos pajuelas de una escoba y con ellas tocaba suavísimos redobles de tambor sobre la pared; las señas convenidas con la culpable, suponiéndole dormido. En esas circunstancias descerrajó todos los tiros de su revólver contra el fantasma creado por su imaginación.

Estos hechos, de observación cotidiana para los alienistas, pueden leerse en cien libros, desde Esquirol hasta Mairet. ¿Podríamos confundir con ello los celos pasionales de Otelo? Falta en ambos equilibrio, ciertamente; pero no es legítimo confundir la pasión con el delirio.

3. LOS CELOS DE LOS SENTIDOS

El que ama con los sentidos suele sufrir la pasión de los celos bajo otra forma, objetivando las imágenes físicas de la infidelidad; es un propietario que odia al que salta las tapias de su huerta para robarle las frutas mejores. En estos celos tiene más parte el sentimiento de propiedad que el amor propio; el daño efectivo irrita más que el temor de la reputación. Son los celos que siente Don Juan cuando en un baile todas las miradas cosquillean el descote de su amada, apeteciendo las mismas bellezas que deleitan su sensualidad.

Mézclanse en esta pasión egoísta el amor y el odio, la voluptuosidad de poseer la cosa amada y el sufrimiento de perderla. Así concibe los celos Spinoza, en el escolio puesto al teorema XXXV, libro III, de su *Ética*: "Los celos no son más que una fluctuación del alma nacida de un amor y un odio simultáneos, acompañados por la idea de un tercero a quien se envidia...; aquél que se imagina que otro posee a su amada, no solamente sufre por las trabas puestas a la satisfacción de su amor, sino porque está forzado a asociar la imagen de la cosa amada con las imágenes físicas de esa posesión por otro".

La objetivación de tales imágenes puede causar la muerte de un amor en formación, en el período de la esperanza; con frecuencia estos celosos dejan de amar a la persona que saben poseída por otro. En cambio, en el amante abandonado, los celos de los sentidos pueden sobrevivir a la pérdida de la ilusión sentimental y aun hacerla renacer, impulsando a la reconquista; algunos amadores vuelven a su antigua amante cuando su posesión por otro les despierta celos de los sentidos. Por eso una mujer abandonada puede vengarse siempre, amando a otro hombre; el primero sufre, aunque no vuelva.

Estos celos son intermitentes o episódicos, exaltándose en crisis violentas pero fugaces; estimulan el deseo y parecen calmarse por la posesión, aunque la calma es pasajera; renacen incesantemente, cada vez más ásperos, casi brutales, como si quisieran castigar al cuerpo amado por la ansiedad voluptuosa que provoca. Agreguemos que rara vez falta en estos celos un rasgo característico; el celoso lo es de una persona a quien él mismo engaña a toda hora y sin escrúpulos.

Con esos caracteres nos lo presenta D'Annunzio a Tulio Hermil, verdadera aguafuerte de psicología pasional. Es un desequilibrado, fino artista e insaciable amador, que se clasifica, él mismo, entre los hombres superiores. Cree natural que le adore perpetuamente, como a un ser extraordinario, la mujer que él engaña sin descanso; mientras el bandolero se alza, la santa debe vivir tejiendo y destejiendo la tela clásica, con la esperanza de merecer un minuto de su capricho.

Tulio —estudiado ya como tipo delincuente— nos interesa desde otro punto de vista: es el amante sensual atormentado por celos de los sentidos. Después de una primera juventud inquieta, toma por esposa a Juliana, mujer deliciosa y sentimental. Pronto Don Juan despierta en él y acaba por pactar con Juliana su derecho de serle infiel; resuelve amarla como hermana y sigue disipando su amor en cien aventuras.

La situación es delicada y Tulio se retuerce en consideraciones morales para justificar su conducta; muerto el amor, sin culpa de ninguno y por fatalidad inevitable de los hechos, considera venturoso el poder vivir unidos, ligados por un sentimiento homogéneo, acaso menos profundo que el antiguo, pero más elevado y noble. Con ese lógico platonismo pretendía que la víctima aceptara el sacrificio con la sonrisa en los labios.

En realidad, como lo reconoce el mismo protagonista, la nueva situación sentimental se apoyaba en una esperanza: la absoluta abnegación de la "hermana". Tulio recobra su libertad, podía amar a otra mujer con vehemencia, atormentar sus sentidos fuera del hogar, con la certidumbre de que en su casa se le esperaba, llenos los búcaros de flores cortadas amorosamente, el orden y la pulcritud en todas las cosas, como si fuera el nido de una Gracia. ¿No era adorable la mujer que así le sacrificaba su juventud, esperando como única recompensa el beso que él estamparía en su frente digna y serena?

Mientras el insensato urdía estos sofismas de justificación, la víctima soportaba en silencio su angustia mortal y su salud decaía; engañado por la noble reserva de Juliana, él ignoraba el estrago que hacía inmerecidamente en su tierno corazón. Ella enfermó de cuidado y fue menester operarla; un poco por remordimiento, y otro poco por sensualidad malsana, en Tulio despertó el deseo de reconquistar a su mujer, rompiendo el "pacto de fraternidad"; una vez, durante la convalecencia consiguió engañarla y juraron amarse de nuevo, con más ardor que en los días mejores. Poco duró la promesa; después de "engañar" a su esposa en un momento de irresistible deseo, volvió Tulio a su antigua disipación.

Llegó a serle extraña su casa, y la presencia de Juliana a fastidiarle. Pasaban semanas sin conversar; todos los actos de sus vidas eran recíprocamente ignorados.

Un día él la oyó reír y esa risa le dio rabia; otro, la oyó cantar y tuvo celos de que pudiera estar alegre cuando él la trataba con indiferencia. Entró a su cuarto; ella se estaba arreglando para salir y no pareció molestarse por su entrada repentina. Quiso preguntarle "¿dónde vas?"; se contuvo. Reflexionó un instante. En realidad, esa joven mujer, de noble porte, fina, bien pudiera ser una querida exquisita. ¿No sería la amante de alguien?, pensó. Era imposible que no la hubiesen sitiado muchas veces, siendo público el abandono moral en que vivía. "¿Habría cedido ya a alguien? ¿Estaría por ceder? ¿Si al fin juzgase inútil e injusto el sacrificio de su juventud? ¿No estaría cansada de tanta estéril abnegación? Un hombre superior, un seductor delicado y profundo, ¿no la tentaría con la curiosidad de lo nuevo, haciéndole olvidar al infiel?"

Tuvo un momentáneo sobresalto. Dudó. ¿Qué hacer, sin embargo? Persistió algún tiempo su obsesión de que Juliana pudiera haber sido de otro, pero la disipación habitual en que vivía acabó por neutralizar el veneno de la duda.

Al caer la primavera resolvieron pasar el verano en la quinta de sus amores precedentes. Ella estaba muy enferma otra vez, y él gastado por las demasiadas emociones a que le sometiera su amante predilecta. Allí, viéndola semipostrada, en actitud convaleciente, recordó el verano anterior, la violación del pacto, su propia traición. Al fin la deseó de nuevo con vehemencia, dramáticamente; ella —amante ejemplar, dispuesta siempre al olvido y al perdón— ella acabó por ceder, aunque asegurándole que poco sobreviviría. ¿Deseaba morir? ¿Por qué?, se preguntaba Tulio, ¿por qué desea morir en el momento en que vuelve a ser feliz?

Juliana quedó desvencijada y realmente parecía estar a punto de muerte. Llamaron al médico y Tulio oyó de labios de su propia madre que los síntomas de Juliana anunciaron que ella iba a ser madre. Fue un día de pavorosa angustia, hasta que Tulio entró subrepticiamente a la habitación de la culpable. Se acercó a la alcoba, apartó las cortinas, vio sobre la cama la mancha sombría del pelo, pero no el rostro; vio el relieve del cuerpo, encogido bajo la colcha. Se presentó a su mente la verdad brutal, en su más innoble brutalidad: "La ha poseído otro; ha recibido la semilla de otro; lleva en el vientre el germen de otro. Y una serie de imágenes aparecieron ante los ojos de mi alma, sin poder disiparlas. No fueron sólo las imágenes de lo que había ocurrido las que me asaltaron, sino también las de lo que ocurriría: fue preciso que yo viera con exactitud inexorable a Juliana (mi sueño, mi ideal) deformada por un vientre enorme, encerrando dentro de sí un engendro adulterino. ¿Quién hubiera podido imaginar un castigo más feroz? ¡Y todo era cierto, todo era verdad!".

Son imágenes físicas las que atenacean su mente extraviada; él, tipo perfecto de esta clase de celosos, no piensa una sola vez en matarla; al contrario, atorméntale durante muchos días el temor de que ella se suicide o se deje morir. Desde esa hora sólo piensa en salvarla, se constituye en su más humilde enfermero, vive de sus suspiros y esta vez, sí, esta vez cree que se enamora para siempre de la infiel, poniendo como único norte a toda su existencia reconquistar el amor de la mujer que ha ofendido tantas veces.

Sintió a poco celos del hombre que había seducido a Juliana; creyó adivinar quién era, le dio forma, y en el primer ímpetu su abominable imagen le aparecía acoplada con la de Juliana, en una serie de visiones horrendas. Pero, obsérvese bien, son siempre los mismos celos físicos: "más que odiarle, despreciaba a aquel ser complicado y ambiguo, que sin embargo pertenecía a mi misma raza y tenía algunos puntos de semejanza cerebral conmigo, como lo demostraban sus obras de arte... Por un hombre de esa especie, Juliana había sido poseída; pero no amada. Ciertamente había sido en sus manos un instrumento de voluptuosidad, y no otra cosa. Expugnar la torre de marfil, corromper a una mujer públicamente alabada de incorruptible, ensayar un método de corrupción sobre un sujeto no común, debía ser efectivamente una empresa ardua pero llena de atractivo, digna de todo punto de un artista refinado, de un difícil psicólogo".

Cuanto más reflexionaba, más aparecían los hechos en su fiera crudeza. A no dudarlo, aquél había encontrado a Juliana en uno de esos períodos en que la mujer sensible, después de una larga abstinencia se siente conmovida por inspiraciones poéticas, por deseos indefinidos, por languideces vagas, verdaderas larvas que nacen entre los bajos estímulos del hambre de los sentidos.

De tormento en tormento, pasó a considerar la vida por venir, adivinaba en una especie de feroz clarividencia, ya que era imposible impedir que madurase el fruto de la culpa. "Juliana dada a luz un varón, único heredero de nuestro antiguo nombre; el hijo no era mío, venía incólume; usurpaba el amor de mi madre, de mi hermano; le acariciaban, le adoraban y preferían a María y Natalia, mis hijas. La fuerza de la costumbre borraba los remordimientos de Juliana y se abandonaba a un desenfrenado amor maternal. El hijo no era mío, vivía por sus cuidados, se robustecía, era caprichoso y déspota como un tiranuelo... creía verle neurótico, bilioso, algo felino, lleno de inteligencia y de instintos malvados, duro con sus hermanas, cruel para con los animales, incapaz de ternura, ingobernable. Poco a poco, esta imagen se sobrepuso a las otras, las eliminó, se afirmó en su tipo preciso y hasta tomó un nombre, el nombre de antiguo preferido para los herederos, el nombre de mi padre: Raimundo..."

El pequeño fantasma era una encarnación directa de su odio y le correspondía su enemistad. Era un enemigo, un adversario, con el que estaba dispuesto a luchar. Eran víctimas recíprocas y no podía huirse. Tenía los ojos grises de "el otro", su sonrisa; y así, obsesivamente, la idea del delito nace en Tulio...

Aumentaba su tormento el regocijo de la anciana madre, de su hermano, de sus dos niñas; todos parecían aguardar con locura el nacimiento del varón que heredaría el nombre de la familia. Llegó a temer que Juliana pudiese amar, también ella, al hijo futuro; le arrancó una confesión sincera.

Con voz que salía tímidamente de los labios, osó preguntárselo; ella, con firmeza, confesó que la horrorizaba.

Tulio sintió un alivio, una alegría instintiva, como si aquella confesión fuese el consentimiento a lo que en secreto deseaba, casi la complicidad. Quiso ahondar la confidencia y no se atrevió; sentía por ella cierta gratitud, como si aquel horror, apartándola del engendro, la acercara a él. Al fin le insinuó que había una providencia, ¡quién sabe!, podría redimirlos, rogando a Dios...

Así pensaba él, y ella también callaba y pensaba, inclinando la cabeza, sin soltar las manos, en tanto que caía sobre ambos la sombra de los olmos inmóviles.

Después de grandes ansiedades, Raimundo, el intruso, nació; le apartaron de la alcoba porque Juliana estaba muy débil. Allí, mudos, ella y Tulio permanecían horas enteras. Algunas veces la abuela abría el cortinado e introducía el inocente: "Yo miraba aquella cara roja, pequeña como el puño de un hombre, medio oculta por las puntillas de la gorra; un día, con una aversión feroz, que anulaba en mi alma todo otro sentimiento, pensé: ¿Cómo haré para librarme de ti? ¿Por qué no moriste al nacer? Mi odio no disminuía; era instintivo, ciego, indomable, casi diré carnal; parecía que tuviese su asiento en mi misma carne, que surgiera de todas mis fibras, de todos mis nervios, de todas mis venas. Nada podía contenerlo, nada podía destruirlo". Juliana parecía enloquecer. Tulio le suplicaba con la voz, con el gesto, sintiendo en su interior toda la pena de ella: "Si me amas, no debes pensar en otra cosa que en curarte. ¿Ves? Yo no pienso sino en ti; no sufro sino por ti. Es preciso que no te atormentes; debes abandonarte por entero a mi ternura, para curar... Después, cuando estés fuerte, ¡quién sabe! Dios es bueno... ¿De qué modo?, pensé. ¿Matando al intruso? Los dos hacíamos, pues, un voto de muerte; ella misma no veía salvación si no desaparecía el hijo. No había otra solución... ¿No podía Juliana haber experimentado algo parecido? No, de fijo que nunca Juliana se atreviera..." y miró sus manos tendidas sobre la sábana, tan pálidas, tan exangües que únicamente las venas azules las diferenciaban de la tela.

¿Dios? ¿Podía contarse con él para devolver la felicidad a dos sufrientes? ¿Le importaba el martirio de los hombres? ¿Para pedirle esos servicios le habían inventado los mortales? Dios no escuchó las oraciones. El intruso perdía poco a poco su aspecto repulsivo, tenía bien abiertos sus ojos grises... Cuando se veía obligado a tocarlo, cuando su madre se lo presentaba para que lo besase, sentía la misma repugnancia que por el contacto de un animal inmundo. Cada día experimentaba un nuevo suplicio, y era su madre la que se lo infligía. Una vez, entrando en su cuarto, vio sobre la cama al muchacho que estaba al lado de Juliana. El niño, envuelto en sus blancos pañales, dormía tranquilamente. Tulio huyó como un loco.

Una mañana se verificó el bautizo, sin pompa, sin algazara, en atención al estado de Juliana. "Yo permanecí a la cabecera de la enferma. Estaba amodorrada. La respiración salía con dificultad por la entreabierta boca, pálida como la más pálida rosa abierta en la sombra. Yo pensaba, mirándola: ¿No la salvaré, pues? Había alejado la muerte y la muerte vuelve. Si no ocurre un cambio repentino, morirá. Antes, cuando podía tener alejado de ella a Raimundo, cuando con mi ternura le daba unos momentos de olvido, parecía querer sanar. Pero desde que ve a su hijo, desde que de nuevo ha empezado el suplicio, de día en día va desmejorando, desangrándose como si continuara la hemorragia. Asisto a su agonía. Ya no me escucha, ya no me obedece como antes. ¿Quién la mata? Él. Él, él la matará..." Una impetuosa oleada de odio invadió todo mi ser inspirándome impulsos homicidas. Vi al pequeño ser maléfico que se hinchaba de leche, que prosperaba en paz, sin ningún peligro, rodeado de infinitos cuidados. "¡Mi madre le ama más que a Juliana! ¡Mi madre cuida más de él que de esa infeliz moribunda! Es preciso que yo lo suprima, cueste lo que cueste. Y la visión del delito ya consumado, apareció clara ante mis ojos; la visión del cadáver envuelto en blancos pañales tendido, rígido, sobre el ataúd... El bautismo será su viático..."

Un día el niño tosió un poco. La familia se alarmó; solamente Juliana y Tulio recibieron con júbilo la noticia, esperando que Dios hubiese escuchado sus ruegos. El intruso mejoró. ¡Era tarde! Tulio había descubierto el remedio para suprimir el obstáculo material que le separaba de su amada.

No tardó la hora del desenlace. Era un crepúsculo glacial, puro, cortante; un miedo repentino le invadió como si un ser invisible le mirara. Le asustaban las sombras de los árboles, la inmensidad del cielo, el centellear de las aguas del río, todas las voces vagas del espacio; entró en la casa rápidamente casi como si huyera; corrió de puntillas hacia la cuna, miró. El inocente dormía envuelto en sus pañales, supino, con las manecitas cerradas sobre los pulgares. A través de los párpados cerrados, creía ver sus iris grises... "Sólo obedecí a una voluntad serena, tenaz, completamente lúcida... Volví a la puerta, la abrí; aseguréme de que la antecámara estaba desierta. Corrí entonces hacia la ventana; la abrí con infinitas precauciones y me asaltó una bocanada de frío. No vi ninguna forma sospechosa; sólo oía el ruido de la música de la capilla. Volví hacia la cuna, venciendo con gran esfuerzo mi repugnancia extrema; tomé despacio al niño, reprimiendo mi angustia; apartado de mi corazón, que latía demasiado fuerte, le llevé a la ventana; le expuse al aire que debía matarlo... ¿Cuánto tiempo ha pasado? Un minuto quizá; quizá menos. ¿Bastará esta breve impresión para que muera?... Aquel vagido débil y trémulo me produjo un espanto indecible, me llenó de loco terror. Corrí a la cuna, dejé al niño. Volví a la ventana para cerrarla; pero antes miré hacia afuera. No vi movimiento ni sombra alguna. Cerré. Aunque atemorizado, evité el ruido. Detrás de mí el niño lloraba, lloraba cada vez más fuerte... Corrí a la puerta. No había nadie en la antesala."

Pocos días precedieron al estallido de la pulmonía fatal; Tulio contaba las horas, entre tanto dolor ajeno que preludiaba el comienzo de su felicidad. Después de ver al inocente corrió a la alcoba donde Juliana parecía escondida entre las sábanas tibias. Al acercársele, advirtió que temblaba fuertemente. ¿Sabía? ¿Adivinaba? "Juliana, soy yo. —Dímelo todo. —Está malo—. ¿Mucho? —Mucho—. ¿Se muere? —Quizá sí...— Con un movimiento súbito sacó los brazos fuera y me los echó al cuello. Mi mejilla tocaba la suya; yo la sentía temblar, sentía la gracilidad de aquel pobre pecho enfermo; y en tanto que la estrechaba, dentro de mí tenía visiones de la lejana estancia; veía los ojos del niño mortecinos, opacos; sus labios lívidos; las lágrimas de mi madre." Su conciencia no sentía ningún alivio. Su corazón estaba oprimido, desesperado frente al abismo de aquella otra vida. Al oscurecer, Raimundo estaba muerto.

Tulio Hermill es seguramente un desequilibrado, pero en manera alguna un "delincuente nato". No le falta sensibilidad moral, ni es incapacidad afectiva lo que lo lleva a delinquir; una idea obsesionadora se va elaborando sobre sus celos físicos, los únicos celos compatibles con su temperamento. Es un pasional desequilibrado, un semiloco, pero no un insensible; bien lejos de eso, la exaltación de su afectividad le lleva a cometer un verdadero delito pasional. Es erróneo considerar que todos los delincuentes pasionales tienen una contextura uniforme; además de diferir las pasiones entre sí, cada una se traduce de maneras diversas, según los temperamentos de quienes las sufren. Ciéganse algunos y tienen reacciones impulsivas como Tulio. Los celos de los sentidos no pueden ser iguales a los de imaginación, como no son iguales el amor de Don Juan y el amor de Werther.

Los celos de la locura moral, que lleva al delito sin amor y sin remordimiento, son más profundamente egoístas que los celos de Tulio Hermill. Existen. Son tan antiguos como la humanidad; las mitologías suelen personificar su saña implacable en una diosa conspicua. Recordad a Juno, de cuyos celos es Júpiter la víctima perenne. El mito la describe puntillosa y desconfiada, vana, vengativa, atormentadora. Júpiter, para castigarla, condenóla a quedar suspendida en el espacio por imanes, con pesados yunques en los pies y atadas las manos a la espalda por una cadena de oro. El pavoroso suplicio fue ineficaz para la incorregible; complicados por la envidia, sus celos la arrastraron a los más pavorosos delitos. Harto de soportarla, decidió Júpiter tomar otra esposa, eligiendo entre los simples mortales; pensó en la tierna Ío, hija de Ínaco, rey de Argos.

Para salvarla de las persecuciones de Juno la ocultó en una nube y la transformó en blanca ternera, como cuenta Ovidio en sus *Metamorfosis*, episodio noveno del libro primero. Enfadada Juno, simuló tranquilidad y admiración por la belleza del animal; luego, con sus caricias, lo obtuvo de Júpiter como regalo. Temiendo entonces que su rival pudiera escapársele, la celosa confió su custodia al célebre inventor del bajel de los argonautas, Argos, que tenía cien ojos y conservaba cincuenta abiertos mientras el sueño cerraba los otros. Júpiter encargó a Mercurio, su heraldo, que durmiese al maravilloso custodio con la voluptuosidad de la música, y con un ramo de sus amapolas que le dio Morfeo, dios del sueño. Pudo así matar al monstruo, pero Juno recogió los ojos de Argos y adornó con ellos la cola del pavo real, símbolo desde entonces de la regia vanidad. La celosísima, indignada contra Ío, entrególa a las Furias para que la atormentasen con punzones que continuamente la herían, hasta que la desventurada princesa huyó, atravesando el mar a nado y yendo a parar a orillas del Nilo, donde Júpiter le devolvió su forma primitiva. La celosa no tuvo entonces freno a las venganzas de su orgullo herido. Cara pagó Troya la preferencia que Paris concedió a Venus en el juicio de la belleza. Se vengó de Europa, predilecta de Júpiter, hasta sobre los descendientes de su hermano Cadmo, haciéndolos morir miserablemente; la hija de su rival fue reducida a cenizas por el propio Júpiter y Hércules vivió expuesto a grandes peligros. Y cuando más tarde Júpiter protegió a la hija de Asopo, reina de Egina, la celosa devastó la isla entera como una peste que hizo perecer a todos los habitantes. Su furor no conocía límites, sus celos le arrastraban hasta las consecuencias más trágicas. Piga, pequeña reina de los pigmeos que osó comparársele en belleza, fue inmediatamente convertida en grulla. Por igual motivo, las tres hijas de Preto, rey de Argos, fueron asaltadas por tal frenesí que erraron locamente por los bosques. Y cuando el desesperado Júpiter iba a tener de Latona sus dos hijos Apolo y Diana, la celosa mandó perseguirla sin descanso por la serpiente Pitón, hasta que Neptuno, conmovido, hizo aparecer en el Mar Egeo la isla de Delos, donde ella se refugió transformada en ave e hizo su nido:

"*a partorir li deu occhi del Cielo*",

como enseña Dante en su *Purgatorio*.

Cerremos esta evocación mitológica. Juno se nos presenta como la tipificación de los celos instintivos y criminales, no deteniéndose ante delito alguno para saciar su pasión; es el tipo correspondiente al amor primitivo y sin sentimentalidad, al que Zola pinceló en *La bestia humana*, ebrio de voluptuosidad y de sangre. Los celos de Juno corresponden al más profundo idiotismo moral, como el amor de Lantier.

4. LOS CELOS DEL CORAZÓN

"Ni Werther ni Don Juan" dijimos a propósito de la ecuación personal del amor. "Ni Otelo ni Hermill" podemos agregar respecto de los celos.

Así como existe un "amor de corazón", intenso y completo, distinto del imaginativo y del sensual, podemos concebir una pasión legítima, los "celos de corazón", inconfundibles. Bourget los ha comprendido en su *Fisiología del amor moderno* y cree sintetizable su psicología en este sabio aforismo: "Amar con el corazón es haber perdonado de antemano a la persona amada". Ese teorema sirve de comentario a las palabras que decía una verdadera enamorada cuando le narraban las infamias de su amante: siempre le estaré agradecida por haberme permitido amarle...

Los celos de corazón son los únicos altruistas verdaderamente generosos; en ellos el verbo amar es activo y no reflexivo; son los únicos que aman, mientras los demás se aman. Hasta la misma infidelidad suelen aceptarla como una nueva ocasión para probar su amor completo en la forma decisiva: perdonando. En algunas mujeres, que aman de corazón, el sacrificio al amado las lleva hasta consolarse pensando que él será más dichoso amando a otra; gozan de una felicidad ajena que es su propio tormento. Estos celos inducen siempre a perdonar, a amar sin fin, mostrando a un mismo tiempo toda la nobleza y toda la humildad que pueden unirse en el ser humano. ¿Cuál es la razón de esta inagotable bondad propia de los celos de corazón? Bourget cree que ella es tan fácil de comprender como la inextinguible malignidad del celoso de los sentidos. Cuando éstos dominan, se desea siempre y se sufre perennemente por la ansiedad nunca satisfecha; en cambio, cuando se ama con el corazón, se persigue la suprema voluptuosidad de la rendición absoluta, la abdicación completa del propio yo a los pies de la persona amada, hasta parecernos dichas los dolores que ella nos causa. "Desearíamos que nadie hubiera amado antes con igual devoción y que nadie pudiera hacerlo después: en eso, precisamente, consisten los celos del corazón." Siempre rebosan de ternura; pueden hacernos agonizar desesperadamente, devastar una existencia, consumir una voluntad, pero jamás engendran el odio o la ferocidad, ni siquiera la malquerencia. El celoso de corazón querría ser la única víctima inmolada en el altar de su ídolo, como si todas las penas del corazón fueran escasas para calmar su anhelo de sufrir por él.

Estos celos son continuos; su crecimiento es silencioso y constante, en la intimidad, en el secreto. No se calman con la posesión, ni tienden nunca a la violencia; hay en ellos más melancolía que rencor, más lágrimas que sangre. No se complican de quiméricas inquietudes, pues poco necesita agregar la imaginación a la realidad soportada con estoicismo. Van más lejos, son consecuentes, fieles, el menor traspié dado en un ímpetu de venganza les amarga toda una vida: ¿No quería morir Juliana por haber traicionado un minuto, un solo minuto, sin complicidad de su corazón, a su inconstante Tulio, al mismo que sigue venerando con más fe que antes?

¿Exageración? Recordad los amores tempestuosos de Musset por Jorge Sand; recorred la copiosa *Correspondencia* de estos amantes representativos, en que cada carta es un poema de sentimiento y de emoción. Sabéis, sin duda, que al instalarse ambos en Venecia, comenzaron a vivir paralelamente una doble vida; ella se entregó a sus habituales tareas literarias y él halló compañeros para sus hábitos de noctámbulo. Después de algunas semanas, enfermaron los dos. Abatida ella por las fiebres, guardó cama por más de una quincena, mientras él, sobreponiéndose a su neurastenia, corría por las tabernas y por las casas de placer. Él cayó en cama en seguida, de cierta gravedad, con un acceso de delirium tremens que algunos biógrafos disfrazan de fiebre tifoidea. Durante su enfermedad ella había llamado a un mediquillo novicio, joven, rubio, poco gastado, un Pagello que pasó a la historia por su intervención en el drama que comenzaba; la Sand le llamó para asistir a Musset, mostrándose ambos abnegados en extremo. ¿Después? Cuando el poeta se sintió mejor les pidió que se alejaran de su cama, pues deseaba dormir. Y entonces... cuéntase que los tiernos enfermeros se sentaron a una mesita y ella escribió una hora sendas páginas que pasaba al doctorcillo... Éste no comprendió que el simulado capítulo de novela era una vehemente declaración de amor, hasta que ella cogió las cuartillas y puso al pie de la última: "Al estúpido Pagello". Aunque aturdido por su buena fortuna, el tontuelo no se hizo rogar mucho para entregarse... Algunos pretenden que Musset, desde su lecho de moribundo, creyó presenciar la caída de su amante en brazos de aquel joven inexperto...

Siguieron escenas de celos. Tal como Werther amaba al marido de Carlota, dio Musset en adorar al amante de la Sand, que le correspondía con fervor sincero. Y es aquí donde los celos de Musset aparecen distintos de los celos de imaginación o de los sentidos, porque son celos de corazón, celos de amor sin ira, de ternura sin odio, de sufrimiento sin venganza. Se admite que el poeta, cuando advirtió la sinceridad de aquella nueva pasión, nada hizo para arrancar a la Sand de los brazos en que era feliz; Musset lloraba con la satisfacción del deber cumplido, entusiasmándose por la nobleza de su propio sacrificio. Musset amaba; no se amaba.

Huyó a París cuando no pudo sufrir más; la Sand estuvo a punto de enloquecer cuando él partió. Data de esa época la más sentimental correspondencia que se hayan escrito dos amantes ilustres; después se reconciliaron junto al Sena, porque en los celos de corazón el amor sobrevive a todas las culpas, a todas las infidelidades.

Es raro sin duda ese buen amor, pero es el mejor de los amores; no son frecuentes esos celos, pero son los mejores celos. No nos equivoquemos: el celoso que mata o se suicida sólo quiere cuidar su sombra social, por amor propio, por vanidad; el que sigue amando y perdona, con ternura, sin reproches, prueba que ama de verdad a su amante, sufre porque no puede compartir toda la felicidad que desea para ella, pero no se la regatea, no se la envenena. Leed las cartas de Musset, prescindiendo de su literatura; todo revela en ellas un doliente altruismo, ennoblecido por el sacrificio a la dicha de la Sand. El celoso de corazón sufre y espera; nunca es estéril su pena, jamás vana su esperanza. El descarriado vuelve, agradece el perdón, paga con creces... ¿Cuándo se amaron más Tulio y Juliana, hasta solidarizarse en la eliminación del obstáculo? Después del perdón recíproco.

El que no puede perdonar, deje de amar. No atormente a la persona que pretende seguir amando, cuando sólo se ama a sí mismo. No llame amor a su vanidad, a su odio; el mal ajeno nunca fue remedio al dolor propio. Hay falta de dignidad en los celos que no perdonan ni olvidan.

No es por obsecuencia a la moral cristiana que debe preferirse el celoso que sufre y perdona al celoso que odia y mata, sino por un alto sentido de la imperfección humana. Frágiles barquichuelos en el océano de las pasiones, los hombres son falibles en el amor como en todas las cosas, y a veces inconstantes. ¡Día llegará en que la felicidad de los amantes se emancipe de los prejuicios egoístas que envenenan nuestra experiencia sentimental! Mientras tanto respetemos al digno que renuncia al amor de. la persona cuya ilusión sentimental no ha podido conservar.

Miremos con horror a los celos imaginativos, como Otelo, cuyos celos son odio que ciega, vanidad que convierte en verdugos y en víctimas. Veamos con lástima a los celosos de los sentidos, atormentados como Tulio por un perpetuo desequilibrio afectivo y moral, ya que ellos mismos pagan su absurda pretensión de seguir amando sin olvidar. Acompañemos con simpatía a los celosos de corazón, románticos mártires como Musset, capaces de salvar su amor en la tempestad y de encontrar una palabra de perdón para la culpa fugaz que encuentra castigo en el propio arrepentimiento; en los buenos celos parece que los momentos de angustia sirvieran para realzar, por contraste, los infinitos bienes con que la ilusión sentimental embellece los mejores momentos de la vida humana.

ÍNDICE

Dedicatoria 7

Advertencia 9

PARTE PRIMERA

LA METAFÍSICA DEL AMOR

CAPÍTULO I. Eros, Generador. — El Amor en el Olimpo Griego

1 Los mitos de la generación 11
2 En la teogonía de los Hesiódidas 16
3 En la lírica de los órficos 19
4 En la epopeya de los Homéridas 22
5 La agonía del Eros cosmogónico 26
6 Los genios metafísicos del Amor 29

CAPÍTULO II. Eros, Genio de la Belleza

1 El amor masculino en el siglo de Pericles 31
2 Los discursos preliminares del "Simposio" 33
3 Doctrina del amor estético 37

CAPÍTULO III. Eros, Genio de la Domesticidad (Eros vulgar) 42

CAPÍTULO IV. Eros, Genio de la Especie (Eros vencido)

Teoría Erótica de Schopenhauer 43

PARTE SEGUNDA

TEORÍA GENÉTICA DEL AMOR

CAPÍTULO I. La Reproducción

1 Asimilación y reproducción 47
2 Reproducción por gérmenes integrales 48
3 Reproducción por gérmenes incompletos 48
4 Reproducción monoica por autofecundación 50
5 Reproducción dioica por heterofecundación 51
6 Fecundación y Selección Natural 52
7 La reproducción sin Instinto Sexual 53

CAPÍTULO II. El Instinto Sexual

1. La lucha por la fecundación 55
2. La Selección Sexual 56
3. El Instinto Sexual 59
4. Selección sexual de los cónyuges 61
5. El instinto sin amor 62

CAPÍTULO III. El sentimiento de Amor

1. El sentimiento de preferencia 64
2. Caracteres del deseo 66

CAPÍTULO IV. La Humanización por el Amor

1. Valor selectivo de la elección conyugal 72

PARTE TERCERA

ELIMINACIÓN SOCIAL DEL AMOR

CAPÍTULO I. La Familia

1. Instinto maternal e instinto familiar 77
2. Filogenia del instinto maternal 80
3. Orígenes de la asociación familiar 84
4. Instinto social e instinto doméstico 87
5. El grupo doméstico primitivo 90
6. Clan Matriarcal y Propiedad Doméstica 91
7. La Familia Maternal 93
8. Limitaciones del amor por la familia 95

CAPÍTULO II. El Matrimonio

1. La primacía social del hombre 105
2. La apropiación privada de las mujeres 108
3. El matrimonio poligámico 111
4. El matrimonio monogámico 119
5. Imperfección del matrimonio monogámico 116
Conclusión 120
Eliminación del amor por el matrimonio 121

CAPÍTULO III. La Inmoralidad Social del Amor

1. La moral doméstica contra el amor 129
2. La domesticación para el matrimonio 135
3. Defensa de la moral por la hipocresía 142
4. Importancia económica del honor familiar 144
5. Insurrección del amor contra la moral doméstica 146

CAPÍTULO IV. "El Renacimiento del Amor"

1 La actual disolución de la familia patriarcal 153
2 La emancipación de la mujer 155
3 Socialización de los deberes domésticos 162
4 Dignificación de la moral familiar 167
5 La reconquista del derecho de amar 170
6 La selección natural por el amor 175

PARTE CUARTA

PSICOLOGÍA DEL AMOR

CAPÍTULO I. La personalidad sentimental. Werther y Don Juan

1 La personalidad sentimental 178
2 Werther y el miedo de amar 183
3 Don Juan y el derecho de amar 191
4 Ni Werther ni Don Juan 200

CAPÍTULO II. Cómo Nace el Amor

1 La necesidad de amar 205
2 La formación del ideal 206
3 La ilusión de amor 210
4 El flechazo 215
5 La intoxicación 218
6 La intimidad sentimental 224

CAPÍTULO III. La Pasión del Amor

1 La inseguridad de la esperanza 230
2 La victoria del Instinto 234
3. Los símbolos wagnerianos del amor 237
4 La transfiguración de Isolda 244
5 El valor moral de la pasión 247

CAPÍTULO IV. Los Celos

1 La inseguridad de la posesión 252
2 Los celos de imaginación 260
3 Los celos de los sentidos 270
4 Los celos del corazón 280

Se terminó de imprimir en
Artes Gráficas Piscis S.R.L., Junín 845,
(C1113AAA) Buenos Aires, Argentina.
Mes de Febrero de 2006